들뢰즈 사상의 분화

**들뢰즈 사상의 분화**: 스피노자론에서 영화론까지

초판1쇄 펴냄 2007년 08월 25일
초판3쇄 펴냄 2022년 10월 31일

**엮은곳** 소운서원
**지은이** 김명주, 류종렬, 신지영, 심세광, 이정우, 조정환, 한정헌
**펴낸이** 유재건
**펴낸곳** (주)그린비출판사
**주소** 서울시 마포구 와우산로 180, 4층
**대표전화** 02-702-2717 | **팩스** 02-703-0272
**홈페이지** www.greenbee.co.kr
**원고투고 및 문의** editor@greenbee.co.kr

**편집** 신효섭, 구세주, 송예진 | **디자인** 권희원, 이은솔
**마케팅** 육소연 | **물류유통** 유재영, 유연식 | **경영관리** 유수진

學問思辨行: 배우고 묻고 생각하고 판단하고 행동하고

독자의 학문사변행을 돕는 든든한 가이드 _그린비 출판그룹

**그린비** 철학, 예술, 고전, 인문교양 브랜드
**엑스북스** 책읽기, 글쓰기에 대한 거의 모든 것
**곰세마리** 책으로 크는 아이들, 온가족이 함께 읽는 책

스피노자론
에서
영화론
까지

# 들뢰즈 사상의
## 분화

소운서원 엮음

그린비

# 〈리좀총서〉를 간행하며

사상이란 개념과 사유로써 시대를 포착하고, 개념을 통해서 또 이론을 통해서 비전을 열어 나가는 행위이다. 급변하는 시대상 속에서 개념들, 사상들, 이론들은 점차 빨리 생성하고 있다. '리좀'은 그러한 생성 자체를 개념화하고 있다는 점에서 우리 시대를 밝혀 주는 상위 개념들 중 하나인 것으로 보인다.

앞으로 간행될 〈리좀총서〉는 시대에 대한 경험과 개념적인 사유 사이를 오가며 어떤 사상적 구성체를 창조해 내기 위해 기획되었다. 리좀은 이질적인 것들의 접속을 통해서 생성해 간다. 이 총서 역시 다양한 영역들, 관점들, 문제들, 인물들이 접속해 가면서 우리 시대의 담론적 실천을 위한 장(場)이 되고자 한다. 리좀은 하나의 장이지만 닫힌 장이 아니라 계속 열려 가는 장이다. 때문에 〈리좀총서〉를 미리부터 틀 지우는 청사진은 없다. 우리는 늘 어떤 중간에서 시작할 수밖에 없다.

그러나 '리좀'이라는 개념의 선택이 함축하듯이, 이 기획은 '들뢰즈 이후'(After Deleuze)의 상황을 전제하고 기획되었다. 후기구조주의의 사유 혁명들이 이루어진 후, 이들이 남긴 사유의 유산들은 다채로운 방향으로 이어져 가고 있다. 그러한 길들 중 이 총서는 들뢰즈의 길을 선택했다. 그러나 그 길이 뻗어 나가는 과정에서 우리는 더 이상 '들뢰즈'라는 이름에 연연하지 않는 지평들로 나아가야 할 것이다. 새로운 다양체들을 만들어 가는 것이 중요하다.

'들뢰즈 이후'를 만들어 나가기 위해 빼놓을 수 없는 주제들은 매우 많다. 크게는 다음과 같은 세 갈래 작업이 가능할 것이다.

우선 철학사(좀더 넓게 말해 사상사)에 대한 연구가 있다. 들뢰즈는 베르그송, 하이데거, 데리다와 더불어 20세기의 철학자들 중 그 누구보다도 철학사 연구에 몰두한 인물이었다. 들뢰즈의 철학사를 이어, 또 그가 배제한 비서구권 철학사를 포함해 철학사를 바라보는 좀더 넓은 관점을 일구어 내는 것이 중요하다. 더 나아가 철학사라는 제한을 깨고서 사상사 전반, 담론사 전반으로 논의의 지평을 넓히는 것 또한 필요하다.

다음으로 들뢰즈의 '잠재성의 존재론'을 어떻게 정교화해 나갈 것인가라는 문제가 있다. 오늘날 눈부실 정도로 발달하고 있는 생명과학을 비롯한 현대의 다양한 과학적 성과들을 매개해서, 나아가 우리 시대의 역사적·문화적 성취들을 매개해서 그의 존재론을 발전시켜 나가는 것이 21세기 철학의 과제가 될 것이다.

세번째로는 들뢰즈가 가타리와 함께 전개한 실천철학을 계승하는 일이다. 이들이 『천의 고원』에서 일구어 놓은 다채로운 주제들과 관점들, 개념들은 지금까지도 그 영향력을 잃지 않고 있으며, 이 성과를 이어 오늘날 우리의 삶을 해명하고 미래를 위한 비전을 모색하는 작업이 요청된다. 이런 윤리학적-정치학적 연구를 토대로 한국적 맥락에서 발생하는 문제들에 구체적으로 접근하는 것 또한 필요할 것이다.

위와 같은 과제들을 염두에 두고서, 이 총서는 세 가지의 층위에서 이루어질 성과들을 담고자 한다. 그 첫번째 층위에서 이 총서는 들뢰즈에 대한 참신한 연구서들의 집합장소가 되려 한다. 들뢰즈에 대한 많은 연구들이 이루어지고 있으나 탐구해 볼 만한 영역들은 여전히 많다. 특히 한국어로 된 수준 높은 연구서들이 이 총서를 메워 주었으면 한다.

첫번째 층위는 자연스럽게 두번째 층위를, 즉 들뢰즈 이후를 이끌고 있는 사유들의 이해를 함축한다. 들뢰즈 사유에 대한 독창적인 연구는 곧 그 자체 들뢰즈를 이어 계속 나아가는 사유의 생성을 가리키기 때문이다. 들뢰즈 이후를 만들어 가는 대표적인 인물인 마누엘 데 란다(Manuel de Landa), 들뢰즈의 사유를 생명철학적 맥락에서 잇고 있는 키스 안셀 피어슨(Keith Ansell-Pearson), 잠재성의 존재론과 정치학을 발전시켜 나가고 있는 브라이언 마수미(Brian Massumi)와 에릭 알리에즈(Eric Alliez), '제국' 론으로 『천의 고원』을 잇고 있는 안토니오 네그리(Antonio Negri)와 마이클 하트(Michael Hardt), 사건의 철학을 전개하고 있는 에가와 다카오(江川隆男) 등 오늘날 많은 사상가들이 직간접적으로 들뢰즈 이후를 만들어 나가고 있다. 이 총서는 이러한 사상가들을 소개하고 연구하는 작업을 계속해 나갈 것이다.

그러나 이 총서의 세번째이자 궁극적인 목적은 한국의 젊은 사상가들이 이러한 장소에 합류할 수 있는 촉매가 되는 데에 있다. 들뢰즈 이후를 수놓는 저서들이 우리 글로 씌어져 이 총서를 채워 나가기 시작할 때 이 기획은 소기의 목적을 달성할 수 있을 것이다. 그 세번째 층위에서 이 총서는 들뢰즈 이후를 선도할 한국 사상가들의 창조의 장이 되려 한다.

특별히 의도할 계획은 없지만 아마 이 총서는 위에서 나열한 순서대로 진행되지 않을까 짐작된다. 기획자로서는 세번째 층위가 본격화되는 시간이 좀더 빨리 다가오기를 기대할 뿐이다.

2007년 여름

逍雲 이정우

# 차 례

## 1부 들뢰즈와 철학사

### 들뢰즈의 스피노자주의 —— 신지영  21

들어가는 말 21 | 스피노자 철학의 독특성 22 | 스피노자 철학에 대한 일반적인 비판 지점과 들뢰즈의 해석 26 | 들뢰즈의 스피노자주의 39

### 들뢰즈와 니체 : '가면'의 철학 —— 한정헌  43

서론 : 들뢰즈의 유령, 니체의 유령 43 | 니체의 20세기 후계자—푸코와 들뢰즈 45 | 니체와 존재의 일의성 47 | 들뢰즈의 니체 : 역능의지, 영원회귀, 위버멘쉬 52 | 니체의 원국가론과 들뢰즈의 전쟁기계 58 | 자본주의와 소수자 64 | 결론 : 우리의 과제—들뢰즈·니체의 반복 68

### 들뢰즈 : 베르그송의 그늘과 그 벗어남 —— 류종렬  70

들뢰즈 : 베르그송 너울 72 | 들뢰즈의 새로운 변모 82 | 마무리를 지으며 90

## 2부 들뢰즈의 철학

### 들뢰즈와 'meta-physica'의 귀환 —— 이정우  95

이데 98 | 문제 100 | 현실화 102 | 차생소 105 | 분화 108 | 특이성 110 | 변증법 112 | 다양체 114 | 구조 117 | 사건 121 | 연극 124 | 역-식 128 |

## 3부 들뢰즈의 예술론

# 머리말

19세기 이래 한국의 현대철학은 서구철학에서 많은 사유의 자원들을 받아들여 왔다. 대체적으로 1987년 이래 한국 사상계에 많은 영향을 끼쳐 온 질 들뢰즈의 철학(보다 넓게 말해 후기구조주의 사유)은 지금도 여전히 오늘날의 삶/생명을 이해하는 지적 배경으로서 중요한 역할을 하고 있는 것으로 보인다.

들뢰즈의 사상은 우리에게 서구철학사를 바라보는 새로운 눈길을 선사했다. 20세기에 활동한 서구철학자들 중 들뢰즈는 특히 '철학사'를 독창적으로 천착한 인물들 중 하나이다. "들뢰즈의 철학사"는 특히 내재성의 철학사이다. 여기에서 '내재성'(immanence)이란 단지 초월적 존재(이데아, 신 등)의 거부만이 아니라 내재적 초월(아리스토텔레스적 형상, 근대 결정론적 법칙들)의 거부까지 함축하며, 나아가 초월적/선험적 주체, 더 나아가 관계론적이지만 초월적인 존재(구조주의의 구조 등)까지도 거부하는 내재성이다. 그것은 고대·중세적 초월성과 근대적 주체의 초월성, 나아가 과학적–구조주의적 초월성을 모두 거친 이후에 나온 내재성의 철학이다. 들뢰즈는 헬레니즘 시대의 유물론이나 둔스 스코투스, 스피노자의 존재론 등에서 니체, 베르그송, 푸코 등에 이르기까지, 이런 내재성 철학의 '계보'를 새롭게 창안해 냈다(흔히 '유물론'의 계보라고도 하지만 '내재성'의 계보가 더 정확한 표현이다).

초월성의 철학은 국가철학 및 여러 형태의 중심주의들과 직간접적으로 관계 맺어 왔다. 초월적 중심이나 공동체의 신분구조, 또는 유럽중심주의 등이 그것이다. 구조주의는 이 모든 사고들과 단절을 이루고 들뢰즈 역시 그 연장선상에 있지만, 그는 구조주의가 구조를 또 하나의 실체로 제시하거나 과학적 인식의 우선성을 주장하는 한에서 그것을 비판적으로 극복한다. 요컨대 들뢰즈는 모든 형태의 초월성을 배제하는 내재면(plan d'immanence)의 사유를 전개했다. 내재면으로서 이해된 세계는 곧 생성으로서 파악된 세계이다. 여기에서는 어떤 동일성도 초월성을 가지지 못하며 단지 생성의 결과로서 이해된다. 따라서 어떤 동일성을 절대화하려는 모든 사유들은 거부된다. 이 내재면에서 모든 존재들은 '존재론적으로' 평등하다. 즉 그것들은 "존재한다"는 것에 관련해 '일의적'이다(따라서 이것은 바디우가 말하는 '일자의 철학'과는 무관하다. 바디우는 '일의성'과 '일자성'을 혼동하고 있다). 그래서 들뢰즈의 내재면의 사유는 곧 일의면(plan d'univocité)의 사유이기도 하다. 들뢰즈는 세계를 신(神)=자연(自然)의 '표현'으로 본 스피노자, '힘에의 의지'와 '영원회귀'로 본 니체, '생명의 약동'으로 본 베르그송에게서 이런 일의성의 철학의 빼어난 형태들을 보았다.

들뢰즈가 전개한 내재성과 일의성의 철학사는 (플라톤에서 헤겔에 이르는) '존재의 철학'에 대해 '생성의 무죄'를 외친 니체의 철학사, 서구 사유에서의 시간 망각(지속의 폄하)을 읽어 낸 베르그송의 철학사, 그리고 서구철학사를 존재 망각의 역사로 본 하이데거의 철학사를 이은 또 하나의 독창적인 철학사이다. 게다가 그의 철학사는 헤겔, 니체, 베르그송, 하이데거의 철학사에 나타나는 연속적-일방향적 관점을 탈각시키고 있다. 그에게서는 역사에 대한 어떤 형태의 '진화론'적 관점도 모두 탈각된다. 그에게 시간은 '진화'(進化)가 아니라 '절화'(折化=involution)일 뿐이다. 이 점에서 그는 서구철학사에서 처음으로 상투적인 철학 '사'를 초탈한 인물이기도 하다.

그러나 다른 사람들과 마찬가지로 들뢰즈 역시 그의 사유 지평은 유럽에 한정된다. 많은 현대철학자들이 유럽중심주의를 비판했지만, 그들의 사유 양태와 범위 자체는 여전히 유럽중심적이다. 더구나 들뢰즈(와 가타리)는 『철학이란 무엇인가』에서 "동양" —— 이들은 여전히 "Orient"라는 부적절한 표현을 쓰고 있다 —— 에 '철학'이 존재한다는 사실에 의구심을 던지기까지 한다. 이 점에서 헤겔, 니체, 베르그송, 하이데거만이 아니라 들뢰즈까지도 진정한 의미에서 '세계철학사'를 쓴 것은 아니다. 우리는 이들을 넘어서서, 서구라는 지평을 넘어서서 진정으로 세계적인 지평에서 성립하는 철학사를 써야 할 것이다.

들뢰즈가 '생성'을 파악하는 방식은 극히 복잡하고 또 방대하다. 그가 동원하는 사상사적 자료들이나 구사하는 개념들 역시 경이로울 정도로 복잡하고 방대하다. 그러나 그 요체는 역시 "위대한 저작들 중에서도 위대한 저작"(푸코)인 『차이와 반복』과 『의미의 논리』에 들어 있다고 볼 수 있다. 이 두 저작에 등장하는 여러 논의들을 관통하는 하나의 실을 끄집어 낸다면 (많은 사람들이 지적하듯이) '잠재적인 것과 현실적인 것'을 들 수 있을 것이다.

들뢰즈에게 '잠재적인 것'은 생명의 다른 이름이며, 그래서 그의 사유는 근본적으로 하나의 생명철학이다. 이 잠재적인 것은 내재면/일의면으로서의 생명이며, 현실적인 것은 그 면에서 태어나고 소멸되고 또 반복되는 동일성들이다. 그래서 잠재적인 것과 현실적인 것 사이에는 어떤 실체적인 구분선도 없다(그렇게 이해할 경우 잠재적인 것은 일종의 물자체가 되어 버릴 것이다). '면'(面)은 현실적인 것을 가능하게 하는, 그것이 지평을 형성하는, 그것의 '메타차원'을 형성하는 별도의 존재가 아니다. 현대의(가우스와 리만 이래의) '다양체' 이론이 잘 보여 주듯이, 메타적 공간/차원은 거부된다. 잠재적인 것은 현실적인 것의 지평을 넘어서는 세계 그 자체일 뿐이다. 생성의 내재면인 '생명'과 현실적 동일성들인 '생명체들' 사이에는 실체적 구분선이 존재하지 않는다. 생명은 생명체들의 잠재성이고 생명체들은 생명의 현실성들이다.

들뢰즈의 존재론은 '차이의 존재론'이 아니라 '차이생성의 존재론'이다. 차이들은 차이생성의 결과들이다. 'différences'는 'différentiation'의 결과들인 것이다. 잠재적인 것으로서의 차이생성의 결과들이 현실적인 것으로서의 차이들(동일성들의 차이들)이다. 그래서 들뢰즈 사유의 핵은 곧 '개별화'(individuation)이다. 동일성들로서의 개별적인 것들"의 생성"이 들뢰즈 존재론의 핵심이다. 때문에 들뢰즈의 존재론은 동일성들의 체계를 구축하는 사유도 아니며, 그렇다고 해서 생성/흐름만을 강조하면서 동일성들을 해체시키는 사유도 아니다(적지 않은 사람들이 들뢰즈의 사유를 후자처럼 이해하고 있다). 그의 사유의 핵심은 생성/흐름으로부터 어떻게 동일성들이 성립하는가를 해명하는 데 있다. 다시 말해, 생성/흐름을 강조하는 데 있는 것이 아니라 오히려 동일성들을 설명하는 것, 동일성들을 그것들보다 더 상위의 동일성(들)을 통해서가 아니라 하위의 생성을 통해서 설명하는 것이 들뢰즈 존재론의 요체이다. 들뢰즈의 사유는 동일성을 거부하거나 배제하는 것과 아무 상관이 없다. 오히려 동일성들을 이해하려는 것이 핵심이다. 어떤 상위의 동일성(들)을 통해서가 아니라 생성으로부터.

들뢰즈의 존재론은 순수한 형태의 기(氣) 일원론이다. 그에게서 모든 동일성들=이(理)들은 기-내재면에서 생성한다. 모든 '성'(成)은 '생'(生) 위에서 이루어지며, 이것이 '생성'(生成)의 근본 의미이다. 따라서 들뢰즈의 출현은 기 일원론의 새로운 시대를 여는 이정표이기도 하다. 이 시대를 다져 나가기 위해서는 기학(氣學)의 전통에 대한 새로운 음미, 니체로부터 들뢰즈에 이르는 현대 '생성존재론'의 포괄적인 "전유", 그리고 뇌과학을 비롯해 최근에 이루어진 생명과학적 성과들의 포괄적 소화라는 극히 방대한 작업이 우리를 기다리고 있다. 이 세계열이 교차하는 곳에서 '들뢰즈 이후'를 열어 가는 존재론들이 펼쳐질 것이다.

들뢰즈의 철학, 그리고 들뢰즈가 가타리와 함께 작업한 성과들은 매우 다양한 영역으로 뻗어 나가고 있다. 대별해 본다면 윤리적-정치적 영역들과 문화-예술적 영역들로 볼 수 있으며, 물론 이 두 영역은 여러 곳에서 교차하고 있다.

들뢰즈·가타리에게서 잠재적인 것과 현실적인 것은 욕망과 배치로 얼굴을 바꾼다. 생명의 보다 인간적인/문화적인 얼굴은 욕망이고, 그래서 삶이란 욕망의 다양한 발현들로 이해된다. 욕망은 늘 배치로서 구체화된다. 배치는 기계적 배치와 언표적 배치의 두 초점으로 구성된다. 강의라는 배치는 강사, 학생, 책걸상, 칠판, 책…… 같은 "기계들"과 각종 "언표들"로 된 두 배치의 구성체이다. 결혼식은 신랑신부, 주례, 하객들, 연단…… 등의 기계적 배치와 주례의 선언——선언은 하나의 사건이며 이 사건을 통해서 신랑과 신부는 '부부'라는 존재로 변환된다("비물체적 변환")——을 비롯한 언표적 배치로 구성된다. 시위, 전시, 경기 등 모든 것들이 배치들이다. 배치는 (이 말이 일차적으로 풍기는) 공간적 맥락만을 띠는 것이 아니다. 강의, 결혼식, 시위, 전시, 경기…… 이 모두는 또한 사건들이기도 하다. 배치는 공간적인 "배치"이기도 하지만, 또한 반복되는 사건이기도 하다(시위도 전시도 경기도 …… 반복된다). 이 배치는 하나의 개체도, 또 개체 이상의 보편자도, 또 이하의 물질적 존재들(세포, 분자 등등)도, 그렇다고 단순한 집합도 아니다. 그것은 들뢰즈의 존재론을 통해서 정련된 어떤 새로운 존재이다. 그럼에도 이 새로운 존재는 놀랍게도 우리의 삶을 구성하는 가장 일상적인 것들이다. 우리는 가장 일상적이고 중요한 이 존재들의 존재론을 지금껏 해명하지 못했던 것이다. 여기에 들뢰즈·가타리 사유의 혁명적인 성과가 있다.

배치는 계속 변해 간다. 조선시대의 결혼식과 현대의 결혼식, 조선시대의 강의와 현대의 강의……는 다르다. 기계들은 계속 영토화와 탈영토화를 겪는다. 강의에 영사기가 도입될 경우 영사기는 강의에 영토화된다. 강의에 더 이상 붓이 쓰이지 않게 될 경우 붓은 강의로부터 탈영토화된다. 외국인 노동자들이나 베트남 신부들을 비롯한 많은 사람들이 한국에 영토화되기도 하고, 한국의 많은 사람들이 외국으로 이민가 탈영토화되기도 한다. 기계들은 계속 움직이며 그래서 배치들도 계속 영토화와 탈영토화를 겪는다(따라서 영토화/탈영토화는 항상 일정한 기계적 배치를 전제해서 성립하는 개념들이다. 이 개념 쌍을 너무 막연하게 사용하는 경우가 적지 않은 것 같다). 이 영토화/탈영토화와 더불어 코드화/탈코드화도 작동한다. 하나의 코드는 일정한 기계들을 일정하게 배치한다. 군대의 사열은 병사들의 신체를 일정하게 코드화한다. 코드가 달라지면(예컨대 교통체계가 달라지면) 기계들(자동차들, 운전자들, 교통경찰들 등등)의 배치는 달라진다. 따라서 코드는 기계들에 대해 초월적이다. 자동차들, 운전자들……이 '기계들'이라면 교통법은 코드이다.

코드는 기계들을 위에서 조직한다. 그러나 기계들은 코드에 온전히 갇히지 않는다. 기계들의 본성은 다른 아닌 생명/욕망이기에. 욕망의 기계적 배치는 계속 생성한다. 반면 코드는 기계들을 늘 일정하게 고정시키려 한다. 그래서 욕망과 코드의 투쟁이 세계사를 수놓게 된다. 기계들은 탈주선을 그리며 탈영토화해 나가며 특히 '전쟁기계'는 그런 운동을 보여 주지만, 코드는 '국가'나 '자본주의의 화폐회로'를 그리면서 그러한 운동을 제압하려 한다. 들뢰즈·가타리의 실천철학은 바로 이런 운동/투쟁에서 '탈영토화의 첨점(尖點)들'에 주목하면서 국가와 자본주의라는 쌍두(雙頭)의 괴물과 투쟁해 나가는 윤리학이자 정치학이다.

조선시대로부터 일제시대, 해방 이후, 그리고 1987년 민주화 이후를 겪으면서 우리 사회의 배치들은 계속 변화해 왔다. 배치-사건들의 이런 변화, 그 변화를 둘러싼 국가-자본주의의 지배와 민중의 저항, 오늘날 새롭게 형성되고 있는 삶의 각종 배치들을 파악하는 것, 그리고 우리의 미래를 수놓을/수놓아야 할 각종 배치들을 사유하는 것이 우리의 절실한 관심사가 되어야 할 것이다.

여기에 모은 일곱 편의 글들은 한국 들뢰즈 연구의 '현재'이다. 우리가 지향하는 것은 '들뢰즈 이후'라는 미래이지만, 그러한 미래는 현재를 단단하게 다짐으로써 의미 있는 장래가 될 수 있다. 이 점에서 이 글들은 들뢰즈 '이후'를 만들어 나갈 '지금'이다. 그 '지금'이 부족한 점들이 있어도 우리는 그 지금을 출발점으로 시작할 수밖에 없다. 이 글모음은 그런 출발점이 될 것이다.

2007년 여름

逍雲 이정우

GILLES DELEUZE

# 들뢰즈와
# 철학사

# 들뢰즈의 스피노자주의

신지영

## 들어가는 말

들뢰즈가 스피노자(Baruch Spinoza, 1632~1677)에 대해 쓴 책은 두 권
이다. 『스피노자와 표현의 문제』,[1] 『스피노자의 철학』[2]이 그것이다.
『스피노자의 철학』이라는 얇은 책은 스피노자의 삶과 철학에 대한 들
뢰즈의 개략적인 이해, 몇 편의 논문, 그리고 『에티카』의 주요 개념에
대한 색인으로 이루어져 있다. 『스피노자와 표현의 문제』는 들뢰즈가
국가박사학위를 받기 위해 제출한 부논문으로, 스피노자에 대한 깊이
있는 연구서라 할 수 있다. '표현'이라는 개념이 앞세워져 있지만, 이
는 스피노자의 철학을 들뢰즈 자신의 '내재성' 혹은 '존재의 일의성'

---

1) Gilles Deleuze, *Spinoza et le problème de l'expression*, Minuit, 1968.〔이진경·권순모
옮김, 『스피노자와 표현의 문제』, 인간사랑, 2002.〕
2) Gilles Deleuze, *Spinoza : Philosophie pratique*, Minuit, 1981.〔박기순 옮김, 『스피노자의
철학』, 민음사, 1999.〕

의 철학으로 완성하기 위해 강조된 개념이라고 할 수 있다. 스피노자의 '표현'은 라이프니츠의 '주름', 니체의 '영원회귀', 흄의 '연합', 베르그송의 '잠재성' 등의 개념들과 마찬가지로, 들뢰즈 철학 체계를 이루는 하나의 벽돌이 된다.

그러나 들뢰즈 철학에 대한 스피노자의 영향을 가늠한다는 것은 쉽지 않다. 과연 들뢰즈의 스피노자주의는 무엇일까? 들뢰즈는 스피노자를 반복했을까? 전세계적인 "스피노자 르네상스", "니체 르네상스"의 배경에는 분명 들뢰즈가 있다. 들뢰즈의 스피노자 독해, 들뢰즈의 니체 독해 없이는 이 철학자들의 르네상스를 설명할 길이 없다. 들뢰즈의 어떤 독해가 스피노자 르네상스의 토대가 되었을까? 부분적이나마 이를 밝혀 보는 것이 이 글의 목적이다. 이를 위해서 우선 스피노자 철학에 대한 일반적인 평가를 짚어 본다. 그 평가들에 대한, 또는 비판들에 대한 들뢰즈의 시각은 어떤 것인가를 알아봄으로써 들뢰즈의 스피노자 독해의 독특성을 이끌어내 보기로 한다. 마지막으로 스피노자 독해에서가 아니라 들뢰즈 철학 자체는 어떤 점에서 스피노자주의라 할 수 있는지 간단하게 살펴보기로 한다.


## 스피노자 철학의 독특성

스피노자의 위상은 참으로 특이하다. 그는 가장 중세적인 철학자라고도 불리며, 철저한 근대철학자로도 평가되고, 탈근대의 기초를 놓은 철학자로도 해석된다. 우선, 그는 "신에 취한 사람"이라는 평가를 받는다. 그의 『에티카』는 신에 대한 정의로부터 시작하고, 정념에 대한 논의로 발전되나, 이 정념마저도 신의 질서에 의해 "이해"된다. 동시대의 다른 철학자들이 전(前)시대의 주 테마인 신의 문제와 도래할 시대의 주 테마인 인간의 문제를 나누어서 이해하기 시작한 것과는 달리, 스피노자는 모든 것을 철저하게 신의 질서 안에서 이해하고자 했다. 이런 의미에서 스피노자는 중세의 테마에 집중했다고 평가된다. 그러나 주목할 점은, 신에 대한 그의 이해가 매우 독특했다는 것이다. 만약 신에 대한 그의 이해가 이전 시대의 일반적인 이해와 별반 다르지 않았더라면, 그가 그토록 저주를 받으며[3] 유대교로부터 파문당하지는 않았을 것이다. 그는 필연적인 능력 개념인 "potentia"(puissance)와 우연을 함축한 능력 개념인 "potestas"(pouvoir)를 대립시킨 후, 신의 능력을 필연적인 능력으로 이해함으로써, 신에 대한 인간학적 관념들 즉 자유의지에 따라 행위하는 신, 도덕적인 신의 관념과 단절하게 된다. 즉 전통적으로는 신의 능력이 가능성과 우연을 함축하고 있어서, 신은 "할 수 있는" 능력을 가지고 있으나 "할 수도 있고 하지 않을 수도 있었"지만, 스피노자에 따르면 신은 할 수 있는 그것을 필연적으로 해야만 한다. 이런 식으로 신으로부터 인격적인 요소를 추출해 내면, 그 관념은 매우 기하학적인 것이 된다. 바로 이 지점이 그의 철저한 근대성을 드러내 주는 지점이기도 하다. 그는 신에 취해 있었지만, 그 신은 근대적 정신에 충실한 기하학적인 신이었던 것이다. 그리고 그가 다루었던 테

---

3) 1656년 7월 27일 스피노자가 유대 교회로부터 쫓겨날 당시 랍비들의 글을 보면 그들이 스피노자로부터 받았던 정신적인 위협이 어떤 종류의 것인가를 느낄 수 있다. "낮이나 밤이나 저주를 받으리라. 누워 있을 때나 일어나 있을 때나 저주를 받으리라. 밖으로 나갔을 때나 들어왔을 때나 저주를 받으리라. 주님은 그를 용서하지 않으리라……." (로저 스크러턴, 정창호 옮김, 『스피노자』, 시공사, 2000, 22~23쪽에서 재인용)

마는 중세적이었으나, 다루는 방식은 근대적이었던 것이다.

자연에 그 어떤 예외도 허용하지 않고 그것을 기하학적으로 이해하고자 했던 스피노자의 시도는 신뿐만 아니라 인간의 정념에 있어서도 마찬가지였다. 『에티카』 제3부 「정서의 기원과 본성에 대하여」를 보면 다른 근대철학자들에 대한 다음과 같은 비판이 나온다.

> 정서와 인간의 생활 방식에 관하여 기술한 대부분의 사람들은 〔그것을〕 공통적인 자연 법칙을 따르는 자연물이 아니라 자연 밖에 있는 사물에 관하여 논술하는 것처럼 보인다. 실로 그들은 자연 안의 인간을 국가 안의 국가처럼 생각하는 것 같다.[4]

스피노자는 자연 안에서 어떤 예외도 허용하지 않고, 철저한 근대 정신으로 모두를 이해하려고 하였다. 이는 데카르트(René Descartes)가 그의 기하학적 인식에서 신과 인간의 영혼을 배제했던 것과 대비된다. 데카르트는 스피노자의 지적대로, 인간을 "국가 안의 국가"로 생각했으며, 자연의 질서와 독립된 또 하나의 질서 또는 그보다 우월한 질서를 인간에게 부여하려 하였다. 이런 점으로 미루어 볼 때, 근대의 대표 주자는 오히려 데카르트가 아니라 스피노자라고도 할 수 있을 것이다. 그렇다면 그의 어떤 점이 탈근대의 초석이 된 것일까?

스피노자주의자가 아닌 채로 그의 『에티카』를 자세히 살펴보면 그의 철학에 '자아'와 '주체' 개념이 빠져 있다는 것을 쉽게 알 수 있다.

---

4) 스피노자, 강영계 옮김, 『에티카』, 서광사, 1990, 129쪽.

제2부 「정신의 본성과 기원에 대하여」에 "인간은 사유한다"는 공리가 제시되어 있기는 하다. 그러나 이때 인간은 어떤 인간인가? 정리 11을 살펴보자. **"인간 정신의 현실적 유를 구성하는 최초의 것은 단지 현실적으로 존재하는 어떤 개물**(個物)**의 관념일 뿐이다."** "이로부터 인간 정신은 신의 무한한 지성의 일부라는 결론이 나온다." [5] 데카르트의 코기토가 모든 회의의 저항점이자 모든 인식의 출발점이었다면, 스피노자에게 있어 인간이란 다만 신의 무한한 지성의 일부일 뿐, 그 이상도 이하도 아니다. 인간이라는 어떤 구심점도 응집력도 없으며, 신의 지성과 인간의 지성은 정도의 차이이고 무한과 유한의 차이일 뿐인 것이다. 이 점이 주목되면서 스피노자의 철학이 탈근대의 기초가 되었다. "인간에 대한 인간의 폭력은 근대적 이념의 환상에 기초" 하고 있다는 것을 고발하는 구조주의, "주체·목적·기원과 같은 개념들을 비판하면서 '주체도 목적도 없는 과정'을 발견해 낼 때"의 알튀세(Louis Althusser), 아울러 철학사적 방법인 '절대적 합리주의' 라는 "체계에 대한 구조적 연구"를 진행시킬 때의 게루(Martial Guéroult) 등은 스피노자의 '반인간주의'를 필요로 하며 또한 그것을 극명하게 드러낸다(『스피노자의 철학』, 「역자 해제」, 197~199쪽).

한 철학자가 세 시대(중세, 근대, 현대=탈근대)의 시대정신에 모두 철저히 충실할 수 있을까? 그것이 가능하다면 이는 무엇을 의미하는가? 이는 스피노자가 어떤 한 시대의 시대적 요청에 의해 그의 철학 체계를 타락시키지 않았다는 것, 그의 철학 체계는 그러므로 비시대적

---

5) 같은 책, 78~79쪽.

(intempestif)이라는(또는 영원하다는) 것, 또한 앞으로 보게 되겠지만, 들뢰즈의 스피노자 독해가 보여 주는 바와 같이 스피노자 철학이 철저한 내재성의 철학이라는 것을 의미하는 것이다.

## 스피노자 철학에 대한 일반적인 비판 지점과 들뢰즈의 해석

중세철학자, 철저한 근대철학자, 탈근대의 초석자로서의 스피노자를 대략 짚어 본 지금, 스피노자에 대한 가능한 비판 지점을 세 가지로 요약하여 짚어 보고,[6] 이 지점에 관한 들뢰즈의 독해가 무엇인지를 살펴보면서 들뢰즈 시각의 독특성을 이끌어내 보도록 하겠다.

### 1) 반인간주의

우선, 탈근대의 초석이 되었다고 여겨지는 스피노자의 반인간주의에 대해 더 살펴보기로 하자. 스크러턴의 평가를 이용하여 논의를 시작하는 것이 좋겠다. 그는 다음과 같이 말한다 : "스피노자는 인격의 동일성, 고립성 그리고 자기 충족성을 부인하는 듯이 보인다. 그래서 인간은 자연의 일부이고, 바위와 돌과 나무보다 더 중요할 것이 없는 듯이 보인다."[7] "사실 스피노자는 『데카르트 철학의 원리』서문에서 자신은

---

6) 여기서 지적될 세 가지 비판 지점이 스피노자에게 적용되는 '일반적인' 비판이라고 통칭할 수는 없을 것이다. 다만 가능한 비판 지점이라고 이해하면 좋겠다. 하지만 비판의 내용을 들여다보면, 이 비판들은 보통 '주체철학적'이고, '초월철학적인', 그리고 '본질주의적인' 입장을 가지고 있는 사람들이 할 수 있는 비판이다. 다시 말해서, 대체로 전통 철학의 입장에서 할 수 있는 비판들이라는 점이다. 즉, 거꾸로 이 비판들은 그들에게는 '일반적인' 비판일 수 있겠다.

7) 스크러턴, 『스피노자』, 79쪽.

코기토에 '명석하고 판명한 관념들'의 권위를 넘어서는 어떤 특별한 권위도 인정하지 않는다는 점을 명백히 한다. 그리고 명석 판명한 관념들은 세계를 주관의 관점이 아니라 **영원의 측면**, 달리 말해서 신의 '관점'에서 표현한다는 점을 명백히 한다. 적확한 관념들이라는 방법에 충실했기에, 스피노자는 결코 자아의 개념을 탐구할 주관적 관점을 그의 우주의 가슴속에 집어넣을 수 없었다. 스피노자는 삶을 '자아'의 관점에서가 아니라 순수하고 무관심한 사유자의 관점에서 바라본다."[8]

즉 인격의 동일성, 인간, 자아에 대한 스피노자의 견해는 다음 두 가지로 요약된다. 첫째, 코기토는 어떤 특별한 권위도 갖지 않는다. 둘째, 스피노자는 삶을 자아의 관점에서가 아니라 순수하고 무관심한 사유자의 관점에서 바라본다. 자아와 코기토에 충실한 철학적 관점에서 보면 인간과 세계, 정념에 관한 위와 같은 시각이 매우 불충분해 보일 것임에 틀림없다. 가령 현상학적 관점에서 보면, 스피노자의 위와 같은 시각에 근거한 정념론은 다음과 같이 이상하게 비친다 : "그럼에도 우리는 이러한 관념들에서 스피노자 감정론의 강점이 아니라 약점을 볼 수 있다. 특히 우리 감정의 삶에서 가장 중요한 두 측면인 감정의 주체로서의 자아와 대상의 세계(타자)를 설명하지 못한다. …… 스피노자의 이론은 이러한 사실('지향성'의 사실)을 인정하지만 근본적으로 잘못 해석한다. 스피노자에게 감정의 '지향성'은, 이미 보았듯이 주변 세계가 아니라 주체의 신체 속에서 실존하는 과정들에 대한 혼란스러운 표상 또는 환상에 불과하다. …… 그러므로 나는 당신에 대한 나의 사

---

8) 같은 책, 103~105쪽.

랑을 그 사랑의 대상인 **당신**을 이해함에 의해서도 그리고 사랑의 주체인 **나 자신**을 이해함에 의해서도 이해할 수 없다. 그것은 이상한 침입자인 나의 신체를 이해함으로써 이해된다.”[9]

"당신에 대한 나의 사랑"을 그 사랑의 대상인 '당신'도, 그 사랑의 주체인 '나 자신'도 아닌, "나의 신체에 남겨진 흔적"을 이해함으로써만 파악된다는 것은 매우 기이한 일이 아닐 수 없을 것이다. 그러나 이를테면 "당신에 대한 나의 사랑"과 같은 것의 진실이 '당신'에게도 '나 자신'에게도 속하지 않는다는 것을 보여 주려고 한 것이 스피노자의 작업이 아니었을까? 그러한 진실이 대상에 있지도, 자아 내부에 있지도, 생활세계에 있지도 않다는 것이 스피노자의 비전이었다. 그리고 이것을 더욱 체계적으로 정립하고, 그 선구자로서 스피노자를 발굴한 것이 들뢰즈이다. "당신에 대한 나의 사랑"의 진실을 "알고 있는 것은 누구인가?" 사람들은 그것이 기억에 있다고 하기도 하고, 종종 무의식을 이야기하기도 한다. 하지만, 스피노자-들뢰즈는 그것이 나의 것이 아닌 나의 몸에 묻어 있다고, 즉 **무한한 신**(스피노자)-**내재성**(들뢰즈) 안에 있다고 본 것이다. 이와 관련한 들뢰즈의 진술을 들어 보기로 하자.

이런 관점에서 볼 때, 철학 체계의 고유한 역동성을 구성하는 사유가 데카르트의 코기토에서 그렇듯이 깔끔하게 구성되고 완성된 어떤 실체적 주체와 묶일 수 있는지는 확실치 않다. 사유는 오히려 **애벌레-주체**를 규정하는 조건들 안에서만 견뎌 낼 수 있는 이 끔찍한 운동들

---

9) 스크러턴, 『스피노자』, 118~119쪽.

에서 나온다. 체계는 오로지 그런 주체들만을 허용한다.(『차이와 반복』, 267쪽. 강조는 인용자)

사유, 즉 진실을 견디는 것은 애벌레-주체뿐이다. 이것이 바로 주관도 객관도 아닌 그 무엇——스피노자에게는 신, 들뢰즈에게는 내재성의 면——이다. 들뢰즈가 "애벌레-주체"라고 표현한 존재, 이는 나중에 비인칭적 의식(conscience impersonnelle)으로 다시 표현된다. 그 누구의 의식도 아닌 이 비인칭적 의식을 배제하고 나면 남는 것은 바로 내재성의 면이다.[10] 스피노자-들뢰즈는, 전지전능하면서 자유의지를 가지고 전권을 행사하던 신을 추방한 데서 만족하지 않고, 그 신의 초월적 자리를 대신 점유하고 또 다른 전횡을 일삼던 초월적 인간마저 추방한 것이다. "신-인간"으로 이어지는 초월철학이 현상학자에 의해 "세계"로 이어지는 것을 못마땅하게 생각한 들뢰즈[11]는, 스피노자를 철학자 가운데 왕자로 부르면서, 그의 철학이 어떠한 초월성도 개입시키지 않은 내재성의 극치를 보여 준다고 평가하고 있다. 인간-자아-주체를 배제한 스피노자의 철학은 이렇게 1960년대를 풍미하던 구조주의적 반-인간주의의 배경이 되었을 뿐만 아니라, 우리의 문제를 외부의 초월자들로 해결하려 했던 초월철학에 대해 반대한 들뢰즈적 내재성의 철학에 선구가 된 것이다. 이렇듯 스피노자에게서는 "주관성의

---

10) 의식과 선험성(le transcendantal) 그리고 내재면(plan d'immanence)의 관계에 관해서는, 들뢰즈의 마지막 논문 "L'Immanence : une vie..."(*Philosophie* 47, Minuit, 1995)를 참조하는 것이 좋다.
11) 신과 인간, 세계로 이어지는 초월철학에 대한 비판에 대해서는 들뢰즈·가타리의 『철학이란 무엇인가』, 제1장 참조.

부족"이라고 비판받는 지점이 들뢰즈에게 이어져 내려오면 오히려 "초월적인 것"(le transcendant)에 대한 철저한 비판정신으로 평가되고, 동시에 들뢰즈 자신의 내재성의 철학을 기초 짓는 지점으로 그 정당성을 확보하게 된다.

## 2) 정도의 차이

그런데 스피노자의 철학이 비판받거나 추앙받는 지점은 반-인간중심주의 이외에 하나가 더 있다. 이는 그가 무한 양태와 유한 양태의 관련성을 설명하는 지점이다. 이를테면, 다음과 같은 설명이 그 가운데 하나이다 : "1부 정의 7에 따르면 '자신의 본성의 단순한 필연성에 따라 존재하고 그 자체로서 자신의 행동을 결정하는 사물은 자유롭다'고 말한다. 이 정의에 의하면 오직 신만이 자유롭다. …… 모호한 표현인 '~인 한에서'를 이용하여 자유의 관념을 유한한 양태들에까지 확장하는 것이 가능하다."[12]

스크러턴은 스피노자의 이런 설명에 대해 다음과 같은 불만을 표한다 : "스피노자 사유의 핵심에는 '~인 한에서'라는 사소한 단어가 놓여 있다. 이 단어는 바로 그 증명 과정에서 많은 도움이 되기 때문에 오히려 스피노자가 증명하려는 모든 것을 쓸어가 버리는 듯이 보인다. 스피노자는 이 단어를 통해서 계속 절대적이고 지나칠 수 없는 차이들(신과 인간, 영원과 시간, 자유와 강제, 능동과 수동, 독립과 의존)을 정도의 차이로 묘사하고, 그리하여 이행이 불가능한 곳에서 이행을 제시한다.

---

12) 스크러턴, 『스피노자』, 121쪽.

이 말로써 스피노자는 때때로 우리가 하나의 사물에 대해서 많거나 적은 적확한 관념들을 소유할 수 있으며, 따라서 적확함도 역시 정도의 문제라고 말하고 있는 듯하다. 그러나 이것은 증명이 많이[더] 또는 덜 타당할 수도 있다는 말과 똑같다."[13]

스크러턴은 스피노자가 신과 인간, 영원과 시간 등의 절대적인 차이를 정도의 차이로 묘사하는 것을 만족스럽게 여기지 않는다. 마치 어떤 증명이 더 또는 덜 타당할 수도 있다고 말할 수 없는 것처럼 그는 이런 논리가 타당하지 않다고 말하고 있다. 하지만 과연 스크러턴의 말처럼, 스피노자의 주장은 타당하지 않다고 말할 수 있는가? 스크러턴과 스피노자는 각각 전혀 다른 입장을 견지하고 있다. 스크러턴은 신과 인간, 능동과 수동 등의 차이가 절대적이며 본질적인 차이라고 생각하는 데 반해, 스피노자는 이를 힘의 차이 즉 정도의 차이로 본다. 스크러턴은 증명이란 타당하거나 타당하지 않거나 둘 중 하나라고 보는 반면, 스피노자라면 증명이란 더욱 타당하기도 하고 덜 타당하기도 하다. 스크러턴과 같은 초월철학자들은 어떤 사물의 본질을 전제하기 때문에 서로 다른 본질들 사이에 소통은 없는 것으로 본다면, 스피노자와 같은 내재철학자들은 사물들 사이의 차이를 정도의 차이로 보기 때문에 이들 사이에 소통이 가능하다. 입장이 다른 것이다. 그러므로 스크러턴의 비판은 설득력이 없다.

또한 스크러턴은 스피노자 철학의 이런 점을 신플라톤주의에 연관시킨다 : "스피노자 철학의 두번째 측면은 그 특성상 플라톤에 가깝

---

13) 같은 책, 127~128쪽.

고 신플라톤주의 도덕의 대표작인 보에티우스의 『철학의 위안』을 생각나게 한다." [14] 즉 신과 인간의 정도차를 근원적 일자로부터의 유출 이미지로 본 것이다. 그런데 흥미롭게도 들뢰즈가 바로 이 지점에 대한 논의를 펼치고 있는 부분이 있다. 들뢰즈는 스피노자의 이 '정도의 차이'에 대해 신플라톤주의의 유출인(流出因＝émanation)이 아닌 내재인(內在因＝immanence)으로 설명되어야 한다고 강조한다. 유출과 내재성이 비록 부분적으로 동일시되고 있지만, 이는 매우 다르다.

> 양자〔유출인, 내재인〕의 공통적 특징은 둘 모두 자기 밖으로 나가지 않는다는 것이다 : 생산하기 위해서 **그들은 자기 안에 머문다.** …… 그러나 차이는 두 원인의 생산 방식에 있다. **유출인은 자기 안에 머물지만, 생산되는 결과는 그 원인 안에 존재하지 않고 그 원인 안에 머물지 않는다.** …… 내재인을 정의하는 것, 그것은 결과가 그 원인 안에 존재한다는 것 …… 〔둘째〕 내재성은 모든 원인의 탁월성, 모든 부정 신학, 모든 유비의 방법, 모든 위계적 세계 개념과 대립한다. 내재성에서는 모든 것이 긍정된다. '원인'은 결과보다 상위지만, 그것이 결과에 증여하는 것보다 상위는 아니다. 아니, 차라리 그것은 결과에 아무것도 "증여"하지 않는다.(『스피노자와 표현의 문제』, 235~239쪽. 강조는 원저자)

유출과 내재성은 비슷한 점이 있다. 그것은 원인이 결과를 생산하기 위해 자기 밖으로 나가지 않는다는 것이다. 그러나 유출에 의해 생

---

14) 스크러턴, 『스피노자』, 120~121쪽.

산된 결과는 그 원인의 밖에 위치한다. 원인과 결과의 자리가 다르다. 비록 원인을 분유(分有)하고 있으나 결과는 원인 밖에 있다. 반면 내재성의 면에서는 원인과 결과가 같은 자리에 있고, 바로 그 이유 때문에 원인과 결과 사이에 아무 위계가 없다. 스피노자에 대한 이러한 독해는 들뢰즈에게 고유한 것으로 보인다. 스피노자의 생각이 전적으로 이러한 것이었는지는 확실하지 않은 부분이 있기 때문이다. 그런데 스피노자를 이렇게 읽는 것은, 앞서 스피노자를 신플라톤적 요소를 가지고 있는 철학자로 읽는 것과 정반대의 독해이다. 즉, 들뢰즈의 독해는 스피노자를 플라토니즘을 전복하는 철학자로 읽는 것이다.

유출인과 내재인의 차이는 『스피노자와 표현의 문제』에 비교적 자세히 나와 있다. 유출인은 결과물과 다른 자리를 차지하고 있으면서 결과들이 모방하는 선(善)의 역할을 하나, 내재인은 결과물과 같은 자리에 있으면서 모든 결과들과 같은 거리에 있으며 당연히 아무 위계도 없다. 즉, 유출인과 내재인 사이에는 플라톤주의와 들뢰즈주의만큼의 거리가 있다. 그런데 이것이 스피노자에 대한 들뢰즈 고유의 독해처럼 보인다는 것은, 스피노자에게 사실은 플라톤주의처럼 읽을 만한 요소가 있기 때문이다. 들뢰즈는 『차이와 반복』에서 스피노자의 철학에 대해 다음과 같은 지적을 한다.

스피노자에게서 실체는 양태들로부터 독립해 있는 것처럼 보인다. 그리고 양태들은 실체에 의존하지만 어떤 다른 사물인 것처럼 의존한다. 실체는 양태들을 통해, 오로지 양태들을 통해서만 자신을 언명해야만 할 것이다. 그런 조건은 보다 일반적이고 단호한 전복을 대가로

해서만 충족될 수 있다. 그런 전복 이후 존재는 생성을 통해, 동일성은 차이나는 것을 통해, 일자(一者)는 다자(多者)를 통해 …… 자신을 언명한다.(『차이와 반복』, 112쪽)

원인과 결과가 마치 독립된 것처럼 보인다는 바로 그 지점은, 스피노자의 철학을 신플라톤주의로 이해할 만한 근거를 제공한다. 그리고 들뢰즈가 그 점을 적절하게 지적했던 것이다. 들뢰즈는 스피노자의 이 지점을 내재성에 걸맞게 완전히 수정하여 스스로 내재성의 철학을 정립하고자 했던 것 같다. 그리고 그 선구로 스피노자를 꼽은 것이다. 원인이 결과와 독립하여 먼저 있으며 또한 결과보다 우월하다는 생각이 아닌 결과로부터 원인이 말해져야 한다는 것, 차이나는 것을 통해 동일성이, 다자를 통해 일자가 말해져야 한다는 것이 들뢰즈의 주장이다. 스피노자의 철학에서 실체가 양태에 대해, 신이 인간에 대해, 원인이 결과에 대해 독립적인 것으로 다루어지는 것처럼 보이는 부분이 있으나(들뢰즈가 『차이와 반복』에서 지적한 대로), 들뢰즈는 이를 완전한 내재성의 철학으로 읽고 싶어 했다(『스피노자와 표현의 문제』에서처럼). 그런데 이 지점은 또한, 보통 절대적 합리론자로 불리는 스피노자를 들뢰즈가 경험주의자로 바꾸어 놓는 지점이라고도 볼 수 있다.

### 3) 경험론자 들뢰즈의 합리론자 스피노자 독해

보통 스피노자는 철저하고 절대적인 합리론자로 알려져 있고, 또 그렇게 평가된다. 정념의 혼란은 그 정념에 대한 적합한 관념을 형성함으로써 극복될 수 있다고 말하는 지점은, 스피노자의 합리주의를 극명하게 보여 준다. 스피노자에게 경험은 다음과 같이 미미한 위상만을 지닐 뿐이다.

당신은 주어진 속성의 정의가 참인지를 알기 위해 우리에게 경험이 필요한가를 물었습니다. 나의 대답은 사물의 실존이 그것의 정의로부터 추론될 수 없는 경우를 제외하고는 우리는 결코 경험을 필요로 하지 않는다는 것입니다.[15]

"우리는 결코 경험을 필요로 하지 않는다"는 파격적인 주장을 할 정도로 스피노자의 철학은 거대한 기하학으로서 경험에 대해 독립적으로, 합리적으로 구성되어 있고, 또 그렇게 이해할 수 있다. 하지만 다수를 생산하는 하나보다는 다수의 운동에 의해 효과로서 나타나는 하나에 관심을 가졌던 들뢰즈는, 비록 그의 철학이 합리적으로 구성되어 있다 하더라도 그것이 경험과 독립적인 것이어서는 안 된다고 보았고, 또한 그렇게 읽었다. 들뢰즈의 철학사가적인 이력이 분명히 보여 주듯이, 들뢰즈의 경험주의에 대한 애착은 대단한 것이었다. 그가 최초로 집필한 얇은 책이 바로 흄에 대한 것이었다는 점, 그리고 영미문학에 대해 상당한 애착을 보였다는 점 등은 모두 그가 경험이라는 것에 얼마나 큰 관심을 가지고 있는가를 보여 준다. 스피노자를 경험주의자로 독해하는 것은 그러나 매우 낯선 일이다. 들뢰즈는 과연 이 작업을 어떻게 수행하고 있는가? 우리는 이에 대한 해답을 구하기 위해 스피노자

---

15) 스피노자의 『서간집』(correspondance) 10권; 스크러턴, 『스피노자』, 47쪽에서 재인용.

의 인식론에 대한 들뢰즈의 독해를 살펴볼 필요가 있다. 스피노자의 『에티카』는 존재론에 대한 저술이면서 동시에 인식론에 대한 논의로도 읽힌다. 제1종, 제2종, 제3종의 인식이 바로 그것이다. 상상력 또는 의견이라 부르는 부적합한 관념인 제1종의 인식, 공통 개념을 형성하는 제2종의 인식, 최상의 인식인 직관지 또는 제3종의 인식. 우리는 이들 인식을 어떻게 형성해 나가는가? 들뢰즈의 진술을 들어 보자.

> 모든 문제는 우리가 어떻게 공통 개념들을 형성하는 데 이를 것인가 하는 것이다. …… 우리는 보다 일반적인 것들로부터 출발해서 덜 일반적인 차원에서의 비적합성들의 출현을 내부로부터 파악한다. 따라서 공통 개념들은 여기에서 이미 주어져 있는 것으로 가정된다. 그것들의 형성의 질서는 이와는 아주 다르다. 왜냐하면, 우리의 신체와 적합한 어떤 신체를 만날 때, 비록 우리와 공통적인 것을 아직 적합하게 인식하고 있지는 못하더라도, 우리는 기쁨-정념의 감정을 느끼기 때문이다. 우리 신체와 적합하지 않은 어떤 신체와의 만남으로부터 생겨 나는 슬픔을 통해서는 결코 우리는 공통 개념을 형성할 수 없다. …… 기쁨-정념은 공통 개념의 유발 원인이다. …… 따라서 최초의 공통 개념들은 …… 가장 덜 일반적인 것들이다. …… 신의 관념은 그 자체로는 공통 개념이 아니며, …… 신의 본질을 포함하고는 있지만, 존재 양태들의 결합과 관련해서만 공통 개념으로 기능하기 때문이다. …… 제2종의 인식과 제3종의 인식 사이에는 단절이 아니라 신의 관념의 한 사면에서 다른 사면으로의 이행이 존재한다.(『스피노자의 철학』, 140~145쪽)

들뢰즈가 보기에 제1종의 인식, 제2종의 인식, 제3종의 인식은 서로 단절된 것이 아니라, 한 사면(斜面: 기울어진 면)에서 다른 사면으로의 이행(passage)이다. 제3종의 적합 관념은 경험과 관계없이 이미 있는 것이거나 경험으로는 절대로 닿을 수 없는 어떤 것이 아니라, 제1종의 인식으로부터 점진적으로 기쁨-정념의 도움을 받아 이행하면서 형성되는 관념이라는 것이다. 이런 독해는 일반적인 것이 아니다. 이를테면 알튀세는 스피노자의 여러 종의 인식들 사이의 관계를 단절이라 보았다. "스피노자에서의 제1종의 인식과 제2종의 인식 사이의 단절은 이데올로기와 과학의 단절이라는 알튀세의 논제와 궤를 같이한다." (『스피노자의 철학』, 「역자 해제」, 197쪽)

스피노자의 글로부터는, 스피노자가 각 인식 단계들 사이의 관계를 단절로 이해하고 있는지, 점진적인 이행으로 이해하는지 명확하지 않다. 분명한 점은, 알튀세와는 달리 들뢰즈는 스피노자의 인식들 사이의 관계를 이행으로 이해했으며, 이는 스피노자를 경험주의자로 독해하고자 하는 그의 시각이 엿보이는 지점이라는 것이다. 이런 독해와 같은 맥락에서 들뢰즈는 스피노자의 이성을 노력(effort)과 연관시킨다. 보통 경험주의자로 알려진 들뢰즈가 잘못 이해되는 지점이 여기에 있는데, 들뢰즈가 좁은 의미의 합리성을 비판한다고 해서 그가 합리성 자체를 폐기하는 것은 아니라는 점은 반드시 지적되어야 하겠다. 들뢰즈는 의식을 비판하지 사유를 비판하지 않으며, 그런 의미에서 이성 그 자체를 폐기하지는 않는다. 스피노자의 이성은 이런 식으로 경험적 노력과 연관되어 좀더 넓은 의미로 이해된다.

스피노자에게 있어 이성, 힘, 자유는 되기[생성], 형성[수련], 문화와 분리될 수 없다. 아무도 자유롭게 태어나지 않고 아무도 이성적으로 태어나지 않는다. 그리고 누구도 우리 본성에 적합한 것에 대한 더딘 경험, 우리의 기쁨을 발견하기 위한 더딘 노력을 대신해 줄 수 없다. …… 최초의 인간인 아담은 인류의 유년기이다. 그래서 스피노자가 원죄 이전에 아담이 이성적이고 자유롭고 완전했다고 말하는 기독교 전통, 그 후의 합리주의 전통에 그토록 강하게 반대하는 것이다. 반대로 아담을 슬프고, 약하고, 노예적이고, 무지하며, 마주침들의 운[우연]에 내맡겨진 어린아이로 상상해야 한다. "이성을 올바르게 사용하는 것은 최초의 인간으로서는 할 수 없는 일이었고, 오히려 우리가 그렇듯이 그 역시 정념들에 따랐다는 것을 인정해야 한다."(『스피노자와 표현의 문제』, 355~356쪽)

마주침들, 우연들에 내맡겨진 인간은, 생성과 수련, 노력을 통해 그의 이성, 자유의 힘을 키워 나간다. 이런 식으로 그는 인식의 단계들을 높여 가서 마침내 제3종의 인식에 이르게 된다는 것이다. 인간이 처음부터 합리적으로 태어났다고 믿는 것은 하나의 신화이며 도그마이다. 이런 신화를 전제하면, 인간은 자기의 합리적 이성의 힘을 과대평가하고 맹신하게 되며, 이로부터 파악되지 않거나 파악할 수 없는 것을 폄하하고, 아예 없는 것으로 만들어 버릴 수 있다. 이 경우, 실천적으로는 태어날 때부터 갖춰진 이성이 도덕적 지위를 갖게 되고, 이성이 파악할 수 없는 것은 악으로 규정되게 된다. 이것이 바로 도덕형이상학이 탄생하는 근거이다. 들뢰즈가 자주 드는 아담의 예가 이와 같다 : 아담과 사과는 서로 맞지 않았을 뿐이나, 이를 이해하지 못한 인간은 이 사건을 죄와 벌로 표상한다. 인간의 합리적 이성에 대한 경험주의적 독해는, 바로 이런 지점에 개입해야 하는 것이다.

## 들뢰즈의 스피노자주의

자크 랑시에르(Jacques Rancière)는 들뢰즈의 철학을 20세기의 스피노자주의라고 평가했다. 들뢰즈가 구축한 20세기 스피노자주의란 무슨 뜻이며, 들뢰즈의 스피노자주의는 스피노자의 존재론과 얼마만큼 멀고 또 가까운가? 들뢰즈는 『스피노자의 철학』이라는 작은 책자에서 다음과 같이 묻고 있다.

> 스피노자의 이론 철학은 순수한 존재론을 구성하는 가장 철저한 시도 가운데 하나이다 : 절대적으로 무한한 하나의 실체와 모든 속성들, 이 실체의 존재 방식에 불과한 존재들. 그런데 왜 이런 존재론이 에티카(윤리학)라고 불리는가? 스피노자주의라는 스캔들을 일으키는, 거대한 사변적 명제와 실천적 명제들 사이에는 어떤 관련이 있는가? 윤리는 존재 방식들의 실천과학이다. 그것은 도덕이 아니라 행동학이다. (*SPP*, 뒤표지)

지금까지 우리가 살펴본 바와 같이, 자연의 모든 것을 아무 예외 없이 철저하게 기하학적으로 파악하고자 했던 스피노자의 합리론과 그에 대한 들뢰즈의 경험주의적 독해는 바로 도덕형이상학에 대한 반박으로 읽힐 수 있다. 그것이 순수 존재론을 윤리학이라고 부른 이유이 며, 또한 스피노자주의의 스캔들이라 할 것이다. 그렇다면 들뢰즈의 철 학에서 스피노자주의는 어떻게 묻어나는가? 흥미롭게도 들뢰즈 또한 존재론자라 알려져 있다. 그의 존재론도 윤리학으로 읽힐 수 있을까? 그의 국가박사학위 논문이자 대표 저서인 『차이와 반복』 서문을 보면, 그가 이 책을 다음과 같이 규정하고 있다는 것을 알 수 있다.

> 이 책이 담당해야 할 것은 그러므로 우리의 것도, 인간의 것도, 신의
> 것도, 세계의 것도 아닌 어떤 정합성에 접근하는 것이다. ······ 이런
> 의미에서 이 책은 묵시록적인 책이다(시간의 계열 가운데 세번째 시간
> 에 관한). (DR, 4; 『차이와 반복』, 21~22쪽)

즉 『차이와 반복』은 인간, 신, 세계 등에 대한, 다시 말해 초월에 대한 묵시록이자 또한 세번째 시간을 알리는 책이다. 이 세번째 시간이 란 『의미의 논리』식으로 말하면 아이온의 시간이며, 니체가 정오를 알 리고 난 다음 쓰지 않은 세번째 순간, 즉 초인의 탄생 이후에 관한 책이 며, 스피노자의 신의 시간이다. 이런 의미에서 우리는 『차이와 반복』이 라는 들뢰즈의 존재론서(書)가 마치 스피노자가 자신의 존재론을 '에 티카'라고 명명한 것처럼 '들뢰즈의 에티카'라고 불러도 좋으리라고 본다.

스피노자의 에티카는 자기원인인 무한한 실체에 관한 정의에서 시작하여 인간 오성의 힘을 설명하면서 지복(至福)의 윤리로 나아간 다. 상상력이 담당하는 첫번째 종류의 부적합 관념으로부터 이성은 공

통관념을 이끌어 내고, 직관적 오성이 담당하는 세번째 종류의 적합 관념에 이르면 인간은 자유로우며 또한 지복을 누릴 수 있다는 것이다. 즉 스피노자는 자신의 존재론으로부터 인식의 다리를 넘어 윤리로 나아간 것이다.

들뢰즈에게 이 과정을 적용할 수 있을까? 들뢰즈는 인식에 관해 어떤 이론을 제시하고 있을까? 몸과 욕망에 대해 방점을 찍으면서 갖게 되는 일반적인 편견과는 달리, 들뢰즈는 사유의 힘을 부인하지 않았다: "몸이 유기체로 환원되지 않는 힘이 되도록 할 것, 사유는 의식으로 축소되지 않는 힘으로 할 것."(D, 76) 이때의 사유 능력은 공통관념을 이끌어 내는 스피노자의 이성도 아니요, 인간의 인식을 보장하는 칸트적인 이성도 아니다. 오히려 니체가 말한 몸의 이성(Raison)이며 스피노자의 직관적 오성이라고 할 수 있다. 니체는 정신의 이성(raison)은 몸의 이성의 장난감일 뿐이라고 말했다. 몸이 "아는" 것을 정신은 분석한다. 몸으로 하여금 "사유"하도록 강제하는 것, 그것은 몸이 만나는 기호이며, 몸이 겪는 사건이다. 몸은 그 의미를 안다. 몸은 '나'로 분화되기 전의 전(全) 개인적인 어떤 존재인 것이다.

'몸의 인식'을 하는 존재는 들뢰즈에게 어떤 존재로 표현되는가? 그는 바로 예술가이다. 즉, 들뢰즈에게 있어 스피노자의 세번째 종류의 인식을 하는 것은 바로 예술가이다. 왜냐하면 예술가는 "삶을 위협하는 어떤 커다란 것을, 어떤 견딜 수 없는 것을 **본** 사람"(QP, 161)이기 때문이다. 어떤 커다란 것, 어떤 견딜 수 없는 것, 어떤 말로 할 수 없는 것, 분석하는 이성이 닿을 수 없는 것을 "본" 사람, 그가 예술가이다. 세번째 종류의 인식에 이른 사람이다. 스피노자가 존재론·인식론을 거쳐 '자유인'의 에티카에 이르고자 했다면, 들뢰즈는 그 스스로의 존재론과 그 고유한 인식론을 거쳐 스스로 '예술가'이고자 했다고 생각한다. 스피노자의 자유인으로서의 삶과 들뢰즈의 예술가로서의 삶이 내재성의 철학에서 이끌어 낼 수 있는 윤리학·행동학이라고 할 수 있다. 스피노자가 분석하는 이성을 징검다리 삼아 직관과 지복으로 나아갔다면, 들뢰즈는 몸이 부딪치는 기호의 의미를 분석하지 않고 그것을 "보는" 예술가적인 통찰과 "됨"의 윤리로 나아갔다. 이것이 들뢰즈의 스피노자주의이며, 동시에 스피노자가 보여 주지 못한 20세기 스피노자주의의 의미라고 할 수 있을 것이다.

# 들뢰즈와 니체 : '가면' 의 철학

한정헌

## 서론 : 들뢰즈의 유령, 니체의 유령

지금 들뢰즈의 유령이 세계를 온통 떠돌고 있다. "언젠가 이 세기는 들뢰즈의 날들로 기록될 것이다"라고 말했던 푸코의 예언대로 이 시대는 들뢰즈의 책들이 마치 빵처럼 팔려 나가고 잠재적 들뢰즈가 쉴 새 없이 생성되어 우리의 정신을 침식하고 있다. 오늘날 들뢰즈는 수많은 가면을 바꿔 쓴 채 출몰하고 있다. 스피노자, 니체, 맑스, 베르그송……. 그의 가면놀이에서는 어떤 것이 진짜인지 도무지 분간할 길이 없다. 왜냐하면 애초부터 본래의 얼굴이란 존재하지 않았기 때문이다. 이 가면들은 그의 사상적 미분요소이자 애벌레 주체로서 서로 뒤엉켜 웅얼거리고 있다. 이들의 접속과 이탈에 따른 계열화의 양상에 따라 잠재적 들뢰즈가 부단히 발견/발명된다.

이와 같이 들뢰즈가 얼굴 없는 가면으로 세상에 처음 등장한 것은 1962년 『니체와 철학』을 세상에 내놓고부터이다. 물론 그 전에도 흄에 대한 연구서인 『경험론과 주체성』(1953)을 출간하였으나 그는 『니체와 철학』까지 무려 8년간의 긴 침묵에 들어간다. 이 기간 동안 무엇을 하고 있었던 것일까? 어쩌면 차라투스트라의 동굴에 기거하면서 변신을 위한 생성의 밤을 품고 있었던 것은 아닐까? 그리고 마침내 그는 정오의 시각에 이르러 8년간이나 잉태하고 있던 아이를 출산하였다. 이때 모두가 경악하였다. 그 아이가 너무도 괴이하였기 때문이다. 들뢰즈는 이에 대해 다음과 같이 말한다.

> 나는 한 작가의 등 뒤로 가서 그의 아기를 만든다고, 즉 그 아기는 바로 그 작가의 아기일 것이고 매우 기괴할(monstrueux) 거라고 상상했네. …… 내가 그 모든 습속을 버리게 된 것은 바로 니체를 뒤늦게 읽고 나서였지. 왜냐하면 그를 똑같이 취급하는 것은 불가능한 것이니 말일세. 등 뒤에서 아기를 만드는 것, 〔오히려〕 우리에게 그 일을 시키는 것은 바로 니체이지. 그는 우리가 변태적인 기호를 갖게 만든다네 (그것〔변태적인 기호〕은 맑스도 프로이트도 결코 어느 누구에게 갖게 하지 못했던 것이지). (P, 15)

그랬다. 그를 계간(鷄姦)한 것은 다름 아닌 니체였고 동일성의 제국에서 볼 때 참으로 기괴하기 짝이 없는 차이의 괴물이 탄생한 것이다. 이후에 그의 사생아는 망치를 든 채 이곳저곳을 활보하며 닥치는 대로 마구 부수기 시작했다. 새로운 가치표를 위한 낡은 가치표의 전복! 그 결과 니체의 유령은 지금도 여전히 헤겔로 표상되는 제국의 철학을 끊임없이 침탈하는 노마드적 전쟁기계로서 활동하고 있다.[1] 따라서 오늘날 세계 곳곳에 출몰하는 들뢰즈의 유령은 동시에 니체의 유령이기도 하다. 아니, 들뢰즈는 한 세기 이후에 태어난 잠재적 니체의 현실화이다.

## 니체의 20세기 후계자—푸코와 들뢰즈

사실 니체의 철학은 이전까지 국가장치가 전유한 전쟁기계에 다름 아니었다. 이를테면 그의 철학은 그가 정상적으로 집필 활동을 하던 당시에는 평가절하되다가 이후에는 나치의 이데올로기적 프레임으로 기능하기도 했다. 또한 하이데거에 등에 의해 해석된 니체는 근대 형이상학의 완성자 내지는 (하이데거가 비판하는) 기술사회를 정당화한 인물로 이해되었다. 말하자면 동일한 것의 무한회귀를 주장하는 극단적 니힐리스트로 둔갑하여 시지프스의 형벌을 '닫힌 원환'에서 감내해야 하는 수인(囚人)으로 전락하고 만 것이다. 그러다 마침내 20세기에 들어 니체의 굳게 닫힌 원환에 균열을 내어 그 끝을 구부려 놓은 두 명의 사상가가 출현하였는데, 그것이 푸코와 들뢰즈이다.[2]

---

1) Gilles Deleuze, "Nomad Thought", *The New Nietzsche*, ed. David B. Allison, MIT Press, 1985, pp.142~149.

2) 물론 니체의 철학을 열린 원환으로 새롭게 규명한 철학자들이 이들만 있는 것은 아니다. 예컨대 데리다의 경우, 그의 사유 전반에는 니체적 성향이 곳곳에 '산포' 되어 있다. 특히 그가 말하는 차연/디페랑스, 텍스트, 스타일 등은 로고스-중심주의/음성-중심주의로 표상되는 서구 형이상학을 해체하기 위해 니체를 재개념화한 전략들이다. 데리다의 니체는 주로 하이데거와 대립하면서 해석의 문제에 천착한다. 이를테면 그의 텍스트 개념은 탈기의적/탈중심적 기표들의 자율적 놀이에 대한 해석들의 과잉으로 직조된 것이다. 또한 『에쁘롱』(*Eperons : Les Styles de Nietzsche*)은 니체의 문체/스타일을 다루고 있는데, 이처럼 니체에 관한 그의 작업은 주로 텍스트적 지평에서 이루어지고 있다.

이들은 차이의 철학자 니체와 접속하여 다양한 층위에서 그의 사생아들을 분만하였다. 푸코는 니체의 의심의 해석학을 관점주의와 계보학에 입각하여 수행하였다.[3] 『광기의 역사』, 『감시와 처벌』, 『임상의학의 탄생』, 『성의 역사』 등은 그렇게 해서 나온 20세기의 푸코 식 『도덕의 계보학』이었다. 푸코는 니체를 따라 이 세계를 힘들의 관계적 장(場)으로 파악하였다. 따라서 그의 권력이론은 권력과 주체/주권의 착종관계에서 출발하여, 사회를 복수적으로 산포되어 있는 지식—권력의 그물망으로 보았다. 푸코가 니체의 계보학에 천착하여 주로 역사 및 정치철학적 지층에서 니체의 문제틀을 미시적으로 전개하였다면, 들뢰즈는 그가 보여 준 학문적 스펙트럼의 거의 전 영역에서 니체의 즉자적 차이를 다양한 가면의 양태로 방사하였다. 다시 말해 그의 주요한 개념들인 욕망, 탈주, 포획장치, 전쟁기계, 소수자 등은 직·간접으로 니체의 DNA를 담지하고 있다.

그런데 푸코와 들뢰즈 사이에도 약간의 차이가 존재한다. 푸코의 권력은 객관적 선험으로서 기능하며, 인간의 생체를 훈육과 통제의 대상으로 흡수하여 주체를 구성하는 기능을 수행한다. 요컨대 권력과 주체는 구별 불가능의 지대를 형성한다. 그래서 푸코는 이처럼 착종된 권

---

3) 푸코의 계보학적 접근은 역사의 유기성과 연속성을 뒤흔들어 분절지점을 발견하고 그 연결지점을 망치로 때려 부수어 발생 과정을 밝혀내는 데 있다. 따라서 이러한 유기성과 연속성의 해체적 기능은 기억이 아닌 '반(反)기억'의 몫으로 돌아간다. 여기서의 기억은 정상적으로 유통되어 온 표준역사를 지칭한다. 그것은 기억을 강요받은 역사이며 우리의 주체를 구성하는 일부이다. 즉 '반기억'은 기억이 봉합해 놓은 역사의 유기성을 해체하고 균열지점과 간극에 대한 '대항기억'의 역할을 수행한다. Michel Foucault, "Nietzsche, Genealogy, History", *The Foucault Reader*, ed. Paul Rabinow, Pantheon Books, 1984, pp.76~100.

력에 대해 '저항'을 부르짖는다. 저항은 권력의 체계에 대항하는 반동적 힘에 조응한다. 뒤에서 보겠지만, 니체는 반동적 힘에 대한 매우 혹독한 비판자였다. 반면에 들뢰즈는 차이의 선차성을 강조한다. 동일성 이전에 '즉자적 차이'(différence en elle-même)가 있다는 것이다. 이 말은 곧 차이가 동일성을 만들어 낸다는 뜻이고, 때문에 탈주(fuite)는 동일성의 포획에 저항하는 이차적 반응이 아니다. 탈주가 먼저 있었다! 이것이 바로 'fuite'가 도주가 아닌 탈주로 읽혀야 하는 까닭이다.

이렇게 볼 때 동일성이란 차이들의 놀이에 의한 효과(effet) 또는 얼개(configuration)로서 형성되는 것이고, 이는 일자적 위계나 초월성의 기각을 불러온다. 이때 단일한 동일성의 기반은 와해되고 다양성과 복수성의 힘들로 굽이친다. 그리고 힘들의 교전적 장(場)은 물샐틈없는 내재면(plan d'immanence)을 이루어 그 어떤 초월도 원인도 목적도 허용하지 않는다. 때문에 해석학적 관점들만이 사태를 해명할 수 있는 유일한 근거가 된다. 달리 말하면, 복수적 관점들의 범람/과잉상태라고 할 수 있다. 그러므로 '진리는 어떤 것인가?'라고 질문했을 때, '진리는 어떤 대상에 대한 지배적 해석'이라고 답할 수 있다. 이제 지배적 힘이 바뀔 때마다 낡은 가치는 새로운 가치에 의해 전도된다.


## 니체와 존재의 일의성

들뢰즈는 차이의 존재론을 정초하기 위해서 존재의 일의성(一義性, univocitas)을 경유해야만 했다. 이를 위해 끌어들인 철학자는 크게 둔스 스코투스, 스피노자, 니체이다. 그는 이들을 통해 정립한 일의성의 철학으로 아리스토텔레스와 토마스 아퀴나스로 이어지는 존재의 다의성(多義性, equivocitas)을 대신하고자 하였다. 존재의 다의성이 유비(類比)를 통한 일자의 철학으로 귀결되는 반면, 존재의 일의성은 사실상 차이/생성으로 동일성/존재를 대체하기 때문이다. 지금부터 살펴보겠지만 그가 구축하는 존재의 일의성은 결국 니체를 통하여 '완성' 되었다.

들뢰즈가 비판하는 재현의 철학은 크게 네 가지로 구성되어 있다. (개념의) 동일성, (판단의) 대립, (술어의) 유비, (지각의) 유사성이 그것이다. 이때 차이는 아무리 많아도 동일성 내에 포획되어 매개적 차이나 개념적 차이로 예속된다. 아리스토텔레스에게 존재는 '다의적' (多義的)이다. 이는 존재는 여러 의미로 언명된다는 뜻으로, 각각의 존재에 실체성을 부여한다는 것이다. 그는 유적 동일성에 기반한 종차(種差) 개념을 승인하여 존재의 다의성을 주장하였다. 이때 종(種)은 유(類)로 묶이며 그 종적 차이는 인정된다. 그러나 유적 차이는 그것들을 묶어줄 더욱 상위의 범주가 없으므로 통약 불가능한 다의적 존재들로 공존해야 하는 사태에 직면한다. 그렇게 되면 일자의 구도는 산산이 분할된다. 따라서 그는 할 수 없이 '유비'의 개념을 도입하여 허구적 위계(=일자의 철학)를 설정하였다. 또한 아리스토텔레스가 구축한 존재의 다의성은 중세에 들어서 토마스 아퀴나스에 의해 되살아나 다의적 존재들을 하나의 신(=일자)으로 완전히 포섭해야 하는 모순을 신학적으로 정당화하는 데 활용되었다.

이에 반해 들뢰즈는 이 세계가 '일의적' (一義的)이라고 본다. 존재의 일의성은 존재가 하나의 의미로 언명된다는 뜻이다. 다시 말해서 여러 차이들은 그것이 존재라는 한에서 동일한 위상을 부여받게 된다. 그는 『차이와 반복』에서 존재의 일의성을 다음과 같이 정의하고 있다.

사실, 일의성의 본질은 존재가 단 하나의 의미로 언명된다는 데 있지 않다. 그것[그 본질]은 존재가 자신의 모든 개체화하는 차이들 또는 내재적 양상들을 통해 단 하나의 같은 의미로 언명된다는 데 있다.(DR, 53)

일의성의 차이는 아무리 많아도 존재 내적 차이/양태들에 불과하다. 겉보기에는 흡사 일자의 철학의 외양을 갖추고 있으나, 외연 없는 하나의 존재 지평을 상정함으로써 사실상 생성으로 존재를 전복하려는 것이다. 이미 언급한 것처럼 이를 입증하기 위하여 들뢰즈는 일의성의 철학자들인 둔스 스코투스, 스피노자, 니체를 동원한다. 먼저 둔스 스코투스에 의하면 존재는 그것이 존재인 한에서 일의적이다. 이것은 마치 새벽별과 저녁별, 또는 이스라엘과 야곱이 실재적/형식적으로 구분되지만 존재론적으로는 하나의 의미인 것과 같은 이치이다(DR, 52~53). 이처럼 그는 통약 불가능한 실재적 구분을 폐기하고 형식적이고 양태적인 구분을 허용함으로써 일의적 존재론을 구성하였다. 즉 그것이 존재인 한에서 세계는 통약 가능할 뿐만 아니라 존재론적으로 등위적이다.

이러한 존재의 일의성은 스피노자에게로 이행하여 [스코투스의] 신학적 한계를 넘어 보다 정교함을 취하게 된다. 그것은 실체, 속성, 양태의 구분에 따른 일의성의 정립을 통해서이다. 그는 데카르트의 연장된 실체=신체와 사유하는 실체=정신의 이원론을 자연=신에게로 귀속시켜 하나의 실체를 완성한다. 이때 실체의 본질은 속성을 통해 드러나며 속성들은 양태들을 통해 나타나게 된다. 그러므로 속성은 실체와 양태에 공통의 형식이 되어 일(一)과 다(多)의 문제를 해결하는 기능을 수행한다.[4] 그런데 사실 전통적인 의미의 스피노자 해석에 있어서 실체는 양태로부터 독립적이다(DR, 59). 이를테면 실체＝신→속성들→양태들의 순서로 연역적이고 결정론적인 성격이 강하다. 하지만 들뢰즈는 이를 전복하여 양태들을 통해서만 언명되는 실체, 즉 '거꾸로 선 스피노자'로 재해석한다(DR, 59). 따라서 들뢰즈에 의해 스피노자의 사유는 거대한 일의성의 철학으로 봉합되고, 이 세계는 양태들에 의해 외부로의 누수 없이 완벽하게 차단되어 작동하게 된다(외연 없는 실체). 이제 존재는 오로지 생성을 통해, 동일성은 차이를 통해, 일자는 다자를 통해서만 자신을 언명할 수 있을 뿐이다.

　이는 정확히 니체의 '역능의지'(Wille zur Macht)와 '영원회귀'(ewige Wiederkehr)의 교의로 연결된다. 실체가 양태를 통해서만 언표될 수 있다는 것은, 결국 무수한 역능의지로 이루어진 세계를 뜻하기 때문이다. 니체에 따르면, 이 세계는 복수적 힘들의 바다이다. 이는 힘들의 내적 원리로서의 역능의지가 오로지 자기를 실현하기 위해 난립하고 있는 n-1의 내재적 장(場)이다. 이와 같이 초월적 일자가 거세된 상태에서 동일성은 오로지 이차적으로서만, 즉 생성의 효과로서만 유

---

4) 이러한 그의 해석의 교두보는 결국 '표현'의 개념에 있다. "신은 자신의 속성들 속에서 자신을 표현하고, 속성들은 그 속성들에 의존하는 양태들 속에서 자신을 표현한다. …… 그러므로 신의 표현적 이름들, 신의 유일한 표현들만이 속성들이다. 즉 실체와 양태에 대해 말해지는 공통형식은 속성들이다."(SPE, 49)

효하다. 이때 고정불변한 개체는 있을 수 없다. 외부와의 관계에 따라서 개별화의 외연적 경계는 끊임없이 유동한다. 그러므로 동일성은 차이와 생성의 운동 가운데 가변적으로 형성되는 얼개로서 새롭게 규정된다.

이렇게 볼 때, 들뢰즈가 잠재적 생성의 장으로 개념화한 '혼효면' (plan de consistance)과 '탈기관체' (corps sans organes) 역시 스피노자의 '실체'를 니체 식으로 재해석한 개념으로 보아야 할 것이다. 이면(面, plan) 위에서 사건들이 생성하고 소멸하며 [배치의] 이합집산을 반복하게 된다. 그 어떤 초월도 있을 수 없고 면/구도를 구획하여 왔던 불연속적 격자들도 모두 와해된다.[5] 단지 외연이 없는 하나의 내재면 (plan d'immanence)만이 차이들을 모두 쓸어안은 채 일의적으로 존재할 뿐이다. 내재면 안에는 내포적 차이들이 우글거린다. 오로지 차이와 생성의 놀이를 통해 배치들이 형성되고 생성과 소멸을 반복하게 된다. 요컨대 존재의 생성이 아니라, 생성의 존재인 셈이다.

마찬가지로 초월이 붕괴된 이후에 한 사물의 본질을 결정하는 것은 차이/거리에 의한 관점들이다. 그러므로 가장 중요한 것은 '거리의 열정' (Pathos der Distanz)이다.[6] 모든 사물은 곧 차이가 산출하는 상이한 효과들이기 때문이다. 이제 세상에 존재하는 것은 무수한 의상과

---

5) 이때 들뢰즈·가타리가 『천의 고원』 10장에서 말하는 '되기' (devenir)가 가능하다. 왜냐하면 기원적 동일성으로 간주되던 가로와 세로의 격자가 실상 구성된 것이라면, '가로지르기' (transversalité)를 통해 새로운 '이것' (héccéité)을 생성하는 것이 가능하기 때문이다. 따라서 만물은 모두 '기계'가 되고 '되기의 블록'을 통해서 되기/생성이 활성화된다.

6) Nietzsche, *Zur Genealogie der Moral*, Sämtliche Werke : Kritische Studienausgabe in 15 Bänden, Bd. 5, Hrsg. G. Colli·M. Montinari, München, 1980, p.259. 이후에 나오는 니체 전집 서지사항은 KSA라는 약어와 권수로 간단히 표시하였다.

가면일 뿐이다. 가면놀이는 더 이상 바꿀 가면이 바닥을 보였을 때 막을 내리고 운동은 정지로, 차이는 동일성으로, 생성은 존재가 된다. 이때 보편적 신앙이나 도덕적 규범 등의 동일성의 얼개들은 고착화하여 예술가들과 시인들을 '탈주자'로 호명한다.[7] 그러므로 탈주의 선차성은 차이의 선차성에 다름 아니다! 들뢰즈·가타리가 『안티오이디푸스』에서 욕망의 우선성을, 그리고 『천의 고원』에서는 탈주의 우선성을 유독 강조하는 것은 바로 이 때문이다. 탈주는 포획에 대항하여 발생하는 이차적이고 반동적인 저항의 수단이 아니라, 긍정적 역능의지와 능동적 힘이 결부된 차이생성의 운동인 것이다.

## 들뢰즈의 니체 : 역능의지, 영원회귀, 위버멘쉬

존재의 일의성은 일자를 해체하여 세계를 힘들이 굽이치는 생성의 바다로 바꾸어 놓았다. 그렇다면 니체에게 세계의 본질이라고 할 수 있는 힘(force)이란 도대체 어떤 것인가? 들뢰즈에 의하면, 니체가 말하는 힘의 본질은 다른 힘들과의 양적 차이에 다름 아니다.[8] 또한 그 차이는 힘의 질로서 표현된다. 능동적(actif) 힘과 반동적(réactif) 힘. 따라서 힘은 처음부터 관계를 전제하고 들어간다. 차이가 발생하지 않는다면 힘이라고 불릴 수 있는 그 어떤 여지도 있을 수 없다.

　　한편 역능의지(Wille zur Macht)는 힘들의 관계에서 차이의 발생

---

7) Nietzsche, *Die Fröhliche Wissenschaft*, KSA 3, p.432.
8) 여기서 말하는 양은 동질적 공간에서 양화된 수치를 뜻하는 것이 아니다. 오히려 환원 불가능한 힘 고유한 특이성(singularité)이라고 해야 할 것이다(*NP*, 48~50).

적 요소이자 힘의 성질이 유래하는 요소로서 기능한다. 그것은 예컨대 $\frac{dy}{dx}$의 미분적 관계에서 $dy$의 위치에 있다.[9] 다시 말해 역능의지는 양적 차이로서의 힘의 발생 및 그 성질을 드러내는 역할을 수행한다. 바로 이런 측면에서, 니체의 역능의지는 베르그송의 '생명의 약동'(élan vital)과 매우 유사한 성격을 지니고 있다. 니체의 'Macht'가 스피노자의 'potentia'[10]와 거의 같은 맥락에서 파악할 수 있는 개념이라면, 'Wille'는 'élan'에 상응한다고 볼 수 있다. 왜냐하면 '약동'(élan)은 다질적이고 연속적=계기(繼起)적인 생성의 흐름에 어디로 튈지 모르는 우발성과 자의성을 부여하기 때문이다. 역능의지는 이후에 들뢰즈의 욕망(désir)과 탈주(fuite) 개념으로까지 연결된다. 요컨대 "할 수 있는 것"(ce qui peut)이 힘이라면, 역능의지는 "원하는 것"(ce qui veut)이다.[11]

그런데 앞서 힘의 성질이 능동적인 것과 반동적인 것으로 구분되었다면, 역능의지는 긍정적(affirmatif)·부정적(négatif) 성질로 나누어진다.[12] 먼저 능동적 힘은 자신의 최대 극한까지 나아가는 힘의 운동을 말한다. 반면에 반동적 힘은 분리시키는 힘으로서 능동적 힘으로부터 그것의 "할 수 있음"(=역능)을 이탈시키며 작동한다. 또한 긍정적 역

---

9) 이는 $dx$에 대한 $dy$의 기울기 값으로, $(dx, dy)$가 $(dx/dy)$의 규정 가능성을 띠게 되는 것을 의미한다. 이에 대한 자세한 논의로는 『니체와 철학』의 2장 6절과 『차이와 반복』 4장 2절을 참조할 것(*NP*, 57~58; *DR*, 221~228).
10) 스피노자는 'potentia'와 'potestas'를 구별하여 사용하는데, 전자가 붙어 'puissance'에 해당한다면 후자는 'pouvoir'에 상응한다.
11) "La force est ce qui peut, la volonté de puissance est ce qui veut." (*NP*, 57)
12) 주의할 것은 〔힘의〕 능동과 〔역능의지의〕 긍정, 〔힘의〕 반동과 〔역능의지의〕 부정은 서로 유사할 뿐 아니라 공모관계에 있지만, 동일한 것은 아니라는 점이다(*NP*, 60).

능의지는 차이를 긍정하고 부정을 포괄하면서 작동하지만,[13] 부정적 역능의지는 차이를 무화하고 스스로 존립할 수 없는 특성을 지닌다. 즉 부정적 역능의지는 회귀할 수 있는 동력을 자체 내장하고 있지 못한 셈이다. 오로지 긍정적 역능의지만이 영원회귀할 수 있다. 바로 여기에 긍정적 역능의지와 영원회귀의 유착관계가 성립한다. 만일 영원회귀가 동일한 것의 기계적 순환으로 이해된다면, 거기에는 '의지'가 개입할 여지가 있을 수 없다. 이에 대해 들뢰즈는 영원회귀를 존재(자)의 반복으로 이해하게 될 때의 희극적 상황에 대해 경고한다.[14] 존재가 아니라 생성이 회귀=반복하는 것이다. 이처럼 영원회귀를 '차이의 반복'으로 이해하게 되면 사태는 달라진다. 왜냐하면 이는 차이와 생성을 긍정할 수 있느냐는 '선택' 앞에 직면하는 것이기 때문이다. 선택은 의지의 문제이다! 이것이 바로 긍정적 역능의지만이 영원회귀할 수 있는 까닭이다.

주사위놀이를 예로 들어 보자. 우연의 하늘을 향해 던져졌다가 바닥에 떨어진 조합은 차이/생성의 회귀이다. 즉 주사위를 던지는 것은 우연의 긍정이고 바닥에 떨어지면서 만들어진 조합은 필연의 긍정이다. 이는 존재는 생성에 의해, 필연은 우연에 의해, 하나는 다수에 의해 긍정된다는 것을 의미한다. 이때 하나의 조합을 '긍정'해야만 다른 모든 조합들을 통과해 갈 수 있다고 볼 때, 영원회귀는 시간의 이접적

---

13) 긍정은 자신을 성취하기 위해 부정을 활용하기도 한다. 이때의 부정은 긍정의 일부분이 된다. 예컨대 새로운 가치표를 세우기 위해 낡은 가치표를 파괴할 때 이 파괴/부정은 창조/긍정에 종속되어 전적으로 긍정에 봉사하게 된다.

14) 이에 대한 들뢰즈의 언급은 『니체와 철학』 영어판 저자 서문에 있다. Deleuze, *Nietzsche and Philosophy*, trans. Hugh Tomlinson, Colombia University Press, 1983, p.xi.

(disjonctif) 종합으로 설명된다.[15] 따라서 회귀하는 것은 존재나 사물이 아니라, 실존의 전(前)-개체적, 비(非)-인칭적 조합과 조건들뿐이다. 말하자면 회귀하는 것은 파도 자체의 소리가 아니라, 파도 소리를 구성하는 각각의 상이한 물방울들의 소리인 것이다.[16] 『차이와 반복』에 나오는 다음의 구절을 살펴보자.

> 회귀는 존재이되, 오로지 생성이라는 존재(l'être du devenir)이다. 영원회귀는 '동일한 것'(le même)을 되돌아오게 하는 것이 아니라, 오직 생성하는 것의 '동일한 것'만을 구성할 뿐이다. 회귀, 그것은 생성 자체의 동일적으로-되기(devenir-identique)이다. 그러므로 회귀는 유일한 동일성이지만, 이차적인 역능으로서의 동일성, 차이의 동일성, 차이나는 것으로 자신을 언명하는 동일성이며 차이나는 것의 둘레를 회전하는 동일성인 것이다. 차이에 의해 생산되는 이러한 동일성은 '반복'(répétition)으로 규정된다.(DR, 59)

그렇다. 회귀하는 것은 오로지 차이와 생성뿐이다! 만약 회귀하는 것이 동일자라면 그것은 차이의 반복이 구성하는 이차적인 동일자라는 한에서이다. 한 가지 짚고 넘어갈 점은, 들뢰즈는 결코 동일성을 부정하거나 차이의 반립으로서 보지 않았다는 점이다. 다만 그는 [동일성

---

15) 들뢰즈는 니체의 영원회귀 이론을 통해 시간에서 계기(契機)들의 이접을 설명한다. 이로부터 구성된 이접적 종합은 우리로 하여금 각각의 순간들의 유일무이성을 깨닫게 하고, 그럼으로써 칸트의 세번째 종합을 넘어선다. Keith W. Faulkner, *Deleuze and the Three Syntheses of Time*, Peter Lang Publishing Inc., 2006, p.9.
16) Ibid, pp.13, 119.

에 대한] 차이와 생성의 선차성을 분명히 할 뿐이다. 이는 차이를 지나치게 강조하여 동일성과 대립시킬 때 실상은 차이라는 명목의 동일성의 사유를 전개하는 것과 같기 때문이다. 요컨대 동일성은 차이에 의해 구성된 산물이다. 마찬가지로 존재는 생성에 의한 '효과'에 다름 아니다. 쉽게 말해 들뢰즈는 마치 '시뮬라크르'의 생성이 '이데아'의 효과를 산출한다는 식의 전복적 논변을 펴고 있는 것이다. 이때 동일성/존재는 차이/생성의 반복에 부대한다. 이것이 들뢰즈가 니체의 영원회귀를 이해하는 방식이다. 따라서 실체는 사실상 무화되고 세계는 차이생성의 운동으로 미분화한다. 이러한 해석은 이 세계를 복수적 힘들의 무한한 투쟁 상태로 보았던 니체의 생기론적 맥락과 일치하면서 그를 일의성의 완성자로 재정립한다.

이렇게 볼 때 시간에 대한 이해 방식도 함께 달라진다. '크로노스'(Chronos)의 시간 대 '아이온'(Aiôn)의 시간. 요컨대 긍정적 역능의지를 선택하는 행위는 영원회귀를 긍정하는 것에 다름 아니다. 이에 반해 부정적 역능의지는 차이를 무화시키고 긍정적 힘을 분리하는 방식으로 작동한다. 이를테면 부정적 역능의지의 좋은 사례로서 볼 수 있는 변증법은 긍정도 부정의 부정으로서만 작동할 수 있다. 말하자면 이중부정인 셈이다. 그런 점에서 긍정적 역능의지가 영원히 회귀하는 방식은 긍정의 긍정, 즉 이중긍정을 통해서이다.[17]

여기서 긍정의 역능의지와 영원회귀는 '위버멘쉬'(Übermensch)

---

17) 첫번째 긍정은 역능의지의 긍정으로 다수, 생성, 우연의 긍정을 말한다. 두번째 긍정은 첫번째 긍정으로서의 차이와 생성에 대한 긍정으로, 두번째 긍정을 통해서 차이들의 이접적 종합이 발생한다(*NP*, 29~31, 213~216).

로 연결된다. 앞서 언급한 차이와 생성에 대한 긍정은 존재자 자신에게
있어서는 '변신'(métamorphose)을 의미하기 때문이다. 위버멘쉬는
발전의 최종 단계나 진화론적인 새로운 종(種)의 출현으로 이어지는
것이 아니다. 그런 점에서 차라투스트라는 그저 인간을 뛰어넘는 것으
로서가 아니라, 그 자신이 적극적으로 "극복되기"를 원하는 긍정의 정
신을 표상한다.[18] 따라서 '위버멘쉬' 그 자체도 극복되어야 한다![19] 말
하자면 그것은 부단한 '되기'(devenir)이다. 정신의 낙타는 사자가 "되
어야" 하며 사자는 어린아이가 "되어야" 한다.[20] 이는 흉내/모방이나
연기여서는 안 된다. 예컨대 『차라투스트라는 이렇게 말했다』에 등장
하는 마술사는 모두를 속이고도 자신만은 결코 속이지 못했다. 때문에
미분적 차이생성에 한계를 노출하고, 자신의 본래 얼굴을 전제함으로
써 끝이 보이는 가면들을 소유하였으며, 당연히 얼굴과 가면 사이의 간
격에 커다란 '피로'를 느꼈던 것이다.[21] 가면만이 끝없이 변이(=연속
적 변이variation continue)될 뿐 진짜 얼굴은 존재하지 않는다. 결국 변
신은 긍정적 역능의지의 문제인 것이며, 영원회귀의 방식으로 존재하

---

18) Nietzsche, *Also Sprach Zarathustra*, KSA 4, p.246.

19) 위버멘쉬는 지향해야 할 '목적'이 아니라, 끊임없는 자기극복의 표상일 뿐이다. 이에 대
해 포크너는 『들뢰즈와 시간의 세 가지 종합』에서 다음과 같이 말한다. "우리는 달성해야
할 목적으로서의 '위버멘쉬' 또한 극복해야 한다. …… 변신의 목적은 '목적'을 극복하
는 것이 되어야 한다."(Faulkner, *Deleuze and the Three Syntheses of Time*, p.123)

20) 이때 주의할 점은 정신의 세 가지 변화에 있어서 낙타→사자→어린아이의 발전 단계로
보아서는 안 된다는 것이다. 그러한 해석은 위버멘쉬를 진화론적으로 이해하는 것으로,
이는 또 다른 목적론의 도입에 지나지 않는 것이기 때문이다. 이런 점에서 위버멘쉬는 끊
임없는 자기극복의 운동으로 보아야 하며 긍정적 역능의지의 능동적 탈주로 파악해야 한
다(Nietzsche, Ibid, pp.29~31).

21) Nietzsche, Ibid, p.319.

게 된다. 변신의 긍정, 차이와 생성을 멈추지 않는 변신의 영원회귀. 바로 이 지점에서 긍정적 역능의지, 영원회귀, 위버멘쉬가 공명한다.

## 니체의 원국가론과 들뢰즈의 전쟁기계

먼저 존재의 일의성에서 도출된 '차이의 선차성'을 다시 한번 상기해 보자. 동일성은 "주어진" 것이 아닌, 차이들의 작용에 의한 과정적 얼개로서 "형성된" 것임을 앞서 밝혔다. 이때 동일성보다 먼저 존재하면서 그것을 생산하는 것은 다름 아닌 '차이'였다. 그런데 재현의 철학은 동일성, 대립, 유비, 유사성을 동원하여 차이를 동일성 안에 감금하고 개념적 차이로 봉인해 버렸던 것이다. 이때 세계는 구성적 활기를 잃어버리고 정태적 목적론과 경화된 가치론으로 동일한 몰적 형태를 반복 재생산해 낸다. '되기'나 '변신'은 일탈로서 선고된다. 그러나 차이의 선차성에 입각해서 볼 때, 상수는 '차이들의 놀이'이고 이에 따라 생성하고 소멸하는 동일성이 변수에 놓이게 된다.

국가는 오랫동안 발생과 유래를 알 수 없는 신화적 기원을 가지고 군림하여 왔다. 이때 국가는 [신에서 국가로] 이름만 바뀌었을 뿐, 사실상 신과 다를 바 없다.[22] 차이의 선차성을 인정할 때 동일성에 기반한 국가의 발생 기원은 의심의 대상이 될 수밖에 없다. 니체적 의미에서의 계보학이 요청되는 것은 바로 이 때문이다. 오늘날 흔히 받아들여지는 국가의 기원은 양도, 동의, 사회계약 등으로 표상되는 '계약론'에 기초

---

22) Nietzsche, *Also Sprach Zarathustra*, KSA 4, pp.169~170.

한 국가 기원설이다. 다시 말해 자유로운 원자론적 개인들의 권력양도에 따른 국가의 성립을 가정하는 것이다. 이에 반해 니체는 '원국가' (Urstaat) 가설을 주장하였다. 개인 권력의 자발적 양도의 허구성이나 국가의 진화론적 발전 도식이 담지하고 있는 '목적론'을 받아들일 수 없었기 때문이다. 그가 생각하는 국가의 기원은 포획과 약탈에서 유래하였다. 들뢰즈·가타리는 니체의 '원국가론'을 받아들여 국가를 '포획장치'로 정의한다.

국가/사회의 성립과 발생 과정의 가설을 전개한 대표적인 근대철학자로 대략 홉스, 로크, 루소를 꼽을 수 있다. 홉스는 그의 주저 『리바이어던』에서 국가 탄생의 기원을 전쟁과 관련시킨다. 그에 의하면, 무질서한 자연상태에서 본래부터 이기적 존재로 태어난 인간은 "만인에 대한 만인의 투쟁상태"(bellum omnium contra omnes)로 살아갈 수밖에 없는 존재이다. 특히 폭력적 죽음에 대한 공포에 노출된 "인간은 인간에 대해 늑대와 같이"(homo homini lupis) 서로 물어뜯는 끊임없는 전쟁상태에 놓이게 된다. 따라서 처절한 전쟁을 종식시키기 위하여 개인들은 국가에게 권리를 양도하고 국가의 신민으로서 계약관계를 맺는다. 이제 무질서한 자연상태는 시민사회로 이행하고, 모든 개인들이 하나의 인격체 안에 통합된 위대한 리바이어던이 탄생한다. 요컨대 국가는 전쟁의 종식을 위해서 발생했으며, 이때 국가의 가장 큰 역할은 전쟁을 방지하는 것이다.

한편 로크의 계약론의 핵심은 자연상태의 분쟁을 극복하고 생명과 자유와 사유재산을 보호하고 향유하기 위해서, 각자 스스로 동의한 계약으로 자연상태에서 시민사회로 이행한다는 것이다. 특히 그는 홉스에서의 절대군주적 성격을 제거하는데, 그에게 '자연상태' 는 무질서와 혼란이 아니라 수평적 자유의 상태를 의미한다. 로크에 의하면 인간은 자연상태에서 두 가지 기본권을 가지는데, 이는 자기 자신과 타인의 보호 및 안전의 권리와 자연법에 위배된 범죄를 처벌할 수 있는 권리(=처벌권)를 말한다. 이러한 권리들은 사회성원 스스로의 동의 하에 공공의 안전과 복리를 위해 필요한 만큼 양도된다.

루소는 홉스와 달리 투쟁상태의 종식을 위해서가 아니라, 공공선을 실현하기 위한 시민들의 자유로운 계약의 결과가 국가라고 보았다. 또한 그는 『사회계약론』에서 권력양도의 대상이 절대군주도 시민사회도 아닌 일반의지(volonté générale)여야 함을 주장한다. 지금까지 기술한 세 명의 근대철학자들은 국가의 기원을 설명하는 방식에 있어서 각기 근소한 차이를 가지고 있지만, 요컨대 양도·동의·사회계약 등으로 표현되는 '계약론' 에 기초하여 국가가 성립했다는 동일한 지반을 가지고 있다. 그러나 니체는 자유로운 원자론적 개인들의 〔권력양도에 따른〕 계약론에 기초한 국가의 발생 기원을 전적으로 부정한다. 그들과는 달리 니체는 국가가 강제적인 힘=폭력에 의해, 그리고 다수의 피지배자에 대한 소수의 지배에 의해 성립되었다고 한다.

…… 이전까지 속박됨 없이 형태 지어지지 않았던 주민을 하나의 확고한 형태 안에 끼워 넣은 일이 처음부터 폭력행위와 함께 시작되어 점차 더 가혹한 폭력행위를 수반하며 마무리 지어졌다는 것이다. 최초의 오래된 '국가' 는 그에 따라 무시무시한 폭정, 파괴적이고 무자비한 기계장치로서 등장하여 대중이자 반동물인 원재료를 반죽하여

순응하게 만들었을 뿐만 아니라 그것이 형태를 갖추게 될 때까지 작업을 계속해 나간다.[23]

이에 비추어 본다면 국가는 자유로운 개인들의 합의구성체가 아니라 '포획장치' 이다. 그리고 이러한 포획의 수단으로 무자비한 폭력과 폭정이 동원되었다. 요컨대 자유로운 대중적=분자적 흐름에 폭력과 힘을 가하여 국가적 형태가 구성되었다는 것이다.

나는 '국가' 라는 말을 사용했지만 그것이 누구를 가리키는지는 자명하다. 그것은 금발의 맹수무리, 정복자-종족, 지배자-종족들로서 전투적으로 조직되고 조직하는 힘을 갖춘 그들은 자신들의 무시무시한 앞발을, 수적으로 어마어마하게 우위에 있을 것이지만 여전히 형태를 짓지 않은, 아직 유랑하고 있는 주민들 위에 올려놓는다. 그렇게 해서 지상에 '국가' 가 시작되는 것이다. 따라서 나는 국가가 '계약' 과 더불어 시작되었다는 공상은 폐기되었다고 생각한다.[24]

이제 국가가 포획장치라는 것이 좀더 분명해졌다. 포획장치로서의 국가는 끊임없이 외부를 내면화함으로써 작동한다. 그래서 대중적 흐름에 형태를 가하고 무질서에 질서를 부여한다. 아직 자신의 역능이 현실화되지 못한 대중들을 포획하여 절편화함으로써 국가가 성립하였

---

23) Nietzsche, *Zur Genealogie der Moral*, KSA 5, p.324.
24) Ibid, p.324.

다는 것이다.

이러한 니체의 원국가 모델에 입각하여 국가 기원의 가설을 더욱 멀리 밀고 나간 것이 들뢰즈·가타리이다. 이들은 니체를 받아들여 국가를 '포획장치'로 규정한다. 그래서 진화론적 도식에 입각해 국가의 성립을 추론하는 일반적 견해를 거부한다(MP, 542). 오히려 국가는 다양한 사회구성체들과 나란히 발전하였다고 본다. 즉 농촌-도시-국가로의 진화론적 이행은 기각된다. 뿐만 아니라 채집민-수렵민-목축민-농경민-사업인이라는 경제적 진화론이나 유목민-반유목민-정주민이라는 행동학적 진화론 역시 거부한다(MP, 536). 따라서 이들은 국가나 도시혁명은 신석기 시대가 아니라 구석기 시대에 일어날 수도 있었다고 말한다(MP, 534). 요컨대 포획장치로서의 국가는 아직 문턱을 넘지 못한 잠재적 형태로 인류 역사와 함께 시작되었다고 할 수 있다.

> 우리는 사회구성체들을 생산양식이 아니라 기계적 과정들에 의해 정의한다(반대로 생산양식은 이[기계적] 과정들에 의존한다). 이와 같이 원시사회들은 저지-선취 메커니즘에 의해 정의되고, 국가 사회들은 포획장치들에 의해, 도시 사회들은 양극화의 도구들에 의해, 유목 사회들은 전쟁기계들에 의해, 국제적인 또는 차라리 전세계적인 조직들은 이질적인 사회구성체들의 통합에 의해 정의된다.(MP, 542)

위에서 볼 수 있듯이 들뢰즈·가타리는 생산양식이 국가를 만든다는 일반적 통념을 뒤집는다. 국가가 일정한 생산양식을 전제하는 것이 아니라, 오히려 생산을 하나의 '양식'으로 만든다는 것이다(MP, 534).

그런데 들뢰즈·가타리의 독창성은 포획장치가 흡수하는 '내부'에만 천착한 것이 아니라, 오히려 '외부'로 눈을 돌려 적극적으로 사유하고 개념화했다는 데 있다. 그것이 이른바 '전쟁기계'(machine de guerre)이다. 앞서 인용한 니체의 원국가 모델에 이미 전쟁기계의 잠재성이 상당 부분 함축되어 있는 것이 사실이지만, 그의 예언자적 분석은 포획장치의 내부화 메커니즘을 설명하는 데 주력하고 있다. 이에 반해 들뢰즈·가타리는 포획되지 않은 외부성에 방점을 찍음으로써 국가에 의해 전유되는 기표화와 주체화로부터 탈주할 수 있는 길을 모색한다. 한마디로 노마드적 전쟁기계[25]는 국가 바깥에 존재하는 외부성의 형식이다. 그러므로 국가장치가 코드화–탈코드화–재코드화를 통해 작동한다면(국가는 기호체제이므로), 전쟁기계는 영토화–탈영토화–재영토화를 통해 움직인다(*MP*, 446).

전쟁기계를 논함에 있어서 크게 네 가지를 지적하고 싶다. 첫째, 전쟁기계는 그 자체로서 어떤 윤리적 가치도 내포하고 있지 않다는 점이다. 들뢰즈·가타리는 마치 모두가 전쟁기계 그 자체의 삶을 지향해야 한다는 식의 논변을 펴고 있는 것이 아니다. 전쟁기계는 전유되는 방식에 따라, 그리고 배치의 양상에 따라 그 성격을 완전히 달리 한다. 둘째, 전쟁기계는 포획장치에 대한 부정적이고 반동적인 저항을 의미하지 않는다. 전쟁기계는 포획장치에 선행하면서 그것에 내부화되지 않은 '외부'이다. 그러므로 전쟁기계는 니체적 의미에서의 긍정적이고 능동적인 힘으로 작용하며 저항이 아닌 침략의 형태를 띤다. 셋째, 전

---

25) 전쟁기계는 유목민의 발명품이다(*MP*, 464).

쟁기계는 개인적 단위가 아닌 '무리'로서 존재한다. 이때 무리가 갖는 함의는 개체적 특이성이 몰화/흡수되지 않은 최소한의 패거리/코뮌이라는 의미에서이다. 이는 니체와 맑스가 공명하는 대목이라고 볼 수 있다. 넷째, 전쟁기계는 기계적 배치뿐만 아니라 언표적 배치에서도 다양한 형태로 존재하는데, 예컨대 '소수자 과학' 같은 것이 이에 해당한다 (*MP*, 527). 또는 니체의 아포리즘이나 카프카의 소설도 전쟁기계적 성격을 띠고 있다. 즉 기존의 동일성의 코드화에 편입되지 않고 외부의 노마드로 존재하면서 끊임없이 내부를 공격하는 전쟁기계인 것이다. 따라서 전쟁기계는 층위에 따라 그 양태와 성격을 달리 할 수 있는 개념이다. 요컨대 들뢰즈·가타리의 전쟁기계는 니체의 원국가 모델에서 이미 맹아적 형태로 발견되지만, 국가의 포획 이전에 외부적 차이의 역능을 지닌 노마드적 흐름으로부터 나왔다는 점에서 국가장치를 전복할 수 있는 혁명의 잠재성을 이미 머금고 있다.

## 자본주의와 소수자

이상과 같이 니체의 원국가론은 들뢰즈·가타리에게 이어져 국가를 '포획장치'로, 그리고 포획되지 않은 외부를 적극적으로 사유하여 '전쟁기계'라는 개념을 수립할 수 있게 하였다. 이른바 국가장치 대 전쟁기계의 대결로 요약할 수 있을 듯싶다. 그런데 이들은 한 걸음 더 나아가 자본주의 대 소수자의 대결로 그 지평을 더욱 확장하기에 이른다. 들뢰즈·가타리에 따르면, 자본주의는 국민국가를 토대로 하여 성립하고,[26] '소수자'(minorité)는 자본주의의 내부에 있으나 포획되지 않은 주름(pli)/외부로서 존재한다. 이때 소수자는 맑스로부터 나온 개념이지만,[27] 기본적으로 니체로부터 산출된 즉자적 차이, 외부성, 긍정적 역능의지, 능동적 힘, 욕망/탈주의 선차성 등의 성질을 담지하고 있다. 소수자가 프롤레타리아트로 환원되지 않는 탈주적 특이성을 갖는 것은 바로 이 때문이다.

　들뢰즈·가타리는 자본주의가 국민국가를 마디로 하여 그 위로 차고 넘쳐서 마치 스피노자의 '실체'와 같이 그 외연을 허락하지 않는 단 하나의 '면'(plan)을 이루게 되었다고 본다.[28] 국민국가에서 태어나고 그 안에서 몸집을 키워 가던 자본주의가 오히려 국가들 위에 군림하여 그들을 자신의 수단으로 전유하기에 이른 것이다. 다수성과 소수성은 이처럼 자본주의라는 하나의 면/구도 아래에서 변별화된다. 먼저 다수성이 동일성, 몰적 집합, 국가장치, 자본주의 공리계에 상응한다면 소수자는 차이, 분자적 흐름, 전쟁기계, 자본주의의 〔내부적〕 외부에 조응한다. 따라서 차이의 선차성, 욕망의 선차성, 탈주의 선차성을 상기해 본다면 소수자 역시 공리계에 선행하는 외부로서 볼 수 있을 것이다.

---

26) 들뢰즈·가타리는 자본주의가 국가를 토대로 하여 발생한 것으로 본다. 일반적으로 자본주의는 생산력의 증대로 잉여생산물이 발생하고, 중세의 도시들을 중심으로 한 유통 과정을 거쳐 시작되었다고 알려져 있다. 이때 도시의 수공업을 통해 생겨난 신흥 자본주의적 계급이 바로 부르주아 계급이라는 것은 주지의 사실이다. 그러나 들뢰즈·가타리는 바로 이 대목에서 강한 의구심을 드러낸다. 그것은 과연 도시가 자본주의의 모태가 될 수 있었는가 하는 근본적인 물음이다. 설사 자본주의가 도시에서 발생했다손 치더라도 도시가 자본주의에 호의적이었으리라는 생각에는 무리가 따르기 때문이다. "마지막으로, 자본주의가 승리한 것은 도시형태가 아니라 국가형태를 통해서이다. 왜냐하면 서구의 국가들이 탈코드화된 흐름들의 하나의 공리계를 위한 실현 모델이 되었을 때, 그리고 이러한 방식으로 도시들을 다시 예속시켰을 때 일어나기 때문이다."(MP, 541)
27) "소수자의 역능은 프롤레타리아트에게서 그 보편적 의식을 발견한다."(MP, 589)
28) 이러한 사고는 네그리·하트의 『제국』(Empire)과 『다중』(Multitude)으로 계속 이어진다.

즉 몰적 중심으로부터 멀어지면 멀어질수록 탈영토화 계수가 상승하면서 소수자로 규정되는 것이다. 따라서 단지 힘없고 배제되었다고 다 같은 소수자인 것은 아니다. 자신의 의지와 상관없이 타자화된 소여로서의 소수자는 그 자체로는 아무것도 아니다. 니체의 소수자는 차이의 역능을 적극적으로 의지하고 긍정하는 자이다! 그것은 '소수자-되기'에 참여하는 '운동'이며 니체의 긍정적 역능의지, 능동적 힘의 작동 방식을 갖는다. 가령 생물학적 여성이라고 해서 혹은 유색인종이라고 해서 모두 소수자인 것은 아니다. 소수자이면서도 실제로는 다수자-되기에 참여하고 있는 사회적 타자는 그 자체로 이미 다수자의 범주에 포섭되는 것이다. 그래서 들뢰즈·가타리는 흑인도 흑인-되기를, 여성도 여성-되기를, 유대인도 유대인-되기를 해야 한다고 말한다. 다시 말해 자본주의 공리계에 포획되어 차이의 역능을 빼앗긴 노동자, 여성, 아이, 유색인 등은 소수자가 될 수 없다.

들뢰즈·가타리는 이를 가산집합과 비(非)가산집합으로도 설명한다(MP, 586~587). 가산집합이란 셀 수 있는 수(數)의 집합을 의미한다. 이는 아무리 많아도 분명 한계가 있는 '많음'이다. 반면에 비가산집합은 셀 수 없는 집합을 지시한다. 즉 가산집합에 '비'(非)를 붙여서 여집합을 설정한 뒤 부분집합들 간에 상호작용을 통하여 형성되는 집합들의 계열이다. 그러므로 비가산집합은 생성과 변이에 의해 무한 증식하는 특성을 갖는다. 들뢰즈·가타리는 바로 이러한 소수자의 비-가산성에 착목한다. 즉 다수자와 소수자의 차이는 가산집합과 비가산집합의 차이와 같다는 것이다. 가산집합으로서의 다수자가 아무리 많아봐야 셀 수 있는 숫자들의 조합에 제한되어 있다면, 비가산집합으로서의 소수자는 다수성에 포함되지 않는 열린 여집합의 생성과 변이에 의해 무한히 증식한다.

> 비가산성을 특징짓는 것은 집합도 아니고 요소도 아니다. 오히려 접속, 요소들 사이, 집합들 사이에서 생산되고 따라서 그 어디에도 귀속되지 않으며 그것들을 빠져나가 탈주선(une ligne de fuite)을 구성하는 '그리고'이다. 그런데 공리계는 단지 가산적 집합들, 무한한 집합이라 하더라도 가산집합만을 관리하지만, 소수자들은 비가산적인, 공리화되지 않는 '퍼지'(fuzzy), 요컨대 대중들, 즉 탈주 또는 흐름의 다양체들을 구성한다.(*MP*, 587)

소수자의 비가산성은 연접(connexion)을 통하여 생성/되기, 변이, 탈주의 흐름을 만들어 낸다. 비가산집합의 요소들 간의 접속은 무수한 생성으로서의 '이것'(héccéité)을 현실화하기 때문이다. 이에 대해 국가 혹은 자본주의 공리계는 새로운 공리를 추가하는 방식으로 탈주적 흐름을 봉쇄하려 한다. 그러나 가산성을 특징으로 하는 공리계는 비가산적 소수자들의 탈주를 막을 수 없는 태생적 한계를 지니고 있다. 가산성으로 비가산성의 무한 증식을 막을 수 없는 이치이다. 한마디로 소수자는 '다양체'(multiplicité)인 것이다. 들뢰즈·가타리는 "우리 시대는 소수자들의 시대가 되고 있다"(*MP*, 586)라고 천명하고 있다. 말하자면 공리계가 완벽하게 차단할 수 없는 탈주적 흐름들이 끊임없이 누수되면서 비가산적 되기/생성의 역능이 무수한 갈래로 뻗어 나갈 수 있다는 희망을 드러낸 것이다.

## 결론 : 우리의 과제 — 들뢰즈·니체의 반복

지금까지 존재의 일의성에서 출발하여 즉자적 차이/차이의 선차성, 긍정적 역능의지와 능동적 힘, 욕망 및 탈주의 선차성, 포획되지 않은 외부, 전쟁기계, 소수자의 순서로 논의를 진행하였다. 크게 보자면 『니체와 철학』, 『차이와 반복』, 『천의 고원』을 접속시켜 들뢰즈 사유의 전기와 후기를 연결 짓는 니체적 연속성을 발견하고자 하였다. 필자가 보기에 니체는 들뢰즈의 여러 애벌레 주체들 중 단지 하나가 아니다. 들뢰즈는 처음부터 끝까지 니체와 생사고락을 함께하며 다양한 층위에서 잠재적 니체를 현실화하였다. 그것은 가타리와의 공동작업 이후에도 지속되어 자연스럽게 니체와 맑스의 접속으로 이어졌다. 물론 들뢰즈는 단 한 번도 맑스를 포기해 본 적이 없으나 맑스주의자인 가타리와의 만남은 좀더 분명하게 니체와 맑스를 접속하는 계기가 되었을 것이다. 그렇게 해서 나온 개념이 '전쟁기계'와 '소수자'이다. 이는 가장 니체적이면서도 동시에 가장 맑스적인 개념이다.[29]

이것이 들뢰즈가 잠재적 니체를 현실화/반복하는 방식이다. 그것은 기존의 니체를 단순히 나열하거나 다른 사유들과 무작정 종합하는 것이 아니다.[30] 이미 현실화된 들뢰즈와 니체를 반복/재현하는 것(=벌거벗은 반복)은 그 자체를 동일화하고 교조화하는 것에 다름 아니기 때

---

29) 이들이 추구한 니체와 맑스의 접속은 동질적 공간에서의 평균적 종합으로 서로의 특이성들을 무화시켜 버리는 방식이 아니다. 오히려 맑스를 더욱 맑스답게 그리고 니체를 더욱 니체답게 하는 것이었다. 이는 니체와 맑스를 어떤 식으로든 접속시키고자 하는 연구자들 모두에게 해당하는 공통된 난제일 것이다.

문이다. 오히려 전혀 새로운 가면을 쓴 들뢰즈·니체를 반복하는 것(=
옷 입은 반복), 지금까지와는 다른 계열의 잠재적 애벌레들을 부화시키
는 것이 요구된다. 한 명의 사상가를 알아 간다는 것은 이미 그 안에 내
포되어 있는 수많은 애벌레 주체들을 미분하고 다시 적분하는 작업과
같은 것이다. 말하자면 미분과 적분의 운동은 적분상수 C를 발생시키
는데, 이때 적분상수 C는 무수한 분화(différenciation)의 갈래들, 풍요
로운 반복=옷 입은 반복을 예시한다. 또한 그들이 적분되는 방식에 따
라 또는 계열화되는 양태에 따라 헤아릴 수 없이 많은 들뢰즈·니체가
현실화된다. 그런 점에서 우리의 과제는 잠재적 들뢰즈·니체를 재구
성하여 새로운 '이것'(héccéité)/가면으로 반복하는 것, 오늘날 우리에
게 요청되는 '오늘의 들뢰즈'(Deleuze d'aujourd'hui), '오늘의 니체'
(Nietzsche d'aujourd'hui)를 재창안하는 것이다.

---

30) 이에 대해 슬라보예 지젝은 『신체 없는 기관』에서, 가령 칸트를 진정으로 반복한다는 것
은 기존의(=이미 현실화된) 칸트를 단지 답습·변주하는 것이 아니라고 말한다. 오히려
전혀 새로운 칸트/잠재적 칸트를 반복하는 것, 요컨대 칸트$^n$을 현실화하는 것이야말로
진정한 반복(=차이의 반복)이라고 주장한다. Slavoj Žižek, *Organs without Bodies*,
Routledge, 2004, pp.12~13.

# 들뢰즈 : 베르그송의 그늘과 그 벗어남

류종렬

들뢰즈의 생애 마지막 당시에 그에 대한 평가는 다양하다. 뤼스는 푸코가 말한 "아마도 언젠가 이 세기는 들뢰즈의 날들로 기록될 것이다"라는 견해를 전하면서 들뢰즈가 현대 프랑스 철학의 영역에서 독특한 위치를 차지한다고 한다. 그의 철학의 한 특성은 반(反)헤겔주의로서, 변증법을 원한의 자연적 이데올로기 즉 불량한 의식의 이데올로기로 본것이다. 그래서 그 유명한 부정의 부정 도식을 반대하여 긍정의 긍정으로 전환하였다고 한다. 알려진 바와 같이 그의 철학을 생성의 철학, 개념 창안의 철학이라고 할 때에도 이미 반(反)변증법적 의미를 담고 있으며, 무로부터 철학을 하는 것이 아니라 그 무엇인가의 총체성으로부터 철학을 시작한다는 의미를 담고 있다.[1]

한편으로는 찬사를 받고 있지만, 다른 한편으로는 메를로-퐁티(Maurice Merleau-Ponty)의 애매성의 철학 이상으로 들뢰즈의 철학에

---

1) Jacqueline Russ, "Deleuze", *Athlas de la philosophie*, Livre de Poche, 1993. p.237.

모호성이 가득하다. 우리가 보기에 애매성에는 인간의 지각 이외의 무의식적 지각으로서 대상의 총체성이 있듯이, 의식에는 변증법적인 모순된 의식 이전에 모호한 구름 같은 인격성으로서 기억의 총체성이 있다. 분명히 이 두 총체성에는 차이가 있다. 이 두 가지 모두 현실의 의식에 비해, 즉 현실의 각성된 삶의 행위에 비추어 보았을 때 무의식으로 간주되어 왔다는 것이다.

들뢰즈의 모호성을 넘어서 그를 잘 알기도 어렵다. 베르놀드가 들뢰즈가 죽은 해에 쓴 짧은 조사(弔詞), 매우 현학적인 찬사 첫 구절에도 있다. "철학자 들뢰즈는 디오게네스(Diogenes)와 히파티아(Hypatia)의 아들이며, 리옹에서 체류했다. 사람들은 그의 생애에 대해 아는 것이 없다.……" 그리고 나서 그는 "들뢰즈는 혈거인(troglodyte)"이라고 한다.[2] 이런 의미에서 『프랑스 지성인 사전』 항목에 들뢰즈를 올릴 수 없지만, 그래도 항목에 올린다고 썼다.[3] 왜냐하면 프랑스 지성인이면 신문·방송 등이나 다른 정치·사회적 활동을 해야 하는데 그는 그런 적이 없기 때문이다. 그래도 들뢰즈에게 사회·정치에 관한 저술, 그리고 문학·예술·영화에 대한 비평이 있기에, 그를 사전 속 지성인의 대열에 넣을 수밖에 없었으리라.

술레즈가 『새로운 작가 사전』에서 썼듯이,[4] 들뢰즈는 당시 지성인이면 거쳐 갔던 헤겔주의자도, 프랑스 공산당원도, 정신분석학도 출신

---

2) André Bernold, "Suidas", *philosophie*, no.47, Munuit, 1995. 12, pp.8~9.
3) Jacques Julliard et Michel Winock, *Dictionnaire des Intellectuels français*, Seuil, 1996.
4) Philippe Soulez, "Deleuze", *Le Nouveau Dictionnaire des Auteurs*, Robert Laffont, 1994, pp.845~846.

도 아니다. 게다가 파리고등사범학교 출신도 아니다. 그럼에도 이폴리트(Jean Hyppolite)와 알키에(Ferdinand Alquié)가 그의 스승이었고, 캉길렘(Georges Canguilhem)의 주목을 받았으며, 메를로-퐁티가 기획한 철학자 사전의 「베르그송」 항목을 맡기도 했다. 그는 흄과 니체에 대한 연구서를 낸 후 『베르그송주의』(1966)를 집필하면서 다양성(/다양체)의 개념을 정교하게 만들기 시작했다.

그 후 중요한 작품을 많이 남겼다. 철학적 작업으로서 『차이와 반복』(1968), 『스피노자와 표현의 문제』(1968), 그리고 『의미의 논리』(1969)를 출판하였다. 그리고 사회적 관심으로 가타리와 더불어 자본주의와 정신분열증에 대한 두 권의 저술 『안티오이디푸스』(1972)와 『천의 고원』(1980)을 썼으며, 예술론으로 『프랜시스 베이컨: 감각의 논리』(1981), 그리고 의식의 변화를 설명할 수 있는 틀로서 영화에 대한 역사와 의미를 표현한 『시네마 1 : 운동-이미지』(1983), 『시네마 2 : 시간-이미지』(1985)를 썼다. 그리고 그가 사유해 온 철학에 대한 정리로 가타리와 더불어 『철학이란 무엇인가』(1991)를 남겼다.

## 들뢰즈 : 베르그송 너울

우리는 여기서 베르그송 사상과 연관하여 그가 들뢰즈의 철학에 미친 영향을 재구성하여 볼 것이다. 이 경우에 들뢰즈의 구체적 논문과 저술을 통해서 베르그송에 대한 그의 관점을 보게 될 것이다.

우선 잠깐 언급되었던 캉길렘에서 시작하자. 그는 1949년에 철학의 주요 개념을 주요 텍스트로부터 추출하여 설명하는 총서를 기획하였고, 들뢰즈에게 『본능과 제도』에 관한 부분을 맡겼다. 들뢰즈는 이 소책자에서, 제도가 생명의 경향성을 만족시킬 사회적 간접 수단으로서의 체계인 데 비하여 본능은 생명의 경향성을 만족시킬 특수하고 직접적인 수단으로서의 체계라고 보았다. 본능과 제도에 대한 이러한 독창성이 생명체의 진화에서 본능과 지성이라는 인식방법의 차이로 드러나기도 하며, 또한 기능적인 측면에서 신체와 신체 이외의 기술적 측면으로 나타난다. 곤충의 군집과 인간의 사회를 동일 기원에서 나온 진화의 분기 현상이라 보면서, 들뢰즈는 인간에게서 동물적인 것과 동물에게서 인간적인 것을 찾으려 했다. 우리가 보기에 이것은 두 가지 조직화의 관심인데, 하나는 신체의 유기화로서 조직화이며, 다른 하나는 인간들 사이의 사회화로서 조직화일 것이다. 이것은 자아의 현실화에서 이중적 측면을 드러내는 두 면이라 할 수 있다. 들뢰즈는 이런 두 측면의 탐구에서 베르그송의 사상을 이해했을 뿐만 아니라, 차이의 분화된 개념을 만들어 갈 수 있었을 것이라 짐작할 수 있다.

그러나 들뢰즈가 베르그송에 대해 깊이 있게 들어간 것은 1956년 메를로-퐁티가 철학자 사전의 「베르그송」 항목에 대한 글을 쓰기를 권하면서부터이다.[5] 그리고 그 해 나온 논문 「베르그송에서 차이의 개념」에서,[6] 그는 본격적으로 베르그송에 대한 관심을 표현하였다. 같은 파리 8대학 교수였던 술레즈는 이 논문을 소중히 여겼고 칭찬하였다고 술레즈 교수의 부인이 전한다. 우선 「베르그송」 항목에서 몇 가지를 주

---

5) Deleuze, "Bergson(1859-1941)", *Les Philosophes célèbres*, Mazenod, 1956.
6) Deleuze, "La conception de la différence chez Bergson", *Les études bergsoniennes* IV, PUF, 1956, pp.77~112.

목하자. 들뢰즈는 "위대한 철학자는 새로운 개념을 창조하는 자이다" 라고 시작한다. 그리고 그는 베르그송이 네 가지 주요 개념 즉 지속, 기억, 생명도약, 직관의 개념을 새롭게 하는 데 매진했다고 한다. 이는 우리가 보기에, 베르그송이 의식·기억·생명이 공연적(coextensif)이라고 했던 것과 같은 의미이며, 이 셋의 존재론적 공통의 기반은 인격이다. 그런데 들뢰즈는 이것을 인식하는 방법으로 직관과 사물 자체 사이에서의 무매개(immédiat)에 주목한다. 무매개는 모순도 변질성도 아니고 변화작용 자체이며, 그래서 지속이다. 이 속에서 들뢰즈는 베르그송의 "실재적인 것의 분절"과 "혼합"(mixte)을 주목한다.

또한 이 무매개적인 자료에는 강도(intensité)가 내재해 있다. 이 강도 즉 긴장이라는 성질은 사물 자체의 동일성이며, 그리고 사물의 차이성이다. 우리의 번역상의 표현에서 동일성이란 수학적 등질성이 아니라 이질성이라는 것을 내포하고, 또한 차이를 내포하는 동일성 즉 정체성을 말한다.[7] 이 정체성은 존재이면서 운동하는 것이며, 질서에 비하면 질서와 상관 없이 혼재되어 있는 어떤 것이다. 그것은 인격이 체험의 과정에서 총체적으로 지닌 덩어리로서 지속이다. 이 지속의 표현을 베르그송은 경험적으로 '뉘앙스'라는 말로 표현했다. 들뢰즈는 뉘앙스를 사물의 차이로 설명한다. 그래서 들뢰즈는 베르그송의 『창조적 진화』를 설명하면서, 차이의 본성은 두 개의 생산물도 두 개의 사물도 아니고, 두 개의 경향성 사이에서 "동일하고 유일한 사물 안에서" 존재

---

7) 이 정체성은 존재와 무, 무질서와 질서, 운동과 정지 사이의 대비되는 개념에서 논리적으로 추론될 수 있는 것이 아니라 존재의 현존에서, 형이상학적 근원에서 나온 개념이다.

한다고 보았다. "경향성의 본질은 다발의 형식으로 발전하고 발산하는 방향으로 증가한다." 이로써 증가하는 생명의 약동도 차이를 드러내면서 '지속'한다는 것이다. 들뢰즈는 혼합을 "실재적인 것의 분절"이라고 했을 뿐만 아니라 "사실의 선들"에도 주목하면서, 이런 견해의 근원에서 잠재성과 실현화를 심리적 문제로 귀착시킨다. 그래서 "베르그송주의의 비밀은 『물질과 기억』 속에 있다"[8]고 보았다. 여기서 중요한 것은 "모든 것은 주어지지 않았고, 모든 것이 주어지지 않았다는 의미에서 시간의 실재성"이다. 이즈음 들뢰즈는 베르그송의 과거와 공존하는 '현재'를 공존하는 과거의 가장 압축된 정도로 보았고, '그 동일한 현재'는 그 과거가 미래로 던져진 바로 그 점에서 본성상 변하는 무엇이며, 항상 새롭고, 생의 영속성이라 보았다. 즉 현재에 세 측면의 '혼합'이 있다. 우리가 덧붙인다면 그 무엇은 "이루어지고 있는 것"(ce qui se fait)[9]이며, 아직 전체도, 완전도, 절대도 아니지만 통일된 차이들의 수렴으로서 무매개적 지속이다. 즉 시간 속에서만 그 본성과 성질에 대한 논의를 할 수 있는 무엇, 즉 특이성의 존재가 있다.

다음으로 「베르그송에서 차이의 개념」이라는 논문이다. 이 논문에는 단락 구성은 없지만 차이 개념의 다양성, 지속은 경향성의 일종이라는 것, 차별화와 변증법, 공존의 양태 등을 다룬다.

들뢰즈는 이 논문에서 "베르그송이 그보다 앞선 자들에 대해 본질적으로 비난하는 것, 그것은 다양한 차이들의 본성을 보지 못했다"는

---

8) Deleuze, "Bergson(1859-1941)", p.298. 들뢰즈는 이미 『물질과 기억』을 베르그송주의의 내재적 의미로 보았다.
9) Henri Bergson, *Matière et mémoire*, PUF, 1896, p.167.

것이라고 말한다. 그는 "차이"를 주제로 삼고서, 이 개념을 존재론적으로 보았다. 본성상 차이는 두 개의 사물 사이에 있는 것을 말하는 것이 아니라, 오히려 두 개의 경향성을 말한다. 사실 두 개의 경향성이란 극한적인 경우이며, 경향성 자체가 차이를 내포하고 있다. 하나의 경향이 다른 경향들과 대립되어 있다는 측면에서 본성상 차이는 사물 자체의 성질이다. 그래서 차이 자체가 '어떤 것'이며, 존재라는 것이다. 지금까지 철학사는 개별자들 사이에 본성의 차이가 있는데 양적 차이로 구별하거나 정도의 차이만을 본다는 것이다. 베르그송은 이미 『의식에 직접 주어진 것들에 관한 시론』(이하 『시론』)에서 양적 다수성, 공간과 시간, 두 개의 단순성들을 구별하면서 "시간-지속"의 의미를 창안하였다. 이 지속은, 우리가 보기에, 사실상 자기 내에 차이를 지니는 질적 덩어리이며, 나중에 들뢰즈가 다양체 개념으로 파악한 것과 같다. 이 지속은 본성상 차이로서 그 자체 본질이다. 이 점에서 진정한 자아 또는 심층자아는 질적 다양성 즉 질적 차이로 된 무매개적 재료들이다.

그런데 사람들은 질적 차이를 정도의 차이로 본다. 들뢰즈는 나중에 『차이와 반복』에서 정도의 차이를 일반성으로, 새로운 반복을 질적 차이로서 보게 될 것이다. 이 글에서는 "실재적인 것의 분절"과 "사실의 선들"을 재검토한다. 그는 간단히 실재적인 것의 분절을 절단(découpage)적인 것으로, 사실의 선들은 다음측정(recoupement)[10]으로 보았다. 전자는 차별화에서 나오며 후자는 집중화(intégration) 방향

---

10) '다음측정'의 방법이란 용어는 『도덕과 종교의 두 원천』, 3장 참조(Henri Bergson, *Les deux sources de la morale et de la religion*, PUF, 1932, p.263).

을 알려 준다. 우리가 설명을 보태면, 분절과 절단의 의미는 존재자의 내재성의 성질을 설명하기 위한 방편이고, 존재자의 존재적 수렴으로서 통일성을 설명하는 것은 다음측정이다.

차이를 양화하는 것 그리고 질적 차이를 정도의 차이로 변질시키는 것은 과학이 행하는 방식이다. 그런데 베르그송에서 새로운 과학으로서 철학은 사물에서 질적 차이를 인정하면서 풀어 간다. 여기서도 들뢰즈는 사물에 대한 베르그송의 "혼합"과 "경향성"의 개념을 주목한다. 사물은 이미 혼합이며, 생명적 존재에는 경향성이 내재해 있다. 그럼에도 이들은 다른 것과의 차이로서 각각은 단순하며 순수하다. 여기서 단순이란 이질적인 성질을 빼 버린 수학적 도형 같은 관념의 단순성이 아니라, 다른 것과 비교할 수 없다는 의미에서 단순이다. 생명으로서 또는 인격으로서 각 주체는 단순하다. 진실한 차이는 이런 의미에서 앞서 들뢰즈가 강조했던 '뉘앙스'이다. 이를 들뢰즈는 경향성-주체라고 보며, 베르그송에서는 혼합 속에 들어 있는 생명의 경험적 성격으로 본다. 나아가 셸링이 제안한 고등 경험론에 연결하여, 이 정식이 베르그송주의에 적합하다고 본다. 이 설명은 베르그송에서 경험적 총체로서의 형이상학이라는 측면과 같은 맥락이다.[11]

지속하는 의식의 상향으로 경향성이 있다. 또한 본성을 변하게 하는 경향성이 있다. 이것은 잠재성과 연관이 있는데, 이 잠재성은 기억이론과 연관이 있다. 체험된 추억의 총체가 신체에 현실화되기 전에 신

---

11) 『도덕과 종교의 두 원천』 3장에서 언급한 것(pp.241, 259)과 같은 고등 양식(bon sens supérieur)을 지닌 신비가의 행위는 새로운 세상을 여는 것이다. 이것은 고등 상식의 경험 총체를 실현하는 것과 닮아 있다.

체에 내재하는 것이 기억이다. 살아가고 있는 현존에서도 본성상 변하고 있는 그 무엇, 즉 인격으로서의 기억은 잠재적인 것이고 주관적인 것이다. 그것은 내적 차이로서 결정되어 있지 않다. 이런 의미에서 살아 있는 생명체는 불가예견성이며, 비결정성이다. 이 차이는 생물학적으로 변하고 있는 과정 중의 것이다. 종(種)적으로 인격이 변화하는 과정은 유(類)적으로 생명이 변화하는 과정처럼 차이의 과정(진행)이다. 이 과정에서 차이는 잠재성이 운동하여 현실화된다는 점에서이다. 들뢰즈는 생물학적 차이와 더불어 역사적 차이도 설명한다. 차이 자체가 생물학적 차이라면, 차이를 의식하는 것은 역사적 차이이다. 이를 연결하는 것이 기억인 셈이다.

과정 또는 진행에 대한 설명으로 차별화의 진행과 변증법에 대한 논의를 보자. 차별화 또는 차이의 과정이 베르그송의 방법론과 변증법을 구별하게 한다. 일반적으로 사물의 차이는 용도, 목적, 정향성에서 온다. 한편 베르그송에서 실재의 분절 즉 절단은 방법의 첫번째 표현이며, 이 분절은 본성상 차이이다. 이에 비해 플라톤에서 방법은 기능의 목적에 회귀하며, 좋게 보면 윤리적 측면으로 공리와 실용을 담보로 한다. 그래서 최고선을 인정하는 목적성을 두고 있다. 다른 한편, 베르그송은 잠재성(virtuel) 덕분에 자기와 차이가 있는 데 비해 헤겔의 변증법에서 차이는 자기와 다른 모든 것 또는 존재하지 않는 모든 것과의 차이이다. 헤겔에서 차이는 반대이거나 모순에 이른다. 이 두 개념은 결정론의 유희이다. 플라톤은 외적 차이에 의해 형상의 변종들을, 헤겔은 추상적 차이를 통해 정도의 차이를 보는 데 비해, 베르그송은 차별화 과정에서 대상 생산 즉 현실화의 과정을 드러낸다. 이 점에서 들뢰즈는 베르그송의 대상 생산이란 뉘앙스, "차이의 정도"(degrès de la différence), 잠재성의 현실화를 드러낸다고 보았다. 즉 부정 없는 차이의 개념에 이른다. 들뢰즈의 철학에서 개념의 생산과 부정 없는 철학은 이런 점에서 도출되었다고 볼 수 있다.

들뢰즈가 실재의 분절, 사실의 선들, 대상 생산, 뉘앙스, 혼합 등을 공존성(coexistence)으로 설명하는 것은 잠재성 개념 덕분으로 보인다. 이 '잠재적인 것' 이란 차이의 순수 개념이고, 이 개념이 뉘앙스들의 공존이다. 게다가 이 공존의 가능성을 기억이라고 한다. 들뢰즈가 지속, 기억, 생명도약을 구분하면서 지속은 자기와의 차이, 기억은 차이의 정도들의 공존, 생명도약은 차이의 차별화라고 한다.[12] 그리고 "이 세 단계가 베르그송 철학에서 도식화를 정의한다"고 한다.[13] 이제 기억과 잠재성의 관계를 보아야 할 것이다.

그래서 들뢰즈는 프로이트와 베르그송은 차이가 크다고 한다. 그런데 베르그송의 기억을 해명하면서 프로이트의 관점과 다르다고 말하면서도 프로이트에 대한 설명은 없다. 베르그송에게 기억은 미래의 기능이고, 기억과 의지는 같은 기능을 한다. 그리고 베르그송은 기억할 수 있는 존재만이 그 과거로부터 벗어나 다른 길로 갈 수 있고, 그 길에서 벗어나 반복하지 않을 수 있으며, 또는 새로운 것을 만들 수 있다고

---

12) 우리가 보기에, 베르그송이 말하듯 지속하는 의식, 기억, 생명은 공연적(coextensif)이다 (*Matière et mémoire*, p.167 ; *L'Énergie spirituelle*, p.8 ; *L'Évolution créatrice*, p.187). 들뢰즈가 「베르그송에서 차이의 개념」에서 단 한 번도 언급하지 않은 이 공연성의 개념을 우리는 생명존재의 근원성의 단위를 지칭하는 의미로 본다. 들뢰즈의 노력은 이 공연성을 공존(coexistence)의 구별로, 그리고 차이의 도식화로 바꾸었다는 것일 것이다.

13) Deleuze, "La conception de la différence chez Bergson", p.99.

해석한다. 우리가 보기에 베르그송의 과거의 총체 즉 경험된 과거의 총체인 기억 덩어리는 기능이기도 하지만 잠세태이자 실현태로서 권능이기도 하다. 다시 말하면 기억의 총량은 현재에까지 내재해 있다. 그런데 왜 총체적 기억이 전부 영향을 미치지 못하는가? 그것은 현실에서 유용한 부분만이 행동에 관여하기 때문이다. 그 관여 정도는 지각의 대상과 연관이 있으며, 이런 점에서 대상 생산은 차이의 정도이다. 현상적으로 대상을 개념으로 성립시키는 것은 지각과 더불어 유용성과 실용성이 들어 있는 것이다.

그렇다면 기억의 총량은 무슨 소용이 있는가? 그것은 "생에의 주의"에 관련하여 사용될 경우이다.[14] 이때 순수 기억은 작용 권능이다. 이 권능의 능력은 차이들로서 충만되어 있고 또한 이질적으로 되어 있어서 하나로 규정하기는 불가능하다. 그럼에도 한 생명체에서 내재적으로 심층을 이루면서 현상적으로는 신체라는 단일체로 통일되어 실현된다. 이 실현된 존재자는 다른 존재자들과 본성상 다른 차이이며, 외연상으로는 존재자들 사이의 동일 개념 또는 일반 개념으로서 인간이다. 여기서 차이(différence)는 들뢰즈가 말하는 "현재 존재하는 개별적인 것이자 동시에 이루어지고 있는 새로운 것"(le particulier qui est et le nouveau qui se fait)이다.[15] 들뢰즈의 차이에 관한 논문의 핵심은 베르그송 철학의 진실한 시초가 차이라는 것이며, 거기에는 '정

---

14) "생에의 주의(une attention à la vie)는 실용적 관심에서 구별하는 능력이며, 불가분의 현재에서 의식적 인격의 전 과거 역사를 포괄하는 것"이다(Henri Bergson, *La Pensée et le mouvant*, PUF, 1934).

15) Deleuze, "La conception de la différence chez Bergson", p.101.

도의 차이'가 아니라 "차이의 정도"가 있고, 자유에도 "자유의 정도들"이 있다고 한다. 결국 존재론적으로 사물이 다른 것이 아니라, 이것이냐는 물음에 대해 답은 차이라는 것이다.

들뢰즈가 두 편의 글을 쓰면서 정리했을 것으로 보이는 작업이 『기억과 생명』(1957)이다.[16] 이 작은 책은 베르그송 전집 속에 있는 주요 구절을 뽑은 것으로 제목이 말하듯이 기억으로부터 베르그송 사상을 정리하려는 것이다. 이 모음은 매우 잘 선택된 것으로 베르그송 사상의 흐름을 목차대로 표현하면 '지속', '기억', '생명', '인간조건을 넘어서'(새로운 인간상) 등으로 보여 주고 있다. 우리가 구분해 본다면 지속, 기억의 현실화(actualisation), 생명의 실재화(réalisation), 인격의 조직화(organisation)로 하는 것이 좋을 것 같다.

그리고 들뢰즈는 시간이 경과하여 베르그송에 관한 연구서로 작은 문고본 『베르그송주의』(1966)를 내놓았다. 우리는 이것이 그의 본격적인 연구의 시발이라고 보지 않고 다만 지금까지의 연구를 정리하여 일반 독자에게 다른 방식으로 알리는 방법이라 본다. 왜냐하면 그의 관심은 지속, 기억, 생명의 도약, 직관이라는 앞선 논문의 문제의식을 그대로 지니고 있기 때문이다. 한 가지 중요한 것은 철학의 단초로서 단위의 문제가 하나와 여럿이라기보다, 하나와 다양(체)이라는 통일성과 정체성을 규정하는 방식의 차이를 설명한 것에 있다. 이 다양체에 대한 설명은 『천의 고원』에서 다시 규정될 것이다.[17]

---

16) 베르그송, 송영진 편역, 『베르그송의 생명과 정신의 형이상학』, 서광사, 2001 참조. 이 책의 '베르그송 생애' 다음 부분에 번역되어 있다.
17) 들뢰즈·가타리, 김재인 옮김, 『천 개의 고원』, 새물결, 2001, 922~924쪽 참조.

## 들뢰즈의 새로운 변모

우리에게 흥미로운 것은 샤틀레(François Châtelet)가 편집한 『20세기 철학사』 제8권에 실린 「구조주의를 어떻게 식별할 것인가?」(1973)라는 논문이다.[18] 이 논문에 베르그송에 대한 직접적인 언급은 없지만, 차이 개념의 발전과 새로운 생성의 가능성을 보여 준다. 말하자면, 베르그송은 『창조적 진화』 제3장에서 이미 두 개의 질서 즉 기하학의 질서와 생명의 질서의 차이를 설명했고, 이것을 들뢰즈가 이용한 것이리라. 그는 구조의 해명에서 수학과 논리가 지니는 구조는 선(先) 가정이며, 생명과 심리의 구조는 체험에서 나온 것으로 자연적 분절이라 한다. 이것은 표면과 내면으로 차이를 드러낸다. 전자는 이미 주어진 자료가 있다는 약속 속에서 공간을 전제하고, 후자는 체험된 과정에서 시간적 생성을 문제 삼을 수밖에 없다. 여기에서 들뢰즈가 말하는 구조주의란 소쉬르 이래로 레비-스트로스, 뒤메질, 바르트의 초기 구조를 넘어서, 제2차 세계대전 후 다시 제기된 푸코, 알튀세, 라캉의 것을 포함하고 있다.

구조란 표현하는 그 무엇이며, 거기에 내용(능력)을 보태어 일정한 기간에 사물의 특성에 따라 그 무엇이 동일성을 유지하면서 실현하려는 경향 같은 것이다. 우리가 보기에 구조란 한 단일자 또는 특이자

---

18) Deleuze, "Á quoi reconnaît-on le structuralisme?", *Histoire de la philosophie, idée, doctrines, le XXe siècle*, Hachette, 1973, pp.299~335. 이 논문은 『의미의 논리』(국역본) 부록에 실려 있다. 이 논문은 본문의 내용상으로 보아 1967년에 집필, 완성은 1968년에 이루어졌을 것으로 보인다.

를 설명하려는 열려진 단위로 보인다. 그는 이 단위를 설정하는 방식에 대해 일곱 가지 기준을 설명한다. 상징, 위치(또는 지위), 미분자와 단독자, 차별자와 차별화, 계열, 빈 상자, 실행할 주체 등이다. 이런 개념들은 『차이와 반복』과 『의미의 논리』에 매우 밀접하게 연결되어 있다. 여기서 주목할 것은 논리의 두 계열과 시간 계열의 3원성이다. 전자는 기하 논리와 생명 논리로 구별되고, 후자는 의식 구조의 3원성 즉 실재, 상상, 상징을 보여 준다. 우리가 보기에 전자의 이원성은 의식의 속성을, 그리고 후자의 3원성은 체험의 3위상을 보여 준 것이다. 이것은 베르그송의 기억이론에서 기억, 이마주, 지각의 계열과 닮았다. 공간상의 배치를 보면, 라캉의 「도둑맞은 편지」 분석처럼 왕-여왕-장관, 경찰-장관-뒤팡 등 이중계열 속에 세 가지 절차가 있다. 그는 이중계열에서 분열을, 삼중에서 의식의 장치를 보았을 것이다. 뒤몽셀은 들뢰즈가 베르그송에서 빌려 온 것이라 설명한다.[19] 이 관점에서 『차이와 반복』과 『의미의 논리』 사이의 연관을 살펴보자.

　『차이와 반복』 제2장의 시간 개념 해명은 베르그송의 영향이 큰 곳이다. 우선 베르그송의 견해를 간략하게 보자. 『시론』에서 시간-지속은 의식 상태의 질적 다양성이 심층적이고 인격적인 것이며, 이것을 파악하는 것은 무매개적 직관이다. 이것을 기억이라는 내용으로 해명하기 위해 『물질과 기억』에서는 지각을 바탕으로 하는 신체의 조건을 먼저 살리고, 신체의 지각과 연관하여 과거와 현재 그리고 지각하는 가

---

19) Jean C. Dumoncel, "Logique du sens", *Les Oeuvres II, Dictionnaire*, PUF, 1992. p.3156.

능적 세계(미래)의 3자 관계를 중심점에 두고 양쪽에 원들을 그리는 '8'자 모양의 중첩된 회로로 설명한다. 중심점은 현재이고 한쪽은 과거이며 다른 한쪽은 지각하는 가능적 범위이다. 그리고 나서 제3장에서는 전혀 다른 차원에서 신체의 위치와 관계없이 잠재적으로 잔존할 수 있는 영혼의 작용하는 권능을 설명한다. 이 제3장은 단지 영혼의 잔존 이상으로 순수 추억 즉 기억의 실재화 그리고 잠재화를 넘어서 현재에 내재화를 설명한 것이다.

들뢰즈는 이보다 『물질과 기억』 제2장의 현재를 중심으로 하는 지각의 회로와 추억의 회로에 더 관심을 표현하였다. 그는 『차이와 반복』 제2장에서 이것을 시간의 세 가지 종합 즉 생생한 현재, 순수 과거, 기억의 불충분성으로 설명한다. 첫번째는 반복하는 현재에 대한 과학의 설명의 예이다. 두번째는 과거의 분석이고, 세번째는 구성되지 않는 지각과 연관하여 기억들의 일반화 문제를 설명한 것이다. 여기서 두번째의 과거에 관하여, 네 가지 차이성 즉 네 가지 파라독사(paradoxa)가 함께 내포되어 있다. 이미 지나간 현재와 동시적으로 있는 현재인 과거, 과거들의 공존으로서의 과거, 현재에 효과를 미치며 내재하는 의미에서 선존재적인 과거, 네번째는 과거 자체 전부와 함께 있는 과거 등이다. 들뢰즈는 과거 전부가 현재에 관련하고 있고, 또한 그것이 지각하는 대상과 관련하여 있다는 점에서 베르그송과 일치한다. 그런데 들뢰즈가 지속하는 현재가 지각되지 않은 부분으로서의 대상과 연관, 즉 미래 대상으로서의 죽음과 연관시킨 것은 베르그송을 넘어서는 것으로 보아야 할 것이다.

베르그송에게 이 현재의 점에서 무의식은 크게 두 가지 계열이다.

한편으로는 현재를 넘어선 그 부분들이 수평적이고 공간적이며, 지각과의 관련 속에서는 잠재적이고 가능적이다.[20] 이 영역에는 무기물로서 우리와 무관한 무의식의 영역(이것은 이미 문제거리가 아니다)과 지각되지 않으면서 가능적 지각의 범위로서 현재와 연관을 맺는 무의식의 영역이 있다.[21] 다른 한편으로는 수직적이며, 시간과 관련하여 과거와 연관 있으며 실재적·현실적이다.[22] 이 영역은 과거 추억의 총체(역동적이고 이질적인 덩어리)로서 기억이다. 그런데 그 중에는 현재에 영향(효과)을 행사하지 않는 과거의 덩어리의 영역도 있다. 들뢰즈가 이 두 무의식 중에서 두 개의 회로가 서로 비대칭이라 한 것은 말할 필요 없이 당연하지만, 베르그송은 전자를 신체적인 것에, 후자를 기억 측면에 두었다. 전자에서 반복 현상은 신체적인 것이고, 후자에서 질적 차이의 덩어리는 영혼적으로 여겼으나 신체 안에 두었다. 여기서 현재를 기점으로 또한 서로 분기하게 되어 현재의 인격성 자체에 이중 현상 즉 분열(schizo, dédoublement)이 생긴다.

베르그송의 '8' 자 회로 설명과 고깔 설명, 두 도식 사이에는 차이

---

20) 현재의 지속은 가능적 범위에서 영향을 미칠 수 있는 기호적·상징적 기능을 하는 영역으로 라캉의 상징계와 닮았다. 그러면 지속-현재로서 이마주라는 신체는 라캉의 상상계와 닮았다.

21) 과학의 범위일 것이다. 이 영역은 언제나 작용자가 결정 가능한 범위에서 실체 또는 대상을 규정하면서 파악하는 영역이다. 거시적 우주처럼 또는 미시 물리학의 범위처럼 한정된 범위를 넘어서는 것은 미지의 세계이다. 이것을 알아 가는 것은 지성이다.

22) 지속하는 현재가 내용상으로 무한한 과거의 실재를 확장하고 있다는 점에서 (지각의 경우처럼 잠재적이라기보다) 잠세적(역동적)이며 실재적이다. 이 점에서 라캉의 실재계와 닮았다. 그런데 현실적이란 실행하고 있는 과정에 과거의 일반 관념이 관여한다는 점에서 현실적이다. 과거의 일반 관념은 형성 중인 관념이기 때문에, 플라톤의 이데아와도 칸트의 구성적 개념과도 다르다.

가 있다.[23] 전자는 아직도 신체라는 유용하고 실용적인 행위와 지각을 해명하는 것이며, 후자에서는 과거 전체를 해명하는 것으로 영혼의 잔존을 설명하기 위한 것이다. 그럼에도 잔존은 현재에도 지속하여야 한다. 그렇다면 개체의 죽음에서 잔존은 무슨 의미일까라는 의문이 남는다. 베르그송은 이에 대한 대답이 없이, 나중에 『창조적 진화』에서 기억과 생명의 공연성을 전제로 유(類)의 차원에서 생명의 내재적 지속과 외재적 불연속, 즉 창조적 진화로 나아간다. 그런데 들뢰즈는 좀더 다른 방향으로 나간 것으로 보인다. 그는 현재 문제에 좀더 집착하고 시간(기억)과 공간(지각)의 차원보다 과거의 존속(기억)과 미래의 단절(죽음)로 바꾸어 보았다. 이 두 방향은 우리가 보기에 들뢰즈가 한편으로 스토아 사상을 받아들이고, 다른 한편으로 베르그송이 극히 아껴서 썼던 개념 스키조프레니(schizophrénie)로 향한 것이다.[24]

기억이론에서 중요한 시간은 지금도 순간도 아니고 현재이다. 그 현재는 의식을 통한 현재이며, 과거를 지니고 미래를 갉아먹는 지속하는 덩어리이다. 이 덩어리가 미래에 열려 있다는 점에서 자유이고, 그리고 새로운 생성을 한다는 점에서 나중에 생명도약으로 연결될 것이다. 들뢰즈는 이 미래의 연속성을 무한하게 연결하지 않았다. 『의미의 논리』 제23장에서 지적하듯이 신체를 지니고 살아가는 시간은 크로노

---

23) 베르그송의 『물질과 기억』에 도면으로 그려져 있다——회로의 설명(*Matière et mémoire*, p.115)과 고깔 설명(p.181).

24) Bergson, *La Pensée et le mouvant*, 제1장 참조. 베르그송은 자신의 전집 8권에서 단 한 번 분열증이라는 용어를 썼다. 베르그송은 나중에 프로이트의 제자 중에서 인격의 이중화를 설명하기를 바랐다. 들뢰즈는 『안티오이디푸스』와 『천의 고원』의 부제가 알려주듯이 자본주의를 분석하면서 분열증을 분석하였다.

스이며 신체와 무관하게 비물체적으로 형성하는 시간은 아이온이다.[25]
들뢰즈의 이 양자에 대한 분석은 베르그송의 기반 위에 있지만, 아이온
에서 순수 사건은 들뢰즈의 성취라고 보아야 할 것이다.

그러면 들뢰즈가 『의미의 논리』 제21장에서 말하고자 한 '사건' 이
란 무엇인가? 그는 시인이며 작가였던 조에 부스케(Joë Bousquet)의
상처를 예로 든다.[26] 그는 부스케에게서 분신(double)의 구체적인 예
를 보았다.[27] 부스케는 스토아의 현자처럼 그의 **몸에 깊이 새겨진 상처**를
그렸지만, 그리고 바로 그런 만큼 그것을 **영원한 진리에서 순수 사건으로
서** 이해했다. 사건들이 우리에게서 효과화되는 그만큼 그것들은 우리
를 기다리고 열망하며, 우리에게 신호를 보낸다. 사건이란 단지 현실의
대상이라기보다 행동하는 인격을 넘어선 어떤 경험인 것이다. 이 경험
은 인간의 경험이지만 개인 인격의 경험이란 측면을 넘어서고, 거의 무

---

25) **크로노스**(Chronos)가 물체들의 활동과 물체적 성질들의 창조를 표현한다면, **아이온**(Aiôn)
은 비물체적인 사건들의 터(장소, lieu)이며 성질들과 구별되는 속성들의 터이다. 크로노
스가 원인들과 물질들로서 그것을 채우는 물체들로부터 분리될 수 없다면, 아이온은 그
것을 채우지 않으면서 끝없이 따라다니는 효과들로 차 있다. 크로노스가 한계 지어진 동
시에 무한하다면, 아이온은 미래와 과거처럼 한계가 없으면서도 순간처럼 유한하다. 크
로노스가 원(환)성(circularité), 그리고 막힘이나 침강, 파열, 쟁여짐, 경화(indurations)와
같은 이 원(환)성에서의 사고(事故)들로부터 분리될 수 없다면, 아이온은 두 방향으로 한
계 지어지지 않은 채 직선으로 팽창한다. 언제나 지나간 것이자 영원히 오지 않는 아이온
은 시간의 영원한 진리, **시간의 순수한 빈 형식**으로서 현재의 물체적인 내용에서 벗어남으
로써 그 원을 펼쳤으며, 아마도 이런 이유 때문에 그만큼 위험하게, 그만큼 미로와도 같
이, 그만큼 구불구불하게(tortueuse) 하나의 직선을 따라 늘어난다(*LS*, 193~194, 284).
26) 부스케는 1차대전에서 상처를 입고 죽을 때까지 방에서 누워서 지냈다. 그가 말한 상처
는 단지 자신의 신체의 상처를 넘어서 개인의 상처도 아니고 현재의 상처도 아니지만, 영
원(Aiôn)의 상처이다. 이 상처에는 과거-미래가 현존하며, 베르그송의 개념으로 공존
(coexistence)한다.
27) 들뢰즈의 인용을 참조하면, 분신의 개념은 부스케에게서 빌려 왔다. René Nelli, "Joë
Bousquet et son double", *Cahiers du sud*, no.303, 1950; Ferdinand Alquié, "Joë
Bousquet et la morale du language", *Cahiers du sud*, no.303, 1950.(*LS*, 174)

한하며, 개인이 감당할 수 있는 범위를 넘어선다는 점에서 선험적이다. 이런 사건은 어떤 사건인가? 들뢰즈는 인간에게 공통 지각으로 현전하는 죽음을 유추했을 것이다. 이 죽음은 부스케에게는 분신에 속하며, 블랑쇼(Maurice Blanchot)에게는 누군가(on), 즉 제4인칭에 속한다. 우리가 보기에, 그는 사건과 죽음을 등질적 공간에 놓는다. 들뢰즈에 따르면, 각 사건은 죽음과 같고 자기 분신(son double) 속에서 이중적이고 비인칭적이라 한다.[28]

들뢰즈는 사건 자체의 깊이에서 죽음의 이중성을 보았다. 사건은 양의성을 지니고, 그 효과도 양의성을 지닌다. 이 양의성이 본질적으로 상처와 죽음의 양의성이라는 것, 즉 치명적 상처의 양의성이라는 것을 블랑쇼만큼 잘 보여 준 사람은 없다고 한다. 죽음에는 한편으로 현실화되고 실행되는 사건의 부분이 있고, 다른 한편으로 "결코 완성될 수 없는 사건의 부분"이 있다. 그래서 두 종류의 수행(accomplissment)이 있게 되며, 이들은 효과화와 반효과화에 상응한다.

그래서 사건은 분신 속에서 일어나는 것과 같다는 점에서 다시 베르그송의 '8' 자 도식의 비대칭을 상기하게 한다. 베르그송의 기억 회로와 지각 회로의 양의성에서 들뢰즈는 인간의 분열적인(schizo) 구조를 보았다고 해야 할 것이다. 현재의 지속하는 이미지에서 보면, '8' 자 회로의 두 측면은 이중분화이며 과거-미래의 효과, 즉 이중화(dé-

---

28) "그것[죽음]은 현재의 심연이며 현재 없는 시간이다. 내가 그것과 관계를 맺을 수 없는, 내가 그리고 나 자신을 던질 수 없는 시간이다. 왜냐하면 죽음 안에서 **나는**(je) 죽지 않기 때문에, 나는 죽을 수 있는 능력을 상실하기 때문이다. 죽음에 있어 **누군가가**(on) 죽는다. 누군가가 죽기를 멈추지 않으며 죽기를 끝내지 않는다." (Blanchot, *L'Espace littéraire*, Gallimard, 1955, p.160) 이 인용문은 들뢰즈의 인용이다(*LS*, 178).

doublement)라고 해석할 수 있다. 들뢰즈가 베르그송을 좀더 원용했다고 보아야 할 것이다. 그런데 다가올 미래에 개인의 죽음이 아닌 그 죽음은 반효과일 것이다. 이 반효과 앞에서 모든 인간은 특이성일 수밖에 없고, 인간에게 보편성이라는 개념은 성립하지 않는다. 이런 의미에서 인간이라는 이데아와 일반 개념으로서의 보편성이란 있을 수 없다. 단지 비인칭으로서 죽음은 있을 수 있으나 개인의 체험을 넘어서는 것이며, 또한 인간이 감내하고 경험을 설명할 수 있는 것이 아니다. 이 4인칭의 죽음을 이데아 또는 일반 개념으로 성립하게 한 것은 인간 지성의 한계 즉 한계로 결정하고자 하는 의도일 뿐이다.

이제 분신에서 과거와 미래가 비대칭이며, 과거를 실재로 놓고 미래를 상징으로 보아야 할 이유가 없다. 미래도 과거의 시간과 마찬가지로 현재의 연속 즉 지속의 일부분일 뿐이다. 들뢰즈는 이 과거-미래를 함께 하는 시간을 아이온으로 설명한다. 그러면 실재로서의 현재는 크로노스가 된다. 크로노스는 8자(개미허리)의 점으로 단지 점으로만 있는 것이 아니기 때문에 지속이다. 이 현재에는 자아의 신체를 지닌 실현의 이미지가 있다.

들뢰즈는 철학이 개념의 생산이라고 했다. 그런데 『철학이란 무엇인가』에서 "개념은 분명히 인식이지만 자기 인식이다. 개념이 인식하는 것은 **순수 사건**이다. 이 순수 사건은 자신이 그 속에 구현하는 사물의 상태와 혼동되어서는 안 된다"(QP, 36)고 한다. 이 사건 속에서 누군가(l'on, 제4인칭)가 때로는 역사를 따라서 또는 그 역사와 더불어 늙어 간다. 때로는 누군가가 매우 은밀한(discrèt) 사건 속에서 늙은이가 된다(QP, 106). 이 점에서 인식은 관념의 선천성처럼 태어나면서부터

가 아니라, "늙어서 또는 늦어서야 제기되는 질문이 철학이란 무엇인가"(*QP*, 7)라고 한다.

들뢰즈는 의미가 명제의 네번째 차원이고, 명제의 표현이며, 명제 내부에 위치하고 하부에 위치하는 순수 사건이라고 말한다. 『의미의 논리』에서 『철학이란 무엇인가』에 이르기까지 들뢰즈가 일관되게 주장한 선험적 존재론이란 의미로서의 사건이다. 이 사건은 "비물질적, 비물체적, 비생명적, 그래서 순수 **예약적**(pure réservé)이다"(*QP*, 147). 순수 예약적이란 설명에서 —— 인간의 숙명적 운명애를 받아들여야 할 우리가 보기에 —— 들뢰즈의 근본사건(Evénement)은 인류의 영혼 전부, 기억의 총체 이외에 다른 표현이 아니라는 생각을 버릴 수 없다. 베르그송에게는 기억의 총체만큼 미래의 가능적 행위가 열려 있으며 그만큼 자유가 있다. 이 열려 있는 세계가 들뢰즈가 말하는 사건이 아닐까 한다.

## 마무리를 지으며

들뢰즈의 초기 입장은 베르그송 사상 속에 젖어 있었다고 보아도 될 것이다. 그 시기에 그는 베르그송 철학에서 시간-지속과 기억이라는 측면을 중요시했다. 그 중 특히 기억이론을 매우 중요시했다. 그리고 기억의 모호성과 지각의 애매성을 잘 이용하여 분열증의 현상으로 나아간 것까지는 베르그송과 메를로-퐁티의 영향 하에 있었다. 그러나 우리가 보기에 「구조주의를 어떻게 식별할 것인가?」라는 논문을 기점으로 들뢰즈는 자신의 길을 가지 않는가 추측할 수 있다. 사람들은 이

보다 가타리를 만나서 새로운 영역으로 넘어간 것을 중요시하지만, 베르그송 사유의 연장선에서 새로운 계기는 구조주의에 대한 그의 독특한 해명에서 찾아야 할 것이다.

구조에서 몇몇 개념은 들뢰즈의 사건, 의미, 시간 등과 연관 있다. 들뢰즈가 시간의 계열을 분석할 때 이중 분화까지는 베르그송을 잘 따르고 있지만, 분화의 분화 즉 4중 분화에서는 스토아 학파의 사건을 따라간 것으로 볼 수 있다. 들뢰즈는 사건의 문제제기 속에 죽음을 포함시킴으로서 베르그송의 시간-지속을 다른 양상으로 만들었다. 이 제4의 양상은 들뢰즈가 스토아 학파에서 빌려온 것이고, 다른 한편으로는 부스케와 블랑쇼의 영향이다. 사건의 분석 방식과 해석 방식에서 들뢰즈는 베르그송의 너울을 벗고 자신의 모습으로 치장하였다고 볼 수 있다. 즉 베르그송주의에서 스토아주의로의 이행이다. 스토아주의에서 도덕론은 단지 행위에만 있는 것이 아니라 정치·경제적 현상에도 의미를 내포하고 있다. 이를 통해 들뢰즈가 신경증과 강박증에 대비되는 분열증으로부터 사회·정치적 분야에 대한 담론을 전개할 수 있었을 것이다.

들뢰즈는 베르그송주의를 벗어나 사회와 역사에 대한 관심을 가타리와 함께 전개하였지만 베르그송의 기억이론에 대한 향수는 그의 작품에 여전히 남아 있다. 한편으로 문학과 회화, 즉 프루스트와 베이컨에 대한 분석에서 개인 인격의 분신화를 설명하고 있다. 다른 한편으로 두 권의 영화에 관한 저술에서 시간지속의 외화된 표현 방식 즉 기억이 지각과 연관 맺는 양태들을 설명한다. 첫째 권에서 행동(움직임)을 지각 범위에서 수직선 위에 나열하여 이미지의 병치를 통해 움직이게 한다면, 둘째 권에서는 기억의 잠재적 평면들이 중첩의 회로를 거치듯이 지각에서, 가능적 행위의 측면에서 영향력(효과화)을 형성하고 재인식하게 한다고 설명한다. 이것을 의식의 측면에서 보면, 첫째 권은 인격의 행위적 분신 즉 지각의 이중화에 대한 설명이라면, 둘째 권은 추억과 기억의 분화와 재분화에 따른 인격성의 다중화 즉 추억의 총체에서 여러 분기 현상들에 대한 설명이다. 들뢰즈가 지각론과 기억론에 관한 한 베르그송의 영향을 받은 것은 부정할 수 없지만, 그래도 들뢰즈적인 것은 '사건'을 시간의 여러 평면들에서 주목하였다는 것이다. 들뢰즈가 사건에 큰 의미를 둔 것은 그의 마지막 작품 『철학이란 무엇인가』에서도 나타난다. 그의 '선험적 경험론'은 기억의 외화된 언어적 표현으로 사건을 다룬 것이며, 사건들과 의미들은 비대칭으로 또는 파라독사로 표현된다. 이들은 언어를 사용하는 인류의 산물이며, 사건 또는 의미 속에서 인격성으로서의 개체의 특이성이 또 다른 역할을 한다. 이 점에서, 그가 베르그송의 지속과 다른 양태로 시간을 정리하고 있다고 보아야 할 것이다. 들뢰즈가 시간과 기억을 중시하였다는 점에서는 베르그송주의의 그늘 속에 있지만 『차이와 반복』과 『의미의 논리』 이래로 곳곳에 강조한 사건과 의미를 중심으로 보면, 그가 베르그송주의의 그늘을 벗어나 스토아주의로 이행했다고 보아야 할 것이다.

들뢰즈는 베르그송의 불의 철학 즉 심장(생명)의 철학을 스토아철학의 우주의 불 즉 범신론적 생명으로 바꾸고자 한 것일지도 모른다. 그래서 그가 생애를 마친 방식도 그의 사유가 경도되었던 스토아주의에 걸맞는다고 해야 할 것이다.

GILLES DELEUZE

2부

# 들뢰즈의 철학

# 들뢰즈와 'meta-physica'의 귀환

이정우

근대 이후 학문의 역사에서 '형이상학'이라는 말만큼 잘못 사용되어 온 말도 없을 것이다. 그것은 'meta-physica'임에도 'physica'와 대립하는 것으로 이해되었으며, 경험과학과 유리된 것으로 이해되어 왔다. 니체와 베르그송에 의해 완전히 새로운 모습으로 탈바꿈된 후에도, '형이상학'이라는 말에는 중세적 신학에서 자신들을 분리시키고자 열망했던 근대사상가들이 이 말에 부여한 경멸적 의미를 떨쳐 버리지 못했다. 오늘날에도 상당수의 사람들이 이런 철학사적 변환을 음미하지 못한 채, '메타-퓌지카'라는 말의 의미를 충분히 새기지 못한 채 이 말을 쉽게 입에 올리고 있다. 현대 형이상학에 공헌한 철학자들 역시 이 말을 둘러싸고서 불협화음을 만들어 냈다. 니체와 하이데거에게 형이상학이란 인간의 사유에 필연적으로 들러붙는 무엇이지만 종국에는 극복되어야 할 무엇이며,[1] 반면 베르그송과 화이트헤드에게 형이상학

---

1) 니체에게 '형이상학'은 '플라톤주의'의 동의어이다. 이것은 니체의 시대에는 유의미한 동

이란 고대 그리스에서 그랬듯이 학문들 중의 학문, 가장 근원적인 사유였다. 전통 학문 체계에서 '존재론'은 형이상학의 한 분과였지만('일반 존재론'은 '특수 존재론'인 영혼론, 자연학, 신학과 구분되었다), 오늘날 존재론은 형이상학을 대체하는 말로서, '형이상학'이라는 말이 자칫 불러일으킬 오해를 피할 수 있게 해주는 말로서 사용되고 있는 듯하다(네그리와 하트는 심지어 형이상학과 존재론을 아예 상반된 담론들로서 대립시키고 있다). 베르그송과 화이트헤드를 비롯한 극소수를 예외로 한다면, 어떤 경우든 형이상학은 '메타-퓌지카'라는 본연의 의미로부터 유리된 채 왜곡되어 사용되고 있다. 예컨대 '형이상학적 사변'은 '퓌지카'에 대한 메타적 사유로서 이해되기보다는 '퓌지카'와 유리된 공허한 담론으로서 이해된다. 어떻게 이런 왜곡이 발생했으며 또 지속하게 되었을까? 지금 내가 직면하려 하는 문제는 이것이 아니다. 여기서 다루려 하는 것은 오늘날의 '메타-퓌지카', 또는 (원한다면) 존재론은 어떤 얼굴을 하고 있는가? 하는 문제이다.

　메타-퓌지카는 고정된 의미를 가진 단일한 담론이 아니다. 메타-퓌지카의 '메타'는 퓌지카의 변화와 맞물려 운동한다(여기서 'physica'는 물리학이 아니라 경험적/실증적 인식 일반을 가리킨다). 퓌지카는 계속 움직인다. 그에 따라 메타-퓌지카도 함께 움직인다. 메타-퓌지카는 때로 퓌지카 뒤를 따라가면서 자칫 파편화되어 버릴 수 있는 지식들을

---

일시일 수 있다. 그러나 이런 동일시가 더 이상 성립할 수 없게 만든 인물은 다름 아닌 니체 자신이다. 형이상학을 역사적 지평에서 파악한 것은 하이데거이다. 그러나 그의 '형이상학'은 그의 철학적 관심사에 의해 축소된 형이상학일 뿐이다. 그에게는 '존재-신학' 비판으로서의 형이상학 비판이 존재할 뿐 메타-'퓌지카'에 대한 구체적인 사유가 부재한다.

종합하기도 하며('뒤에'로서의 메타), 또 때로는 퓌지카 앞으로 달려가 사유의 극한을 열어제끼며 훗날 퓌지카에 의해 구체화될 사변을 펼치기도 한다('넘어서'로서의 메타). 한 가지 분명한 것은 퓌지카도 또 메타-퓌지카도 그 운동성, 역사성에 입각해 이해되어야 한다는 점이다. 메타-퓌지카를 비역사적으로 이해하는 것은 바로 그 자체가 (그렇게 이해하는 사람들이 비난하는 의미에서) '형이상학적인' 것이다. 예컨대 (1980년대에 익숙하게 들어 왔듯이) '형이상학'의 의미를 고정시켜 놓고서, 극히 왜소하게 축소시켜 놓고서 비난하는 '변증법'이야말로 그 자체 비변증법적 사유이다. 메타-퓌지카는 역사의 지평에서, 운동해 나가는 것으로서, 시간 속에서 변환되어 나가는 것으로 이해할 때에만 메타-퓌지카일 수 있다. 내가 여기에서 논하는 존재론은 바로 이 '메타-퓌지카'로서의 존재론이다.

오늘날 메타-퓌지카의 귀환을 가능케 한 사유가 있다면, 즉 퓌지카의 폭넓은 종합, 존재론적 상상력의 전개, 철학과 경험과학들의 역동적인 대화(영향의 주고-받음), 세계에 대한 새로운 사유 지평의 창조를 이끌고 있는 사유가 있다면, 그것은 들뢰즈의 사유일 것이다. 우리는 들뢰즈의 사유에서 베르그송과 화이트헤드를 잇는 '오늘날의 메타-퓌지카'를 발견한다. 오늘날의 진정 살아 움직이고 있는 사유는 들뢰즈와의 대결을 통해서 이어지고 있다. 여기에서 다루어질 내용은 들뢰즈 존재론의 요체이다. 이 요체는『차이와 반복』, 『의미의 논리』에 집약되어 있다.

우리 논의가 나열식으로 흐르는 것을 막기 위해서 여기에서는『차이와 반복』의 4장을 집중적으로 다룰 것이다. 많은 사람들이 지적하듯이, 들뢰즈 사유의 핵심은 '잠재적인 것과 현실적인 것' 을 사유하는 데 있고 이 문제는 특히 이 4장에 잘 나타나 있기 때문이다.

'존재론' 이라는 담론은 세계에 대한 가장 일반적인/추상적인 파악을 특징으로 한다. 그러나 대부분의 존재론은 사실상 그것이 특히 염두에 두고 있는 영역을 일정 정도 함축한다. 원칙적으로 존재론은 세계 전체를 사유하려 하지만, 거기에 포괄되는 세계 '들' 이 모두 절대적으로 같은 비중을 부여받는 것은 아니다. 잘 알려진 예들로서 플라톤의 경우는 수학이, 아리스토텔레스의 경우는 생물학이, 헤겔의 경우는 역사학이 큰 비중을 차지한다. 들뢰즈의 잠재성의 존재론은 매우 다양한 영역들을 포괄하지만, 적어도 지금 논할 대목은 기본적으로 생명의 차원을 염두에 둔 존재론이다. 즉 들뢰즈의 『차이와 반복』에서의 잠재성론은 일종의 생명철학인 것이다.

## 이데(Idée)

들뢰즈에게 잠재성은 현실성의 끝에서 시작하지 않는다. 이 점에서 물 자체가 아니다. 잠재성과 현실성을 가르는 실체적인 구분선은 없다. 현실성은 잠재성의 표현이고 잠재성은 현실성의 주름이다. 표면과 심층은 상대적이다. 우리가 말하는 표면은 인식주체로서의 우리에게 상대적인 표면일 뿐이다.

사실상 칸트에게서도 오성과 사변이성이 날카로운 불연속을 이루는 것만은 아니다. 이념의 차원은 물론 주로 도덕철학의 기초로서 제시되지만("도덕적 완성성을 향하는 모든 접근에는 그 근저에 이념이 놓여 있다"), 오성의 한계를 넘어서는 인식 가능성의 차원으로서도 제시되기 때문이다. 물론 칸트에게 오성의 한계를 넘어선 인식의 추구는 "선험적 가상"을 가져다준다. 그럼에도 이념의 차원이 늘 부정적이기만 한 것은 아니다. 칸트는 "실체화한 이념" 즉 이데아를 거부하지만 그럼에도 이념에 일정한 역할을 부여한다. 그 실마리를 우리는 "사변이성이 오성에 관계하는 것은 오성에 어떤 일정한 통일성을 부여하기 위한 것"이라는 말에서 찾을 수 있다.[2] 이것은 이성의 정당한 사용 즉 "규제적" 사용이다.

들뢰즈의 '이데'(Idée)는 칸트의 이념에서 출발하지만 칸트의 주체중심적 인식론에서 플라톤의 객체중심적 존재론으로 향한다.[3] 즉 들뢰즈의 '이데'는 '이념'(理念)이 아니라 일종의 이데아이다. 그것은 현실성 일반을 가능케 하는 잠재성 일반이다. 그러나 들뢰즈의 이데아는 플라톤과는 다른, 아니 정확히 대조되는 이데아이다. 그것은 영원부동의 실재가 아니라 차이생성(différentiation)의 구조이다. 그것은 구조이지만 어디까지나 차이생성의 구조이고 차이생성이지만 어디까지나 일정한 구조를 동반하는 생성이다(편리하게 말해서, 그것은 플라톤의 이데아와 베르그송적 지속을 "지양"하고 있다). 그것은 이데아들처럼 자체의 동일성을 유지하면서 불연속을 형성하는 순수한 존재들이 아니다.

---

2) Kant, *Kritik der reinen Vernunft*, Reclam, 1966, p.359(재판. 이하 'B/페이지'로 표기).
3) 이 점에서 바디우(Alain Badiou)의 다음 지적은 정확하다. "들뢰즈의 철학은 나의 그것과 마찬가지로 아주 완고하게 **고전적**임을 명심하자. …… 고전적인 철학이란 칸트의 비판적인 명령들에 복종하지 않는 철학, 칸트가 형이상학에 제기한 비판적인 소송을 마치 무효인 것처럼 여기는 철학, 그리하여 '칸트에로의 모든 회귀'에, 비판에, 도덕 등에 대항하면서 세계란 지금까지 이루어진 그 모습 그대로의 것이라는 고려 아래 기초의 일의성을 다시 사유해야 함을 주장하는 모든 철학을 말한다."(박정태 옮김, 『들뢰즈—존재의 함성』, 이학사, 2001, 111쪽) 플라톤의 'hypothêsis' 개념(『국가』, 511B)은 들뢰즈의 'Idée' 개념을 선취하고 있다.

그것은 연속적 흐름을 형성하는 차이생성이다. 그러나 이 차이생성은 막연한 흐름이 아니라 무수한 갈래들=계열들로 구분되는 차이생성이며, 이 갈래들=계열들이 맺는 관계들을 통해서 어떤 일정한 현실성을 낳는 생성이다. 플라톤의 이데아들은 '무엇', 어떤 '것'이다. 그러나 들뢰즈에게 '무엇', 어떤 '것'은 오히려 현실성에 위치한다. 잠재성의 차원은 이 '무엇', 어떤 '것'이 최종적으로 현실로서 나타나게 해주는 과정(의 구조) 자체이다.

### 문제(problème)

이념을 규제적으로 사용한다는 것은 곧 문제 구축을 위해 사용한다는 것을 뜻한다. 칸트에게 이성의 사용은 대상에 근거하는 것이 아니며 다만 "오성의 저장물을 경제적으로 처리하는 '주관적' 법칙일 뿐"(B/362)이다. 그러나 이념——오성의 순수 개념인 범주들과 대조되는 사변이성의 순수 개념인 선험적 이념들——의 역할은 중요하다. 그것이 없다면 오성의 인식들은 여기저기 흩어져 있는 파편들로 그칠 것이기 때문이다. 이념의 작동을 통해서 이 인식들은 비로소 어떤 '해'(解)들로서 자리를 잡게 된다. 이것은 달리 말해 그러한 인식들이 그것들을 해들로서 포괄하는 어떤 문제의 틀로 통합됨을 뜻한다. 사변이성의 이러한 사용은 "내재적" 사용이며, 이를 통해 오성의 흩어진 성과들이 "허초점으로서의 이념"(B/672)에 비추어 정돈된다. 현대식으로 표현해 '외삽'된다(칸트의 이런 생각은 오늘날의 맥락에서 과학과 철학의 관계로 재사유될 수 있을 것이다). 이 허초점=이념은 경험의 한계 바깥에 있는 것이지만 그것의 도움을 받아 오성은 통일과 확장을 꾀할 수 있

다. 이럴 때 오성의 성과들은 비로소 어떤 근본적인 문제들의 해들로서
재조명될 수 있다. 이념을 문제 구축을 위해 사용한다는 것은 이런 뜻
이다.

들뢰즈에게 문제는 사변이성의 규제적 사용이라는 인식론적 맥락
을 넘어 그러한 사용을 통해 밝혀낸 존재론적 심층이라는 의미로 바뀐
다. "'문제-장'(problèmatique)은 주체적 행위들의 특히 중요한 한 종
을 뜻할 뿐만 아니라 이 행위들이 겨냥하는 객체성 자체의 한 차원을
뜻하기도 한다"는 말은 존재론적 전환의 선언과도 같은 구절이다(DR,
219/371[『차이와 반복』 국역본 쪽수]). 그러나 여기에서 심층과 표층 사이
에는 어떤 실체적 단절도 없다. 앞에서 말했듯이, 잠재성과 현실성 사
이에는 실체적인 구분이 없기 때문이다.[4] 이념들은 현실을 낳는 운동
성이다. 이념들은 현실성을 낳는 잠재성의 차원이다. 잠재성의 차원이
곧 문제의 차원인 것은 이러한 의미에서이다. 아마 난(卵)의 개념이 이
점을 가장 잘 보여 주는 것 같다. 난의 잠재성은 그것이 온축하고 있는
문제이다. 난에서 배아로, 배아에서 유아로의 현실화는 그 문제의 해들
이 도출되는 과정이다. 그러나 해가 도출되었다고 해서 문제가 사라지
지는 않는다. 들뢰즈가 찾는 "해 없는 문제들"은 풀리지 않는 문제들이
아니라 풀렸다고 해서 사라지지 않는 문제들이다. 잠재성이 사라진다
면 세계에 더 이상 새로운 변화는 도래하지 않을 것이다. 잠재성은 미

---

4) 이 점에서 들뢰즈가 논하는 잠재성과 현실성의 관계는 어떤 구체적인 **내용으로서의** 잠재성
/현실성이 아니라 그 구체적인 내용이 무엇이든 늘 작동하기 마련인 **형식적 구조**——그러
나 오직 생성을 전제하는 한에서만 성립하는 구조——이다. 이 점에서 들뢰즈의 철학은 선
험철학이지만 그것은 칸트의 주체주의적 선험철학이 아니라 존재론적 선험철학('객관적
선험'의 철학)이다.

리 결정되어 쟁여져 있다가 하나씩 현실화되는 프로그램이 아니다. 그
것은 현실의 생성을 가능케 하는 생명 그 자체이다. 그래서 들뢰즈에게
주어진 문제를 푸는 것은 의미가 없다. 그 문제는 이미 현실화된 문제
이기 때문이다. 들뢰즈가 찾는 문제는 현실을 낳는 문제, 현실 아래에
서 현실을 낳으면서 계속 작동하는 운동성(이자 동시에 어떤 구조)이기
때문이다. 들뢰즈에게 "문제-장의 발견, 선험적 지평으로서의 물음의
발견"(DR, 252/423)이 중요한 것은 이 때문이다.[5] 그것은 문제를 푸는
것도 제기하는 것도 아니며 발견하는 것조차 아니다. 그것은 문제를 사
는 것, "해 없는 문제를 사는 것"이다.[6]

## 현실화(actualisation)

들뢰즈에게 개체들(사물들), 성질들, 사건들, 보편자들은 어떤 심층적
인 생성의 결과들이다. 서구의 전통 철학은 성질들과 사건들을 사물들
에 귀속시켰으며, 개체들과 보편자들의 관계를 존재론적 화두로 삼았

---

5) 문제-장으로의 진입은 '상-식'(sens commun)이나 '양-식'(bon sens)을 통해서, 즉 '독
사'(doxa)가 아니라 '역-식'(para-sens)을 통해서 가능하다. 문제-장으로의 진입은 근대
적 사유들 특유의 반-형이상학/반-존재론을 넘어 이데의 차원으로 육박해 들어가는 **존재
론적 전회**를 뜻한다. 따라서 여기에서 등장하는 물음은 현실성에서의 해(解)를 전제하는
상투적 물음이 아니라 현실성을 가능케 하는 잠재성의 차원에서 제기되는 물음들(불합리,
수수께끼, 역설과 무의미 등등을 내포하는 물음들)이다. "글쓰기란 무엇인가?", "느낀다는 것
은 무엇인가?", "사유한다는 것은 무엇인가?"(DR, 252/423) 같은 물음들이 그것이다. 이
러한 물음들을 통한 사유는 '제일 원리'를 찾아내는 사유들과는 판이하다. 불확실한 것에
서 출발해 어떤 확고한 것을 찾아가는 전통 철학의 이미지는 여기에서 전복된다. 그러한
확고한 것들("플라톤의 일자-선, 데카르트적 코기토의 속이지 않는 신, 라이프니츠의 최선의
원리, 칸트의 정언명법, 헤겔의 '학'." DR, 254/426~427)을 역-식을 통해서 찾아가는 물음-
문제 복합체에서 우리가 발견하는 것은 이와 판이한 세계이다. 뒤에서 다시 논한다.
6) 다음을 보라. 檜垣立哉, 『ドゥルーズ —解けない問いを生きる』, NHK出版, 2002.

다. 들뢰즈에게서 존재론적 화두는 자리를 옮긴다. 그에게서 설명해야 할 것은 세계의 심층적인 생성과 그 결과/효과로서의 개체들, 성질들, 사건들, 보편자들의 관계이다. 현실성 또는 동일성을 중심으로 사유할 때 생성은 파괴와 연결된다. 생성한다는 것은 어떤 것이 와해되거나 최소한 그 동일성을 상실하는 것이다. 우리는 왜 그리스 철학자들이 질료 속에 떨어지지 않은 순수한 형상들을 애호했는지 이해할 수 있다. 반대로 잠재성 또는 차이생성을 중심으로 생각할 때 생성이 바로 현실성 또는 동일성을 낳는다. 생성은 존재와 '대립'하지 않는다. 생성은 존재들을 낳는다. 더 적극적으로 말해 존재는 곧 생성이다. 그래서 들뢰즈 존재론의 화두는 이것이다 : 어떻게 생성으로부터 존재들이 발생하는가? 영원한 존재들이 물질에 떨어져 '타락'하는 것이 아니라 물질의 생성이 어떻게 (영원하지는 않지만 적어도 안정된) 존재들을 낳는가? 쉼 없이 흘러가는 생성에서 어떻게 특정하게 개체화되는 사물들, 성질들, 사건들, 보편자들이 태어나는가? 들뢰즈의 존재론은 존재론적 카오스이론이다(프리고진이 또 한 명의 베르그송 제자라는 사실을 상기하자).

생성이 오로지 카오스일 뿐이라면 그로부터 각종 동일성들이 나올 수 없다. 카오스에 어떤 복잡한 길들이 깃들어 있을 때 그러한 발생이 가능하다. 그러나 그 길들을 기존 의미에서의 형식/구조로 파악하는 순간 그것은 생성철학이기를 그친다. 생성 **속의** 형상들이라는 사유는 이미 아리스토텔레스나 성리학 등에 의해 실험되었다. 중요한 것은 생성 속에 들어 있는 형상들이 아니라 생성을 통해서, 오로지 생성의 과정에서 태어나는 형상들을 찾는 것이다. 들뢰즈는 이 논리를 세 가지 공정을 거쳐 정립한다.

1) 미규정성으로서의 차이의 연속적 생성. 순수 생성이란 연속적 생성(아페이론)을 뜻한다. 이 생성은 전적인 미규정성의 성격을 띤다. 이 미규정성을 최초의 소여로 놓을 때 생성존재론이 성립한다. 가장 근본적인 것은 차이생성이다. 이 순수 생성은 수학적으로 $dx$로 성립한다.

2) 차이생성은 막연한 혼돈을 뜻하지 않는다. 차이생성은 항상 계열들=갈래들을 형성한다. 즉 차이생성은 선형적 운동성으로서 이해된다. 들뢰즈에게 세계의 근본은 생성이다. 그러나 그 생성에는 다(多)의 계기가 깃들어 있다. 차이생성은 얼굴 없는 카오스가 아니다. 더 정확히 말해 카오스는 차생의 동선(動線)들을 내포한다(말할 필요도 없이 이 多는 실선이 아니라 점선으로 그려진 多이다). 카오스를 카오스이게 해주는 것은 이 동선들의 무한함이다. 이 동선들의 관계를 통해서 어떤 구체적인 질서들이 발생한다. 동선들은 그것들이 하나의 선을 이룬다는 사실을 제외한다면(그러나 이 "하나의" 선 역시 차생의 결과일 뿐이다) 순수 생성, 절대 지속이다. 그러나 선들의 교차는 일정한 질서를 낳는다. 수학적으로 말해 $dx$와 $dy$는 미규정성이지만 $\dfrac{dy}{dx}$ 는 규정 가능성이다.

3) 미규정으로부터 규정으로의 이러한 이행은 중층적으로 이루어진다. 즉 무한한 층위들 사이에서 이루어진다. 이 무한한 과정 즉 분화를 통해서 현실화의 최종적인 결과들이 산출된다.

요컨대 들뢰즈에게는 연속적 생성이라는 근본적 소여가 주어져 있으나, 그 소여에는 (점선으로 그려진, 즉 그 자체 생성의 와중에 있는)

다(多)의 계기가 이미 깃들어 있고, 그 다의 상호작용들을 통해서 일정한 규정들이 산출된다. 이것이 들뢰즈의 생성존재론의 요체이다.

### 차생소(la différentielle)

순수 생성은 연속적인 생성이다. 그러나 그 연속성은 수학적 공간에서 볼 수 있는 등질적인 연속성이 아니다. 그것은 한시도 멈춤 없이 흘러가는 활발발(活潑潑)한 생성 자체이다. 계속 솟아오르는 생성의 요소들을 '차이소'라 부르자. 물론 이 개념은 일견 모순된 개념이다. 연속적 생성에는 '요소'란 존재하지 않기에 말이다(이 점에서 '소素'라는 번역어는 그 안에 운동성을 내포하는 것으로 이해되어만 의미를 가진다. 모든 '소'들은 무한히 중층적으로 생성하는 '소들'의 한 잠정적 계기일 뿐이다). 차생소는 차생이 낳는 '차이'이지만 그것은 자체의 동일성을 포함하는 차이(예컨대 "A와 B의 차이"에서와 같은 차이)가 아니다. 그것은 차생의 운동 자체의 임의적인 요소일 뿐이다. 수학적으로 이것은 $dx$를 뜻한다. 차생소는 연속적 변이의 첨단을 점한다.

차생소의 사유는 모순과 부정의 운동을 사유하는 헤겔적 존재론과 대비를 이룬다. $dx$는 비-$x$와 대립한다. 차생의 철학에서 볼 때 모순과 부정의 사유는 'opposition'의 사유이며, 모순과 부정의 사유에서 볼 때 연속적 변이의 철학은 매듭들이 없는 철학이다. 그러나 들뢰즈 사유의 한 과제는 이 매듭들을 설명하는 것, 그러나 (부정과 모순의 철학과는 달리) 현실화된 동일성들이나 불연속들을 통해서가 아니라 차이생성 자체에 입각해 설명하는 것이다. 이러한 설명의 일차적 요건은 미규정의 차원에 존재하는 양화 가능성이며, 차생소의 역할에 대한

구체화이다.[7]

양의 세 가지 양태를 구분할 수 있다. 고정된 양(quantum＝상수)
은 현실화된 양이다. 여기에서는 모든 것들이 현실화되어 있다. 각각의
수는 독립성과 자율성을 내포하며 그러한 수들끼리 관계를 맺는다.
$3+2=5$. 가변적인 양(quantitas＝변수)은 현실화된 양은 아니지만 매
경우 현실화될 수 있는 양이다. 각각의 수는 장소성(내용이 없는 빈칸)
과 일반성을 내포하며 서로 간에 일반적이고 가능한 관계를 맺는다.
$x^2+y^2-R^2=0$. 미규정적인 양은 그 자체로서는 결코 현실화될 수 없
는 양으로서 $dx$는 이러한 양들을 상징한다. 그것은 현실적으로든 가능
적으로든 만들어진 것(ce qui se fait)이 아니라 계속 만들어지고 있는
것(ce qui se faisant)이다(정확히 말해, 두번째의 가능한 경우는 세번째
경우에 비해서는 만들어진 것이지만 첫번째 경우에 대해서는 만들어지고
있는 것이라고 해야 할 것이다). 이 점에서 차생소(수학적으로는 무한소)
는 현실적 수와도 또 가능적 수와도 다르다.[8] 차생소는 순수 차이생성
그 자체인 것이다.

그러나 이 미규정적 존재들('존재＝생성'으로서의 존재들)은 서로
관계를 맺음으로써 일정한 규정성으로 향한다. $dx$는 $x$에 대해서, $dy$
는 $y$에 대해서 미규정이다. 그러나 이 둘이 관계를 맺어 $\dfrac{dy}{dx}$가 될 때,

---

7) 헤겔의 부정과 맑스의 차생·분화(들뢰즈적으로 해석된 맑스) 사이의 비교로는 DR, 268～
   269/448～449를 참조.
8) 들뢰즈는 두번째 경우에서의 관계를 '상상적 관계'로 파악한다(『의미의 논리』, 527쪽). 그
   러나 여기에서 '상상적'이란 다소 어색하며 '가능적'이라 해야 할 것이다. $x, y, \cdots$ 등은 빈
   장소들이자 일반성들로서 현실화될 수 있는 가능성들이기 때문이다. 들뢰즈의 이러한 용
   어법은 그에게서 '가능적'인 것과 '상상적'인 것이 거의 등가적인 용어들이기 때문인 것
   이다.

이것은 더 이상 순수 무규정이 아니며 일정한 규정성을 낳는다. $ydy +$
$xdx = 0.$[9] 이러한 관계가 바로 '차생적'(différentiel)인 관계(수학적으
로는 미분적인 관계)이다. $dx$, $dy$ 등등은 순수 생성 자체로서의 차이소
이다. 그러나 이것들의 관계는 일정한 규정된 차이 —— 사물들을, 그리
고 성질들, 사건들, 보편자들 각각을 서로 간에 구분해 주는 차이 ——
를 낳는다. 순수한 차이생성에서 규정된 차이들로, 이것은 들뢰즈 존재
론의 중핵에 위치해 있는 원리이다.

　　순수 차이생성에서 규정된 차이들로 나아감은 연속성에서 불연속
으로 나아감을 뜻하기도 한다. 규정된 차이들은 개체들 사이의 차이든
성질들, 사건들, 보편자들 사이의 차이든 불연속성(분할이든 분절이든)
을 함축하기 때문이다. 들뢰즈가 미규정성의 차원을 연속성(그러나 운
동하는 연속성[베르그송의 지속])의 차원으로 개념화하는 것은 당연하다.[10]

---

9) 들뢰즈는 이 관계를 앞에서의 현실적 관계와 '상상적' 관계에 대비해 '상징적' 관계로서
　파악하는데(『의미의 논리』, 527쪽), 이것은 일정한 무리를 동반한다. 자체로서는 무의미한
　항들이 상호관계에 들어섬으로써 의미를 낳는 구조주의의 논리와 자체로서는 미규정적
　인 차생소들이 상호관계에 들어섬으로써 일정한 규정성=차이를 낳는 들뢰즈의 논리에
　는 분명 유사성이 보이지만, 일반적인 의미에서의 상징적 관계는 불연속적 항들의 '기
　표'적 관계에서 성립하기 때문이다. 상징적인 것을 가능케 하는 것은 차이이지 차생이 아
　니다. 그러나 차생에서의 매듭들을 항들로 보고 그 항들 사이의 변별적 관계들로서 '상징
　적인 것'을 이해할 때, 들뢰즈의 '상징적인 것'은 구조주의에 생성을 불어넣은 한에서의
　'상징적인 것'이라고 할 수도 있을 것이다.
10) 들뢰즈는 현대수학의 개념들을 통해 이 연속성을 특징짓는다. '데데킨트 절단'에 입각한
　극한의 개념은 연속성에 대한 현대적 정의를 근거 짓고 있다. 유리수들 사이의 최소 간격
　을 메워 주는 절대 연속성으로서의 무리수들의 미끄러짐으로서 $dx$를 이해할 경우('미끄
　러짐'은 내 표현이다. 수학적 설명으로는 다음을 보라. 足立恒雄, 『無限のパラドクス』, 講談社,
　2000), 이러한 연속성이 미규정의 차원을 특징짓는다. 그러나 들뢰즈는 이런 수학적 설
　명을 기하는 사이에 생성존재론의 대전제를 잠시 잊어버린 듯하다. 수학적 연속성은 생
　성하는 연속성이 아니기 때문이다. 수학을 통해 베르그송 지속에서의 '리듬'을 구체화하
　는 것은 매우 바람직한 작업이지만 그 대전제를 망각하는 것은 곤란하다.

생성하는 연속성의 갈래들이 교차하면서 일정한 불연속성들이 생성한다. 이것을 베르그송적 연속성 위에서 바슐라르적 불연속성을 사유하는 것으로 이해할 수도 있을 것이다.

### 분화(différenciation)

들뢰즈는 이렇게 잠재성에서 현실성으로 나아가는 과정을 'différenti-ation'과 구분해서 'différenciation'으로 개념화한다. 'différentiation'이 잠재차원에서의 차이의 생성을 뜻한다면, 'différenciation'은 현실차원을 향해 일정한 차이들이 안정화되는 과정들을 뜻한다. 앞에서 말했듯이 이러한 과정은 자체로서는 미규정인 것들이 상호관계를 통해서 일정한 규정성을 획득하는 과정들이다.

들뢰즈가 볼 때 칸트에게서는 규정 가능한 것(순수 소여로서의 공간)과 규정(사유된 한에서의 개념) 사이에는 외재적인 관계만 성립할 수 있다. 그래서 칸트는 그 사이에 구상력을 삽입함으로써 두 외재적 차원의 관계를 설명하고자 했다. 그러나 이 경우에도 직관, 도식, 개념(작용) 사이에는 외재적인 조화만이 가능하다("concordia facultatum"). 이것은 칸트의 철학이 이러한 능력들 자체의 발생 문제를 접어두고 그 작동 방식들만을 사유했기 때문이다. 들뢰즈는 살로몬 마이몬(Salomon Maimon)이야말로 문제를 발생의 차원으로 끌고 간 인물이었다고 평가한다. 문제의 핵심은 "실재적 대상들의 산출 원천인 차생적 관계들의 상호 종합"(DR, 225/380)이다. 여기에서 중요한 것은 주체에 의한 잡다(雜多)의 종합/구성이 아니라 세계/존재 자체에서의 운동을 통한 질들, 시공간, 개념들의 출현/발생이다.

1) 질들의 발생. 질들은 인식의 실재적 대상들이 드러내는 차이들로서 이해된다. 여기에서 차이들은 주체가 종합/구성해야 할 잡다로서가 아니라 세계가 산출하는 질적 차이들이다.

2) 시공의 발생. 여기에서 시공은 차이들의 인식을 가능하게 하는 조건들이다. 그러나 이 시공은 주체에 내장되어 있는 "감성의 아프리오리한 형식"이 아니라 세계가 질들을 산출해 내보내는 형식 자체이다.

3) 개념들의 발생. 여기에서 개념들이란 인식들 자체에서의 차이/구분을 위한 조건들이다.

이 모든 발생이 "'이데' 차원에서의 동적 계열들(liaisons)의 체계" 즉 "상호적으로 규정 가능한 발생적 요소들 사이의 차생적 관계들(수학적으로는 미분비들)"에 의해 이루어진다. 이렇게 들뢰즈는 자체로서는 미규정인 발생적 요소들이 상호관계에 들어감으로써 잠재적인 것의 현실화인 분화를 가능케 하는 과정을 설명한다.

그러나 이러한 분화의 과정은 단층 구조가 아니라 무한한 복층 구조로 되어 있다. $d$(허파), $d$(간), $d$(심장),⋯ 같은 발생적 요소들의 차생적 관계들을 통해서 우리 몸의 현상들을 설명할 수 있지만, 허파 자체는 다시 $d$(허파꽈리)들의 무수한 차생적 관계들에 의해 형성된다. 그리고 이러한 과정은 무한히 누층적으로 성립한다. "배가 고프다"라는 하나의 현상/질은 우리 몸의 이런 중층적인 차생적 관계들의 누적이 어느 순간 현실화된 것으로 이해할 수 있다. 수학적인 맥락에서 이것은 미분방정식의 차수(次數)와 관련된다. n차수 방정식을 미분할 경우 n-1차수의 방정식을 얻는다. 분화의 과정은 이렇게 차수가 낮아지는 과정(dépotentialisation)이라고도 할 수 있다. 그리고 한 존재가 내포하는 이러한 누층적인 관계들의 총체가 그것의 역능(puissance) 전체를 이룬다.[11] "차생소는 다름 아닌 순수 역능이고, 차생적 관계는 잠세성[12]의 순수 요소이다."(DR, 227/384)

## 특이성(singularité)

한 존재의 역능의 최종적인 표현은 곧 완전한 규정이다. 라이프니츠의 모나드에 유비시켜 말한다면 이것은 곧 '완전개념'에 해당한다. 들뢰즈는 상호 규정과 완전한 규정 간의 차이를 다음과 같이 설명한다.

> 상호 규정은 차생적 관계들 및 정도들, (다양한 형식들에 상응하는) '이데' 내에서의 그 변이체들(variétés)에 관련되며, 완전한 규정은 한 [차생적] 관계의 값들, 즉 한 형식의 조성 또는 그것을 특성화하는 특이점들의 분포에 관련된다.(DR, 227~228/384~385)

---

11) 들뢰즈의 이런 생각은 (라이프니츠에서 연원하는) 세르(Michel Serres)의 생각과 통한다. "가령 세포들로 구성된 기관은 세포의 입장에서는 그것들을 담는 형식이지만 유기체 전체로 보자면 유기체를 구성하는 내용이 된다. 따라서 유기체에는 상위로도 하위로도 무한한 '감싸기'가 있다. 마찬가지로 경험 차원에 따라 내용/형식, 주체/객체, 화자, 청자는 끝없이 반전된다. 그는 이 해석을 통해 기원의 신화를 무너뜨리며, 그 결과 기원을 통해 성립하는 닫힌계로서의 체계를 논박하는 근거를 확보한다."(이지훈, 「세르의 인식론: 공존의 모색」, 『현대철학의 모험』, 길, 2007, 305쪽) 맥락을 바꾸어 생각해 볼 때, 이 역능은 베르그송의 'la Mémoire'에 해당한다. 유명한 '원뿔'은 잠재적 공존을 단적으로 형상화해 주고 있다(이 공존이 함축하는 네 가지 역설에 대해서는 DR, 110~114/193~198을 보라). 원뿔의 각 단면들은 앞에서 논한 차이생성의 과정을 통해서 구분되며, 각각은 각각을 반복한다. 각 단면들에 상응해 선들(베르그송의 '경향'들)이 발산적으로 분화하며, 각각의 분화는 곧 각각의 해라고 할 수 있다. 이로써 현실적인 종들/개체들, 부분들, 질들 등이 발생한다.
12) 잠세성(potentialité)은 수학적으로는 멱(冪)의 전체에 해당한다.

수학적 맥락에서 볼 때, 한 함수의 특이점들/특이성들은 그 함수의 미분계수=0인 점들이다. 이 점들은 한 함수의 공간적 구조를 결정한다.[13] 하나의 특이점은 푸리에 급수 등을 통해 전개될 수 있다(이 경우 하나의 특이 '점'이 곧 하나의 함수가 된다).[14] 이로써 고정된 특이점이 아니라 극한으로서의 특이점을 규정할 수 있게 된다.[15] 이 경우 특이점은 일종의 점선들로 둘러싸이게 되며, 그 점선에서 바깥 방향으로 나아갈 때 어느 순간 다른 특이점으로 이행하게 된다. 이런 특이점들의 분포가 한 대상/장(場)의 성격을 규정하게 된다. 변이체들과 특이점들을 라이프니츠에 유비시킬 경우, 각각의 모나드들은 "모호한 아담"의 성격을 띤다. 제갈량에게서 그 빈위(賓位, attribut) 하나하나를 다른 것으로 대치시킬 경우, 우리는 어느 순간 더 이상 제갈량이 아니게 되는 분기점을 만나게 된다. 그래서 모나드들은 모호한-$x$의 형식에 따라 점선들로 존재하게 되고, 이 점선이 실선이 되는 것은 다양한 조건들 위에서 이루어지는 현실화를 통해서이다. 공가능성(compossibilité)의 세계란 바로 이런 특이성들이 분포되어 있는 세계이다. 우리는 이 특이성 개념이 둔스 스코투스에서 유래하는 'haecceitas'(이것)나 니체적 뉘앙스에서의 '가면' 개념과도 상통함을 눈치 챌 수 있다.

---

13) 자세한 논의로 다음을 참조하라. Manuel De Landa, *Intensive Science and Virtual Philosophy*, Continuum, 2002, ch.1.

14) 상세한 논의로는 다음을 보라. René Thom, *Stabilité structurelle et morphogénèse*, Inter Editions, 1972, pp.23 ff.

15) 이 특이점들은 앞서 말한 "해 없는 문제들"을 형성한다. 예컨대 푸앵카레가 『천체역학강의』(*Les méthodes nouvelles de mécanique céleste*)에서 각각 'cols', 'noeuds', 'foyers', 'centres'라 불렀던 특이점들은 모두 해를 구할 수 없는 미분방정식들이지만 그 적분 결과를 통해서 그것들을 둘러싸고 있는 곡선들을 그려 볼 수 있다. 이 과정은 여러 특이점들을 구분할 수 있게 해준다.

그러나 특이성 개념을 보다 실질적인 맥락에서 이해하고자 한다면 그것을 시간 축에 놓고서 생각해 보아야 한다. 앞의 두 항목(미규정, 상호 규정)에서도 그렇듯이 들뢰즈는 여기에서 수학적-공간적 설명을 제공하면서 생성의 문제를 잠시 잊은 듯하다. 특이성이란 $dx$의 운동이 일정한 변화를 맞이하게 되는 지점이자 동시에 시점이기도 하다. 그리고 지점도 시점도 자체로서는 모호하지만, 각각의 관계에서는 분명하게 구분된다(여기에서 '모호', '분명' 등은 데카르트적 의미로 사용되고 있다). 그리고 이 시점에서 우리는 "무슨 일인가가 일어났다"고 말할 수 있다. 이 맥락에서 특이성이란 곧 사건의 성격을 가리킨다. 나아가 하나의 특이성은 사건들의 복수적 갈래들이 잠재적으로 공존할 때라고 볼 수 있으며 그 점에서 우리에게는 'pro-blêma'로서 나타난다.[16] 특이성에 대한 『차이의 반복』에서의 수학적 설명보다는 이 사건론적 설명이 들뢰즈 철학 전체를 놓고 볼 때, 나아가 철학 일반을 놓고 볼 때 더 중요할 것으로 본다.

### 변증법(dialectique)

특이점들의 이러한 종별화를 통해서 문제가 해에 대해 가지는 '이데'로서의 역할이 분명해진다. 즉 문제는 해들을 조직화한다. 이것은 "사변이성이 오성에 관계하는 것은 오성에 어떤 일정한 통일성을 부여하기 위한 것"이라고 했던 칸트의 생각을 재사유한 것이라고도 할 수 있다. 들뢰즈는 말한다. "한 문제의 완전한 규정은 정확히 그것의 조건들

---

16) 자세한 논의로는 다음을 보라. 이정우, 『사건의 철학』, 철학아카데미, 2003, 5장.

을 제공하는 규정적 점들의 실존, 수, 분포를 뜻한다." 이 구절은 문제
가 해들에 내재하는 동시에 그것들을 초월해 있음을 잘 보여 준다. 문
제와 그것의 조건들이 형성하는 총체는 바로 앞에서 언급했던 '문제-
장'에 다름 아니다.

> 문제-장의 요소는 그것의 명제-외적인 특성에 있어 표상에 떨어지지
> 않는다. 그것은 특수한 것도 아니고 일반적인 것도 아니며, 유한한 것
> 도 아니고 무한한 것도 아니다. 그것은 보편적인 것으로서의 '이데'
> 의 대상일 뿐이다. …… 언제나 우리의 손아귀를 빠져나가 버리는 것,
> 그것은 문제의 정확한 양식 위에서 차생적인 것(le différentiel)으로서
> 의 '이데'에서 표현되는 명제-외적인 또는 표상-이하의 요소이다.
> (*DR*, 231/390~391)

여기서의 변증법은 물론 헤겔의 변증법이 아니다. 들뢰즈가 볼 때
헤겔의 변증법은 "대립하는 표상들의 일종의 순환"이다. 그리고 이 순
환의 과정은 표상들로 하여금 한 개념의 동일성 내에서 일치하게 만든
다. 들뢰즈가 말하는 변증법은 해들의 고유한 수학적인 성격과 구분되
는 한에서 문제의 성격이다. 그것은 플라톤이 이상국가의 교육 과정에
서 마지막에 놓고자 했던 것과 유사한 위상을 띤다. 들뢰즈는 로트만
(Albert Lautman)을 따라서 문제와 해의 관계를 세 가지로 파악한다.

1) 문제는 해들과 본성상 다르다.
2) 문제는 해들을 초월해 있다. 문제는 그것에 고유한 규정 조건들에

서 출발해 해들을 낳는다.

3) 문제는 해들에 내재한다. 해들은 문제를 덮어 버린다. 이 경우 문제는 **스스로를** 더 많이 규정하고 있을수록 그만큼 더 쉽게 해결**된다**.

앞에서 보았듯이, 해들은 미분방정식들과 양립 가능한 불연속성들로서 존재하며 문제의 조건들로서 '이데' 차원의 연속성 위에서 분만된다. 이 차원은 곧 변증법의 차원이다. 그러나 이미 말했듯이 이 변증법은 플라톤과는 정확히 반대되는 변증법이다. 플라톤의 변증법이 수학적 과학들을 넘어 순수 형상들의 층위에서 성립한다면, 들뢰즈의 변증법은 수학적 과학들을 넘어 순수 생성의 층위에서 성립하기에 말이다. "변증법적 '이데' 즉 문제-장은 차생적 요소들 사이의 동적인 계열들의 체계, 발생적 요소들 사이의 차생적 관계들(/미분비)의 체계이다."(DR, 234/395. 물론 여기에서 체계는 수평적 체계일 뿐 아니라 수평적 체계들의 무한한 누층적 체계이기도 하다) 여기에서 동적 계열들의 체계, 차생적 관계들(/미분비들)은 수학적 함수의 성격을 띠지만 이 함수들은 기본적으로 '차생적 요소들', '발생적 요소들'의 함수들이라는 점을 잊으면 곤란하다.

### 다양체(multiplicité)[17]

이념, 문제, 'différentiation'과 'différenciation'으로 파악되었던 것은 다시 다양체로서, 그리고 바로 뒤에서 논할 구조로서 파악될 수도 있다. 다양체란 무엇인가? 그것은 "하나와 여럿의 변증법"을 넘어서기 위한 사유이다. "다양체 개념은 정확히 일자와 다자 사이의 추상적 대립을 벗어나기 위해서, [헤겔의] 변증법을 벗어나기 위해서, 복수적인 것을 그 순수한 상태에서 다루기 위해서, 그것을 상실된 통일성(統一性) 또는 총체성(總體性)의 수적 파편으로서 또는 앞으로 도래할 통일성 또는 총체성의 유기적 요소로서 다루기를 그치기 위해서 창조되었다. 대신 우리가 해야 할 일은 다양체의 상이한 유형들을 구분하는 일이다."(MP, 45~46)

여럿은 주로 어떤 주체/주어에 귀속된다. "s'attribuer à"라는 표현은 최소한 서술, 귀속, 표현 세 가지를 의미한다. 그러나 들뢰즈가 사유하려는 것은 곧 "실사의 지위를 얻은 여럿＝다자"(MP, 10)이다. 실사의 지위를 얻은 것은 '무엇', 어떤 '것', 어떤 실체, 주체, 주어이다. 그렇다면 실사의 지위를 얻은 여럿은 어떤 집합체를 뜻하는가? 그러나 하나의 집합은, 그것의 요소들이 아무리 많다 하더라도 '하나의' 집합이며 여럿이 아니라 통일된 하나이다. 여럿이 완전히 봉합될 때, 하나의 통일성·동일성을 가진 무엇일 때, 그것은 여럿이 아니다. 여럿은 어떤 형태로든 불연속, 열림, (그리고 질적 측면들을 감안할 때) 이질성을 함축한다. 그렇다면 들뢰즈와 가타리가 "실사의 지위를 얻은 여럿"이라 한 것은 어떤 하나(개체든 집합체든)가 아닌 진정한 여럿이면서도 또한 동시에 주어로서, 어떤 '실체' ——기존의 실체 개념과는 판이한 어떤 실체——로서, '무엇'으로서 존재하는 어떤 것이어야 할 것이다.

---

17) 들뢰즈는 'multiplicité'와 더불어 'variété'도 쓰고 있다. 'variété'는 수학적 다양체로서 영어의 'manifold'에 해당한다. 그러나 들뢰즈는 때로 이 말을 무한한 상호 규정들의 누층적 현실화의 과정이라는 의미에서 다양체의 성격을 가리키는 말로도 사용하고 있다. 이 말은 '변이체'(變移體)로 번역한다. 물론 이 개념은 '연속적 변이' 개념과의 연계성 하에서 이해되어야 할 것이다.

일자에 추수되지 않는 여럿이면서도 동시에 '무엇', 어떤 '것'으로서 실사의 지위를 얻을 수 있는 것, 그것이 곧 장이다. 여럿이 어떤 장을, 그것도 열린 장을 형성할 때 그것은 다양체이다. 리만, 후설, 베르그송 등에 의해 사유되었던 다양체 개념은 들뢰즈에 이르러 다시 한번 만개하게 된다.

"'이데'는 n차원의 연속적인, 정의된 다양체이다."(*DR*, 236/399) 여기에서 '차원'이란 하나의 다양체를 구성하고 있는 변수들/좌표들이며, "연속적인"은 이 변수들의 변화들 사이에 존재하는 관계/비들의 성격을 뜻하며(예컨대 좌표들의 차생소들/무한소들이 형성하는 이차적 형식[2차 방정식]), "정의된"이란 이 관계들에 의해 상호적으로 규정된 요소들을 갖추고 있음을 뜻한다(한 다양체의 정의가 변한다는 것은 곧 그 다양체의 질서/순서 및 메트릭이 바뀐다는 것을 뜻한다). 우리는 차원이 미규정적 차생소들($dx$, $dy$ 등)을, 연속성이 차생소들의 상호관계를 통한 규정성의 도래를, 정의가 한 현상의 완전한 규정을 뜻한다는 사실을 간파할 수 있다. 들뢰즈의 말을 직접 들어 보자(축약된 번역임).

1) 다양체의 요소들은 감각적 형식도 개념적인 의미작용도 또 구체적인 함수/기능도 가지지 않는다. 그것은 현실성 또한 띠지 않으며 하나의 잠세성 또는 하나의 잠재성과 분리될 수 없다. 그것은 어떤 미리 주어진 동일성도 가지지 않는다. 그리고 이 비결정성/미규정성이 바로 차이생성을 가능케 한다.

2) 이 존재=생성의 갈래들은 상호관계를 통해서 일정한 규정을 낳는다. 그리고 이 누층적인 상호관계에 있어서는 어떤 것도 독립적으로

존재할 수 없다(앞에서 말한 "연속적인"의 의미). 따라서 다양체는 그 바깥의 어떤 존재에 의해서도 성립하지 않으며, 오로지 자체의 누층적인 차생적 관계들(수학적으로는 미분비들)의 연쇄적 운동을 통해서만 성립한다.

3) '이데' 차원에서의 한 동적 계열들(미분비들)은 다양한 시공간적 관계들[18] 속에서 현실화되어야 한다. 그리고 그것들의 요소들은 다양한[19] 항들(termes)과 형식들로 현실화되어 구현된다.

이렇게 들뢰즈는 다양체를 1) 생성의 존재론이라는 대전제 위에서, 2) 순수 차생으로부터 규정된 차이들의 생성(더구나 무한한 누층적 생성)으로 파악하고, 3) 이런 개념틀에 입각해 개체화(individuation)의 문제를 다루었다고 할 수 있다.[20]

### 구조(structure)

"발생(genèse)은 시간 속에서, 한 현실적 항에서 다른 현실적 항으로 나아가는 것이 아니다(출발점이 되는 항이 아무리 미시적이라 해도 사정은 마찬가지이다). 그것은 잠재적인 것에서 그것의 현실화로 나아가는 것이다. 다시 말해, 구조에서 그것의 구현으로, 문제들의 조건들에서

---

18) 들뢰즈는 잠재적 차원에서의 관계/비에 대해서는 'rapport'를 쓰고, 현실적 차원에서의 관계들에 대해서는 'relation'을 쓰고 있다.

19) 잠재적 차원에서의 다양성에 대해서는 'divers'를, 현실적 차원에서의 다양성에 대해서는 'variée'를 쓰고 있다. 그리고 거듭 말하거니와 여기에서의 'éléments'은 화학이나 집합론 등에서처럼 고정된 실체/점이 아니라 운동하는 계열/선을 뜻한다.

20) 다음을 보라. Alberto Toscano, *The Theatre of Production*, Palgrave, 2006.

해의 경우들로, 차생적 요소들 및 그것들의 (이데 차원에서의) 동적 계열들로부터 현실적 항들 및 (매 순간 시간의 현실성을 구성하는) 다양한 실재적 관계들로."(*DR*, 237~238/401)

이 인용구에서 볼 수 있듯이 들뢰즈는 지금까지 논한 이데, 문제, 차생(과 분화), 다양체 외에 이것들과 등가적인 또 하나의 개념으로서 '구조'를 제시한다. 그러나 들뢰즈의 '구조'는 일반적으로 알려져 있는 '구조' 즉 '구조주의'에서의 '구조'와 사뭇 다르다. 그것은 구조주의를 니체-베르그송적 생성철학으로 발전시켜 나가는 것이라고 할 수 있으며, 더 정확하게는 니체-베르그송의 생성철학에 구조주의를 도입하고 있는 것이라고 할 수 있다. 들뢰즈는 세 분야에서 구조를 예시하고 있다.

1) 물리학적 이데=구조의 예(에피쿠로스 학파의 원자론). 들뢰즈는 에피쿠로스 학파의 원자론에서 원자들은 감각 가능한 복합체들에서 현실화되는 하나의 구조 가운데에서 다른 원자와 관계 맺는다고 말한다. 다시 말해 원자들로 이루어진 다양체들을 '이데'들로서 파악하고 있다. 그러나 이것은 마치 구조가 선재(先在)하고 그것이 복합체들(가시적인 물체들)에 구현된다고 말하는 듯이 보인다. 이것은 원자들 사이의 근본적으로 우발적인 관계를 강조하는 에피쿠로스 학파의 생각과 다소 불일치하는 면이 있다. 들뢰즈는 오히려 에피쿠로스적 원자들의 문제점을 각 원자의 동일성을 지나치게 강하게 규정하고 있는 점에서 찾고 있다. 들뢰즈는 '근대원자론(차라리 현대원자론이라 해야 할 것이다)은 구조의 모든 조건들을 충족시키고 있는가?' 하고 물음을 던지는 데 그치고 있다. 이 문제를 적극적으로 다루기 위해서는 양자역학

등 현대물리학의 근저를 들여다보아야 할 것이다. 슈뢰딩거의 방정식 등을 생각해 본다면, 현대물리학은 들뢰즈적인 '이데'에 좀더 가까운 형태로 진화되었다 해야 하리라.

2) 생물학적 이데=구조의 예(조프루아 생-틸레르의 생물학). 조프루아의 생물학은 새로운 존재론적 분절을 제시했다는 점에서 들뢰즈의 관심을 끈다. 즉 조프루아는 그 형식들 및 기능들에 독립적인 "추상적인" 요소들을 제시함으로써 생물학을 미시적 수준에서 재사유할 수 있게 만들었다. 이것은 곧 기존의 존재론적 분절을 넘어 미시적인 수준으로 내려가 미규정적 요소들("순수하게 해부학적이고 원자론적인 요소들")을 사유했음을 뜻한다. 조프루아는 기존의 분절 아래로 내려가 "추상적인" 요소들을 발견했고 그 요소들의 자유로운 결합이 (우리가 알고 있는) 생명체들과는 판이한 생명체들의 형성을 가능케 하리라 보았다 (조프루아의 이런 시도는 들뢰즈의 '이것=하이케이타스', '추상기계', '내재면' 등의 개념에 직결된다). 들뢰즈는 현대유전학에서 생물학적 구조의 좀더 분명한 예를 찾고 있다.

3) 사회학적 이데=구조의 예(맑스의 정치경제학). 들뢰즈는 알튀세 학파에 의해 재독해된 한에서의 맑스 정치경제학을 사회학적 구조의 예로서 제시한다. 알튀세는 헤들에 의해 은폐되어 있는 문제-장을 드러내 주었기 때문이다. 여기에서도 사회들의 [미규정적인 것들의] 양화 가능성, [상호 규정을 통한] 질화 가능성, 잠세성(/역능)을 발견할 수 있다. 이 변이체들과 특이점들이 규정된 한 사회를 특성화하는 현실의 분화된 구체적 노동들에, 이 사회의 실재적(법적·정치적·이데올로기적) 관계들에, 이 관계들의 현실적인 항들에 구현된다. 들뢰즈는 이 문

제-장이 결국 경제학적이라며 알튀세에 동의한다(이 점은 이후『천의 고원』에서 '비물체적 변환' 개념과 함께 자주 등장하는 알튀세 비판과는 대조적이다).

세 가지의 예만을 들었지만, 구조들='이데' 들은 서로 어떤 연관을 맺고 있는가? 이것들 전체는 어떤 모양새를 하고 있는가? 이것은 곧 세계의 종합적 이해, 아리스토텔레스 이래로의 'meta-physica' 의 문제이다. 들뢰즈는 실질적인/내용적인 논의로까지는 나아가지 않고 그 전체적 윤곽만을 제시하고 있다. 아마도 오늘날의 '메타-퓌지카' 는 거의 불가능에 가까운 종합을 섣부르게 시도하기보다는 추상적인 존재론──물론 개별 과학들의 실질적인/내용적인 성과들을 전반적으로 검토한 결과로서 제시되는 존재론──을 정확히 제시하는 것이 더 현명한 것일지도 모르겠다.[21] 들뢰즈는 변이체들이 맺을 수 있는 세 가지 관계를 제시한다.

1) 서열적 변이체들 : 수학적, 수리물리학적, 화학적, 생물학적, 심리학적, 사회학적, 언어학적 등등의 변이체들. 그러나 들뢰즈의 이런 '변증법적 서열' 은 근대과학의 낡은 도식 ── 과학 '사' 적으로는 여전히

---

21) 이것은 철학의 세 근본 주제인 존재론, 주체론, 실천론에서 전통 철학이 존재론에 두었던 주안점이 오늘날 주체론과 실천론으로 옮겨 갔다는 사실과도 관련된다. 전통적인 '메타-퓌지카' 가 시도했던 작업들의 상당수는 오늘날에는 오히려 '과학철학' 에서 수행하고 있고, 이 과학철학은 '철학 일반' 과 구분되는 또 하나의 거대한 세계를 이루고 있다. 이 두 영역을 모두 섭렵할 수 있는 지성은 앞으로 점점 찾아보기 힘들어질 것이다. 그러나 분명한 것은 과학철학은 그 성과의 끝에서 주체론과 실천론으로 나아갈 수 있는 실마리들을 보여 주어야 하며, 주체론과 실천론은 과학철학의 성과들을 전반적으로 검토하고 그 위에서 뚜렷한 존재론적 입장을 세웠을 때 탄탄한 담론이 될 수 있다는 사실이다. 두 세계를 모두 섭렵하기는 힘들다. 그러나 그 경계선에 서서 저쪽 세계에서 어떤 일이 벌어지는지를 찬찬히 둘러보는 것은 가능하고 또 필수적이기도 하다.

유효한 도식이지만——의 반복이 아닐까? 이런 서열에는 늘 환원주의가 풍기는 기분 나쁜 냄새가 배어 있다.

2) 특성적 변이체들 : 하나의 서열 내에서의 변이체들. 이것은 차생적 관계들의 누층적 위계 및 특이성들의 배분을 뜻한다. 지금까지 우리가 논의해 온 것은 이것이었다.

3) 공리적 변이체들 : 이것은 고전적인 철학들이 '제일 원리들'이라 부른 것들, 즉 다양한 영역에 공통으로 적용되는 근본 공리들로서의 변이체들이다(개념이나 원리로서가 아니라 변이체들로서 제시되어 있다는 점에 주의). 들뢰즈는 이 여러 변이체들이 서로 구별되면서도 공존하는 사태를 가리키기 위해 "perplication"이라는 말을 제안하고 있다. 직역해서 "주름들의 얽힘"이라 할 수 있겠다.[22]

### 사건(événement)

들뢰즈에게 사건이란 '표면'——현실세계——에서만 성립하는 것이 아니다. "문제의 조건들 자체가 사건들, 단면들(sections), 절개부들(ablations), 연접부들(adjonctions)을 내포하고 있기 때문이다."(DR, 244/410) 이것은 곧 '이데'의 차원이 한편으로는 플라톤적인 세계(정

---

22) "'이데'들은 차생적 관계들의 모든 변이체들, 특이점들의 모든 배분들을 포함한다. 이 변이체들 및 배분들은 다양한 질서들 안에서 공존하고 있으며, 서로가 서로에게 '주름들로서-얽혀-있다'(perpliquées). 이데의 잠재적 내용이 현실화될 때, 관계들의 변이체들은 서로 구분되는 종들에 구현되며, 이에 상관적으로 한 변이체의 값들에 상응하는 특이점들은 각각의 종들에 특징적인, 서로 구분되는 부분들에 구현된다."(DR, 266/445) 변이체들은 특이점들의 특정한 배분들로 구성되어 있고, 다양한 변이체들은 잠재성 안에서 'perplication'의 관계를 맺고 있다('différentiation'). 변이체들이 종들로, 특이점들이 각 종의 부분들로 현실화된다('différenciation').

적이고 불연속적인 세계)[23]도 아니지만, 다른 한편으로는 어떤 형태의
분절도 없는 카오스/흐름 또한 아니라는 점을 함축한다. '이데'의 세계
는 근본적으로 생성의 세계이며 반(反)플라톤적 세계이지만, 그 세계
는 또한 생성의 무수한 갈래들, 그 갈래들 사이에서 성립하는 차생적
관계들, 이 관계들의 누층적 포텐셜들로 구조화되어 있는 세계이기도
하다.[24]

　따라서 우리가 일상적으로 '사건'이라고 부르는 것들은 (미세한
사건들, 예컨대 깃발의 흔들림 등등까지 포함해서) '이데' 차원에서 발생
한 그 무수한 사건들의 '효과화'일 뿐이다. 그것은 효과화이자 '표면효
과'이자 '부대물'이다. 그러나 동시에 그것은 그것 자체로서 확고한 존
재론적 위상을 가지는 존재이기도 하다. 우리는 사건들(과 그것이 함축
하는 의미들)을 그것들 자체로서 그 수평적인 관계를 파악할 수 있다.
어떤 사건이 발생했을 때 우리는 대개 '이데' 차원의 존재론보다는 그
사건과 다른 사건들의 관계를 문제 삼는다(한 선수가 홈런을 쳤을 때 우
리가 관심을 가지는 것은 그의 신체, 투수의 신체, 야구공, 배트 등등에서
일어나는 심층적인 사건들보다는 누가 홈런을 쳤는가, 누가 홈런을 맞았는

---

23) 이 세계는 각각의 형상들이 철저한 자기동일성을 보유하는 세계이다. 물론 이 세계에서
　도 관계는 성립한다. 그러나 이 관계는 어디까지나 논리적 관계들일 뿐이다. 말년의 플라
　톤이 이 관계들을 정교화하는 데 많은 노력을 기울인 것은 사실이다. 예컨대 『소피스테
　스』에서 그가 'koinônia'(형상들 간의 결합)에 보인 집요한 관심을 상기하라.
24) 이 세계는 "합리주의냐 반합리주의냐, 생성철학이냐 형상철학이냐, 유물론이냐 관념론
　이냐, 일원론이냐 다원론이냐……" 하는 식의 낡아빠진 물음들이 의미를 상실하게 되는
　세계이다. 따라서 들뢰즈를 단적으로 생성, 욕망, 차이(정확히 말하면 차생), 생기(生氣)
　등등의 철학자로 보는 것도, 또한 구조주의의 그늘 아래에 있는 철학자로 보는 것(이로부
　터 그가 "주체를 부정하는" 철학자라는 빗나간 주장이 도출된다)도 공히 들뢰즈 사유라는 타
　원의 한 초점에만 주목함으로써 그 타원을 원으로 이지러뜨리는 행위라 해야 할 것이다.

가, 비거리가 얼마인가, 그 선수의 몇번째 홈런인가 등등에 관심을 가진다). 그래서 우리는 '이중 인과'에 맞닥뜨린다. 한 계열의 인과는 이데 차원에서 성립하며 특이점들의 실존/배분과 관련된다. 다른 한 계열의 인과는 표면에서 성립하며 이 또한 특이점들(표면에서의 특이점들)의 계열학을 성립시킨다(『의미의 논리』, 계열 14). 그리고 이 두 계열은 "유사성 없는 메아리"의 관계를 맺는다.

사건의 존재론에서 중요한 것은 대립이나 모순이 아니라 특이/보통의 관계(vice-diction)이다. 대립이 일정한 실체의 성질들(철수는 느리다/빠르다) 또는 한 동일성의 대극적 부분집합들(인간 내의 남성과 여성)이 드러내는 양극성을 뜻하고 모순이 양립 불가능한 두 존재의 관계를 뜻한다면, "vice-diction"은 특이한 것과 보통의 것 사이의 구분 및 양자의 배분을 뜻한다. 사건들이란 기본적으로 특이한 것들로서 솟아오른다. 물론 "특이한 것들"과 "보통의 것들"은 상대적인 층차(層差)를 형성한다. 하나의 층차에서 특이한 것들이 그것들보다 더 두드러지는(remarquable) 사건에 대해서는 그것의 배경으로 가라앉으면서 보통의 것들로 화한다. 특이/보통의 관계가 이데 안에서 특이점들을 배분한다. 이러한 배분에서 중요한 두 가지는 '연접부들의 확인'과 '특이성들의 압축'이다.[25]

1) 이데의 차원에서 '존재들'(=entités)은 (현실적 차원에서와 같

---

25) 원문은 "la précision des corps d'adjonction"과 "la condensation des singularités"이다. 여기에서 'corps'는 다소 부적절한 용어로 보인다. 지금 문제가 되는 것은 어떤 체(體)들의 연접이 아니라 한 특이성에서 다른 특이성으로 이행하는 과정에서의 두 장(場)의 연접으로 보는 것이 좋기 때문이다. 『차이와 반복』을 영역한 폴 패튼 역시 'corps'를 'fields'로 번역하고 있다. 'corps'라는 말은 스토아적 맥락에서 이해할 수 있을 것이다.

은) 개체화된 존재들이 아니라 운동하는 계열들이나 장들=다양체들로서의 존재들 즉 사건들이다. 그리고 이 존재들=사건들은, 하나의 층위 내에서 이야기한다 해도, 상호 규정의 복잡한 연계성을 통해 관계맺는다. 따라서 (애초에 완벽한 분절이 어렵거니와) '하나의 사건'은 그 변이의 장 전반을 서술함으로써만 분명히 파악된다. 즉 그 연접부들의 확인이 필수적이다.[26]

2) 특이성들의 근접 · 압축은 사건들의 근접 · 압축이고 이러한 압축을 통해서 매우 큰 사건, 혁명적 성격의 사건이 발생한다. 그 시간은 크로노스의 시간이 아니라 아이온의 시간, 또는 카이로스의 시간이다. "레닌은 이념들을 가지고 있었다."(*DR*, 246/413)

## 연극(théâtre)

헬라스의 비극들은 'drâma' (사건)를 그렸다. 드라마=사건이란 이데차원에서의 생성의 표현이다. 이 점에서 분화는 곧 드라마생성=극화(dramatisation)이기도 하다. 이 점에서 이념과 사건 사이에 단절은 없

---

26) 이 계열들/장들의 매듭을 이루는 존재들은 물론 특이성들이다. 따라서 연접부들의 확인이란 특이성들 사이에서 벌어지는 일들을 확인하는 것과도 같다. 카오스이론의 언어로는 다음과 같이 말할 수 있다. "특정한 임계점(critical point)을 전후하여, 시스템의 조건이 조금씩 변함에 따라 시스템의 거시적인 상태에 현격한 변화가 일어난다. 시스템이 임계점과 멀리 떨어져 있을 때에는 무질서한 상태였다가, 임계점에 접근하면 구성요소들이 규칙을 갖고 모이면서 새로운 질서를 만들어 내는 현상이 관찰되는 것이다. 많은 복잡계에서는 …… 내부의 자기조절 과정을 통해 이러한 임계상태로 스스로 전이해 간다. 이를 자기조직화된 임계성(SOC=self-organized criticality)이라고 한다."(윤영수 · 채승병, 『복잡계 개론』, 삼성경제연구소, 2005, 105쪽) 물론 이것은 들뢰즈가 논하고 있는 사태보다 간단한 모델을 가지고서 이야기하고 있는 것이다. 임계점은 특이점으로, "무질서한 상태"는 미규정성의 단계로, "새로운 질서"는 완결된 규정으로, "스스로 전이해 간다"는 내재면의 성격으로 바꾸어 이해할 수 있다.

다. 잠재적인 것과 현실적인 것 사이에 단절은 없는 것이다. 구조를 들뢰즈적으로 이해하는 한, 즉 위치들을 차생소(발생적 계열들)로, 변별적 관계를 차생소들의 상호 규정으로, 구조/체계를 이데로 보는 한, 사건과 구조의 이분법 같은 것은 없다. 아울러 의미를 들뢰즈적으로 이해하는 한, 즉 의식의 구성행위의 산물이나 기호들의 차이들의 놀이가 아닌 "명제 속에 내속/존속하는 순수 사건"으로 보는 한(『의미의 논리』, 74쪽), 구조와 의미(구조주의와 현상학)의 이분법 같은 것도 없다. 다음 구절을 음미해 보자.

> 구조와 발생의 대립이 존재하지 않는 만큼 구조와 사건, 구조와 의미 사이의 대립도 존재하지 않는다. 구조들은 관계들과 특이점들의 변이체들을 포함하는 만큼 탈물질적인 사건들도 포함하며, 변이체들은 그것들이 규정하는 실재적 사건들과 교차한다. 우리가 구조라고, 관계들과 차생적 요소들의 체계라고 부르는 것은 또한 그것이 구현되는 관계들과 현실적 항들에 따라 발생적 관점에서 보면 의미이기도 하다. 진짜 대립은 다른 곳에 있다. 이데(구조-사건-의미)와 표상 사이에 있는 것이다.(DR, 247/415~416)

들뢰즈에게 '구조'는 발생적 구조이다. 그에게 구조는 요소들, 변별적 관계들, 체계로 구성되기보다는 생성하는 갈래들, 이 갈래들의 상호 규정, 그리고 규정들의 누층을 통해 성립하는 역능 전체이다. 구조와 발생의 대립은 존재하지 않는다. 아울러 들뢰즈의 생성철학에서 생성의 실질적 내용은 사건들이다. 생성은 얼굴 없는 막연한 흐름이 아니라 미규정성, 상호 규정, 완성된 규정의 과정이 내포하는 무수한 사건들의 총체이다. 표면에서의 사건이란 이런 무한한 잠재적 사건들의 한 단면일 뿐이다. 따라서 구조와 사건 사이의 대립도 존재하지 않는다. 마찬가지로 들뢰즈에게 의미란 의식의 구성물이 아니며, 기호와 기호 사이에서 탄생하는 것도 아니다. 의미는 잠재성의 표현으로서의 사건과 더불어 태어나며 그 자체 잠재성의 표현인 의식과 함께 표현된다. 구조가 사건과 대립하지 않는 한, 구조와 의미 또한 대립하지 않는다. 의미의 생성은 구조의 생성의 한 단면일 뿐이다. 구조와 사건, 의미는 사실상 이렇게 밀접하게 얽혀 있다.

들뢰즈에게서 진정으로 대립하는 것은 비표상과 표상이다. 표상은 거울의 이미지를 품고 있다. 의식이든 언어든 시각 이미지이든 아니면 다른 어떤 것이든, 표상하는 존재는 일종의 거울로서 표상되는 대상을 복제한다. 아울러 이데아든 신이든 개체들이든 사상이든 아니면 다른 어떤 것이든, 표상되는 존재는 오리지널=원본의 이미지를 품고 있다. 표상되는 것은 원본이고 표상의 결과는 복사본이다. 이 거울은 때로 사물의 표면을 재현하고자 하지만, 또 때로는 사물의 심장부를 재현하고자 한다. 후자의 거울은 보이지 않는 사물의 실재/본질을 비추어주는 노에시스(Noêsis)의 X-ray이다. 그러나 표면의 복사이든 본질의 복사이든, 표상의 대전제는 원본의 동일성이다. 원본의 동일성이 확보되지 않는다면 'REprésentation'은 성립하지 않는다. 표면적인 '이미지'와 심층적인 '본질/실재' 사이의 차이는 사실상 이차적이다. 두 경우 모두 표상해야 할 원본의 동일성이 존재한다는 믿음에서 출발하기 때문이다.

표상은 때때로 사물들 사이의 모순이나 대립에 주목한다. 그러나 비표상의 철학은 오히려 잠재차원에서의 특이/보통의 구조에 주목한다('vice-diction'). 여기에서 역동적으로 변하는 것은 잠재성/이데의 차원만이 아니다. 그와 맞물려 그것에 주목하는 주체 자체도 역동적으로 변해야만 한다. 여기에서 주체는 칸트적인 표상-주체가 아니라 베르그송적인 운동-주체이며, 양의학적 표상-주체가 아니라 한의학적 운동-주체이다(맥을 짚을 때 한의사 자신도 氣-운동체이다. 맥의 결과는 고정된 주체가 고정된 본질을 표상한 결과가 아니라 기화하는 주체와 기화하는 객체 사이에서, 두 운동 사이에서 성립하는 차이이다). 이 점에서 잠재성의 차원은 '지식'(savoir)의 대상이 아니라 차라리 무한한 '깨달음'(apprendre)의 차원이다. 수영하기, 당구치기, 춤추기 등에서와 같은 신체적 깨달음이든, 사물들의 굴곡을 따라가면서 개념화하는 인식적 깨달음이든, 사람들과 함께 살아가고 사랑하는 법을 배우는 윤리적 깨달음이든, 깨달음이란 언제나 '이데'/잠재성의 차원으로 육박해 들어가는 것이다. 사물들을 표상하는 것, 사물들에 대한 지식을 가지는 것은 세계에서 모종의 동일성을 파악해 내는 것이지만, 잠재성의 차원으로 육박해 들어가는 것, 사물들에 대해 모종의 깨달음을 얻는 것은 잠재성의 포텐셜과 함께 하는 것이며 특이성들의 차생적 분포를 따라가는 것이다.

이 깨달음의 차원은 사태를 표상하는 명제가 아니라 잠재성의 차원을 따라가면서 드러내는 표현의 차원이다. 이것은 말하자면 "다양체들의 연극", "문제들의 연극", "언제나 열려 있는 물음들의 연극"이다. 그것은 차이생성과 분화의 연극, 사건과 의미형성의 연극인 것이다.

## 역-식(逆-識, para-sens)

세계를 상-식(sens commun)과 양-식(bon sens)에 입각해 파악할 때 잠재성의 차원으로 나아가는 것은 불가능하다. 상-식과 양-식이 형성하는 통념(doxa)을 넘어 "para-doxa"와 "non-sens"의 차원으로까지 내려갈 때 잠재성의 차원, 무의식의 차원을 인식할 수 있다. 어째서인가? "사유 안에는 그것이 사유할 수 없는 어떤 것이 존재하며, 이것은 사유 불가능하지만 사유되어야 할 것이자 사유 불가능하지만 사유될 수밖에 없는 것"(DR, 249/418)이기 때문이며, 이 차원은 상-식과 양-식의 관점에서는 접근할 수 없는 차원이기 때문이다. 칸트가 오류추리와 이율배반 그리고 이상으로서 처리했던 이 차원을 들뢰즈는 (지금까지 우리가 논해 왔던) 잠재성의 존재론을 통해서 해명하고자 한다. 이 존재론은 "문제-장의 고유한 성격"과 "유한한 사유에 내재하는 무의식"에 주목함으로써 가능했다. 그리고 이 차원에 주목할 때, 상-식과 양-식에 갇혀 있는 이데의 차원에 접근할 수 있는 것이다.

지금까지 잠재성을 총체적으로 취급해 왔지만, 실제 연구에서 잠재성의 차원은 여러 다른 얼굴들로 나타난다.

1) 언어학적 이데/다양체의 경우: 경험적 언어를 가능케 하는 선험적 언어. 그러나 들뢰즈는 랑그로서의 언어가 아닌 "파롤의 시적 실행"을 제시하고 있다. 여기에서 파롤은 랑그의 대립어가 아니라 랑그로 포획되기 이전의 언어, 푸코가 말한 '언표-장'에 해당하는 잠재적 장을 뜻하는 것으로 이해해야 할 것이다. 이 파롤은 랑그 이후의 언어가 아니라 랑그 이전의 언어, 즉 '바깥의 바깥'이다. 따라서 '시적' (poétique) 실행이란 이 잠재성의 차원을 드러내는 언어적 행위로 이

해되어야 한다.

　2) 사회과학적 이데/다양체의 경우 : 이 다양체는 이루어진 사회 구성체가 아닌 사회구성체를 변화시켜 가는 잠재성이다. 이 잠재성은 한 사회가 흔들릴 때 그 현실화의 모습을 드러낸다. 타르드(Jean-Gabriel de Tarde)의 미시사회학, 미분적＝차생적 사회학은 변증법적 변환 아래에서 계속 작동하는 연속적 변이의 차원을 드러내 준다.

　3) 심리학적 다양체의 경우 : 의식 아래에서 작동하는 무의식의 차원은 심리학적 잠재성을 형성한다. 상상이나 환상 같은 차원들은 무의식의 작동 방식을 시사한다. 정신분석학이 일반 심리학에 대해 선험적 성격을 가지는 것은 이 때문이다.

　4) 생물학적 다양체의 경우 : 생명체들의 세계는 종, 유를 비롯한 단위들을 통해 위계적으로 파악된다. DNA 차원에서의 규정들 또한 생명체들의 본질들 및 그것들의 집합론적 위계를 드러내 준다. 그러나 잠재성 차원에서의 생명의 운동("vitalité")은 이 본질들을 변형시켜 가며 '괴물들'을 발생케 한다.[27] '창조적 절화'의 과정들.[28]

　5) 물리학적 다양체의 경우 : 근대물리학은 제1성질들과 제2성질들을 구분했고, 감각 가능한 기호들은 물리적 객관성의 범주에서 제외됐다. 버클리 이후 '제2성질들'은 몇 차례에 걸쳐 존재론적으로 복권되어 왔고 들뢰즈는 현대물리학의 잠재성을 감각 가능한 기호들에서

---

27) 들뢰즈 사유에서의 '괴물'의 의미에 대해서는 다음을 보라. 蓮實重彦, 『フーコ・ドゥールズ・デリダ』, 朝日出版社, 1978.
28) '창조적 절화'에 대해서는 다음을 보라. 키스 안셀 피어슨, 이정우 옮김, 『싹트는 생명』, 산해, 1999, 302~308쪽.

찾고 있다. 물론 이때의 '감각 가능한' 은 기계들의 매개를 통해서 성립한다고 해야 하며, '기호' 는 감각 가능한 것들의 극한으로서 이해되어야 할 것이다.

만일 (지금 예시한 것들을 포함해서) 매우 많은 다양체들이 존재한다면, 그것들 사이의 관계는 무엇인가? 세계-전체는 어떻게 이해되어야 하는가? 잠재성의 차원으로 육박해 들어가는 능력은 상-식이나 양-식이 아니라 역-식(파라-상스)이다. 그것은 인식능력들이 공통의 방향(sens commun)이나 좋은 방향(bon sens)으로 달려감으로써가 아니라 오히려 서로 다른 방향(para-sens)으로 달려감으로써 성립하는 능력이다. 즉 그것은 'doxa' 가 아닌 'para-doxa' 의 능력이다. 인식능력들의 '탈구된(disjoint) 실행' 을 통해서 우리는 현실적 언어가 아니라 언표-장의 차원으로, 현실의 사회가 아니라 사회의 무의식('socius') 으로, 현실의 의식이 아니라 무의식으로, 개체화된 세계가 아니라 개체 '화' 의 세계로, 물체들이 아니라 기호들의 세계로 육박해 들어갈 수 있다. 그렇게 해서 우리가 얻는 것은 '지식' 이 아니라 '깨달음' 이다. 깨닫는다는 것은 현실성을 표상하는 것이 아니라 잠재성의 변이체들과 특이점들에 육박한다는 것이며, 또는 탈구된 인식능력들의 부딪침, 그 부딪침이 불러오는 절박함(어떤 강제성)을 대면한다는 것이다. 이것은 인식능력들의 '조화' 가 지배하는 세계가 아니라 그것들의 발산하는 세계, 그러나 그것들이 (단순히 무관심하게 평행을 달리기보다는) 때로 맞부딪침으로써 어떤 절박하게 새로운 사유에 직면하게 되는 발산의 세계이다. 이렇게 탈구된 인식능력들을 실행하는 주체는 '균열된 나' (je fêlé)이다. 여기에서 균열이란 어떤 결함이나 와해를 뜻하지 않는다. 그것은 그 자체 미규정성·규정성·완결된 규정성을 따라 생성하는 주체이며, 애벌레 주체들의 누층적 적분을 통해서 작동하는 다층적 주체의 특성을 뜻한다. 그것은 총체성/일자성을 훼손당한 주체가 아니라 다층적이고 다기적(多岐的)으로 작동하는 계열들의 복수성을 뜻할 뿐이다. 여기에서 작동하는 것은 상-식이나 양-식이 아니라 역-식이며, 바탕-놓기(fondation)나 바탕-쌓기(fondement)가 아니라 바탕-주름(effondement)이다.

### 우발점(point aléatoire)

헬라스 사람들이 모이라를 어떤 면에서는 제우스조차도 거역할 수 없는 명법(命法)들의 관리자로 묘사했을 때, 그들은 신들조차도 어찌할 도리가 없는('아낭케') 운명의 차원을 생각하고 있었던 것이다. 들뢰즈의 맥락에서 이 명법은 어떤 궁극의 존재, 세계의 중심/근거에서 울려 나오는 목소리를 뜻하는 것이 아니라 차라리 잠재성의 차원에서 이루어지는 특이성들과 강도들의 놀이를 뜻한다. 그것은 (니체적 뉘앙스에서의) 주사위놀이이다. 주사위놀이의 수(手)들은 특이점들이다. 특이점들의 체계, 즉 주사위 자체는 물음들이다. 그리고 주사위를 던진다는 것은 세계로부터 어떤 명법이 울려 퍼지는 것이다. 물론 이 명법의 배후에는 어떤 초월적-인격적 존재도 없다. 문제-장에서의 물음들이란 바로 주사위들이다. 그리고 주사위를 던져 울리는 명법은 특이성들의 계열을 산출한다.

이 명법은 고전적인 '명'(命)과는 판이하다. 그것은 어떤 도덕적 중심에서 울려 퍼지는 명법이 아니라 일종의 놀이로서의 명법, 주사위놀이로서의 명법이다. 때문에 여기에서 우연이란 명법의 거역이나 명법에 끼어드는 불순물이 아니라 명법의 본질 그 자체이다. 그러나 더 중요한 것은 여기에서 우연이란 더 이상 필연(도덕적 필연)과 대비되는 존재가 아니라 단지 그것 자체일 뿐이라는 사실이다. 우연이 '우연' 으로서 받아들여지는 것은 그것이 필연과의 대립 쌍으로서 파악될 때 성립하는 것이기 때문이다. 이렇게 생각하는 것은 곧 우연을 긍정하는 것이다. '이데' =잠재성의 차원은 바로 이 주사위놀이의 차원이다. 한 포텐셜-층위에서 특이성들의 계열들의 교차는 '우발점'(偶發点)을 낳으며, 이 우발점들은 마치 (해당 층위의) 모든 우연들을 응축하고 있는 듯하다. 이런 우발점들의 총체야말로 스토아적 'fatum'이며, 우리가 니체적 뉘앙스에서 긍정해야 할 것도 이 우발점들이다.[29] 'fatum' 은 외부적 중심으로서의 신이 아니라 무한한 우발점들의 총체로서의 신이 내리는 명(命)에 다름 아니다. 여기에서 자연철학적인 '원인' 과 형이상학적인 '섭리/이유' 는 더 이상 대립하지 않는다.

이 명법은 구성을 통해 현상을 장악하는 주체에게서 오는 것이 아니다. 차라리 주체-의식의 코스모스는 잠재성-무의식의 카오스모스 운동의 한 단면으로서 성립한다. 그러나 그 사이에 단절은 없다. '나' 는 '균열된 나' 로 내려감으로써 역-식 차원에서 사유한다. 이곳(문제-물음 복합체의 장)은 불가능과 가능이 교차하는 곳이고, 의식과 무의식

---

29) 이 'fatum' 은 앞에서 논한 변증법의 차원보다 더 근원적인 것이다. 들뢰즈는 네 층위를 구분하고 있다. 1) 명법적인, 존재론적인 물음들, 2) 변증법적 문제들, 또는 그것들로부터 이끌어져 나오는 테마들, 3) 해결 가능성의 상징적 장들(이 장들에서 이 문제들이 그 조건들에 따라 '과학적으로' 표현된다), 4) 그것들이 경우들의 현실성 속에 구현됨으로써 이 장들에서 부여받는 해들(DR, 259/433).

이 교차하는 곳이다. '작품'들이란 바로 이렇게 탄생한다.

우발점의 활동은 분화를 "창조적 분화"(*DR*, 274/457)로 만든다. 베르그송에게서 분화는 거대한 기억의 분화이다. 그에게서 원뿔의 모든 단면들은 곧 다른 모든 단면들의 반복을 포함한다. 각각의 단면들은 차생적 관계들과 특이점들의 배분에 있어 다른 단면들과 구분된다. 각각의 단면은 현실화의 선들에 상응한다. 분화란 우주적 기억의 단면들이 발산하는 선들로서 현실화되는 과정이다. 이 과정이 비결정성을 띤다면 그것은 곧 주사위놀이의 우발성 때문이다.

### 반복(répétition)

이런 사유 구도에서 '반복'이란 어떻게 이해되는가? '빈약한 반복'과 '풍요로운 반복'의 구분은 중요하다. 현실성에서 확인되는 동일성/유사성으로서의 반복은 차이를 동반하지 않는(또는 '퇴락'으로서의 차이를 동반하는) 빈약한 반복이다. 풍요로운 반복은 현실성이 충분히 드러내지 못한 잠재성의 반복이며, 차이를 동반하는 창조적 반복이다. 두 반복의 구분은 재현 논리의 극복을 가능케 하는 핵심적 구분이다. 들뢰즈의 철학사 연구는 그 자체 풍요로운 반복을 분명하게 예시한다. 스피노자 연구는 현실화된 스피노자를 재현/반복하는 것이 아니다. 스피노자도 몰랐던(무의식으로 알았던) 스피노자, 그러나 스피노자와 무관하지 않은 스피노자, 스피노자의 잠재성을 드러내는 것이다. 그것은 '스피노자$_1$, 스피노자$_2$, 스피노자$_3$ ……'의 반복이 아니라 '스피노자$^1$, 스피노자$^2$, 스피노자$^3$ ……'의 반복이다.

근원적인 물음들은 반복된다. "어째서 무가 아니라 무엇인가가 존재하는가?'라는 라이프니츠의 물음이 그 하나이다. 같은 물음의 반복은 정해진 자리에 차례차례 들어서는 해들의 이어짐을 줄 뿐이다. 우연을 긍정한다는 것은 물음 자체의 풍요로운 반복을 응시한다는 것을 뜻한다. 그것은 "동일자(同一者)의 결과로서의 다른 것, 다른 조합들이 아니라 차이자(差異者, le Différent)의 결과로서의 동일한 것 또는 반복"을 주목하는 것이다. 후자야말로 '주름들의 얽힘'의 원천을 형성한다. 근원적인 물음들의 풍요로운 반복은 존재/세계의 동일성 ── 근원적인 것으로 상정된 '그 하나, 유일의 하나, 절대의 하나'로서의 동일성 ── 자체를 무너뜨린다. 따라서 이데의 차원에서 일어나는 일, 그것은 명법의 체계에 특정한 해들이 선택되는 것이 아니다. (차이소-갈래들의 교차점들인 특이성들이 수렴/발산하면서 형성하는 구조/다양체의 누층적 전체로서의) 이데 차원 자체, 명법들, 물음들에서 발생하는 우연 ── '우발성'이 더 적절한 표현일 것이다 ── 은 잠재성의 차원 자체를 차이발생적 장으로 만든다. 문제가 되는 것은 예컨대 '남성인가 여성인가?'가 아니라 "성(性)은 몇 개인가?'이다. 반복은 이렇게 차이발생적 장 위에서 성립한다. "'이데'의 차생자(le différentiel) 그것은 이미 주사위놀이를 정의하고 있는 반복의 과정과 분리될 수 없다."(DR, 259/434) 이 차이와 반복, 그것은 곧 영원회귀이다. 영원회귀를 가능하게 하는 것, 그것은 곧 힘에의 의지로서의 차이발생의 장이다. 이 차이발생의 장 안에서 특이성들이 상탕(相盪)[30]하고, 특이성들의 리토르넬로가 (풍요로운) 반복을 가져온다.

---

30) 『주역』, 「계사전상」(「繫辭傳上」), "剛柔相摩 八卦相盪"에서 빌려 온 표현임.

## 연속적 변이(variation continue)

철학자들과 과학자들은 늘 생성을 연구해 왔다. 그러나 어떤 생성이냐가 중요하다. 변화(metabolê)와 운동(kinêsis)의 구분, 그리고 세 가지 운동의 구분(질적 변화, 양의 증감, 공간 이동)이라는 아리스토텔레스의 고전적인 도식 외에도(근대과학에서 '공간이동=phora'는 특권적인 자리를 차지하게 된다), 연속성의 뉘앙스를 띠는 '전이'(transition)와 불연속성의 뉘앙스를 띠는 '변환'(transformation)의 구분, 동북아 맥락에서의 '운'(運), '동'(動), '변'(變), '화'(化)의 구분, 나아가 베르그송의 '지속', 화이트헤드의 '합생', 하이데거의 '존재사건' 같은 독창적인 생성론적 개념들의 도래, '혼돈으로부터의 질서'(자기조직화)를 비롯한 현대과학의 성과들 등등, 우리는 사상사에서 생성을 탐구하는 긴 여정을 확인할 수 있다. 지금의 맥락에서 우리가 물어야 할 것은 이것이다 : 들뢰즈의 생성은 어떤 생성인가? 들뢰즈의 생성철학을 특징짓는 개념들은 단일하게 확정하기가 쉽지 않다. 그러나 '변이'(變移, variation)가 그의 생성존재론을 특징짓는 개념으로서 결코 빼놓을 수 없는 것이라는 점은 분명하다.

　'연속적 변이'만큼 그의 존재론을 잘 표현해 주고 있는 개념은 흔치 않다. 들뢰즈의 생성은 변이, 특히 연속적 변이이다. 무엇이 변이하는가? 배치, 다양체, 추상기계가 변이한다(이하 다양체를 대표로 논한다). 다양체가 '변이'한다는 것은 무엇을 뜻하는가? 다양체를 구성하고 있는 요소들(질적 요소들, '차원'들)이 탈영토화/재영토화를 겪는다는 것이다. 탈영토화/재영토화를 겪는다는 것은 무엇을 뜻하는가? 요소들의 연접(connexion), 통접(conjonction), 이접(disjonction)의 운동을 통해 다양체가 변화해 감을 뜻한다. '변이'는 접속의 관계들이 변해 간다는 점에서 '變移'이고 또 그러한 변이를 통해 다양체가 질적으로 변해 간다는 점에서 '變異'이기도 하다. 어째서 '연속적' 변이인가? 불연속적으로 보이는 요소들(예컨대 다양체를 구성하는 '기계들')도 지금까지 우리가 말한 잠재성에서의 운동의 결과들이며, 따라서 표면적인 분절들은 무한히 누층적인 차이생성과 분화의 운동의 결과일 뿐이기 때문이다(여기에서 '연속적'이라는 서술어의 의미를 충분히 밝히기 위해서는 들뢰즈의 '강도론'을 도입해야 한다). '연속적'으로 변이한다는 것은 탈영토화/재영토화의 운동이 사실상 그 아래에서 (지금까지 우리가 논해 온) 잠재성 차원에서의 변이까지 내포하고 있음을 뜻한다.

연속적 변이의 관점에서 본다면 대립, 모순, 부정의 관점은 표면적인 것에 불과하다. 그것은 무한히 누층적인 포텐셜들로 이루어지는 차이생성과 분화의 운동이 그려 내는 결과들로서의 분절들/매듭들에서 출발하는 관점이기 때문이다. 비유하자면 연속적 변이와 대립, 모순, 부정의 관계는 무조음악과 조성음악/화성음악의 관계, 신시사이저와 피아노의 관계와 같다고 할 수 있을 듯하다. 들뢰즈에게 (헤겔에게서 전형적으로 등장하는) 대립, 모순, 부정의 논리는 잠재성의 차원을 베어 버린 후 현실성에서 성립하는 분절선들을 따라 성립하는 논리이다. 부정의 사유에서 비존재는 '아님'으로 이해되든 '없음'으로 이해되든 기준이 되는 동일자로부터의 도약, 그리고 어떤 형태로든 대립/모순을 가져온다. 그것은 연속적 변이의 총체로부터 현실성의 차원(이미 개체화가 이루어진 차원)에서 성립하는 불연속적 매듭들을 오가면서 성립하는 논리이다. 이 비존재는 잠재성의 성격으로서의 '(비)-존재' 또는

'?-존재'에 비하면 너무나도 빈약한 무엇이다. 그것은 (현실화 과정을 포함한) 잠재성의 운동은 접어 놓은 채 현실성의 차원에서 이루어지는 변증법적 운동을 파악하는 데 유효하다. 그것은 차이생성과 분화의 운동이 띠는 '현동성'(現動性, positivité)에 주목하지 못한다. 이것은 차이들의 정적인 '체계'에 멈추는 구조주의에 관련해서도 마찬가지로 말할 수 있다. "차이[생성]를 부정으로 읽을 때, 우리는 이미 그것의 고유한 두께를 박탈하고 있는 셈이다. 그것의 현동성이 긍정되는 곳인 그 두께를."(*DR*, 264/442)

## différen($\frac{t}{c}$)iation

지금까지 논한 들뢰즈 존재론은 이 독특한 표현에 압축되어 있다. 차이생성(différentiation)은 미규정적 차이소들이 규정적 관계를 맺고(그로써 특이점들을 형성하고) 그로써 일정한 차이를 낳는 과정을 뜻하며, 분화(différenciation)란 이러한 과정의 누층적 연속성과 그 결과로서의 현실화를 뜻한다. 여기에서 차이생성은 관계들의 변이체들 및 각 변이체의 값들에 의존하는 특이점들과 관련되며, 분화는 변이체들을 현실화하는 다양한 질들 또는 종들 및 특이점들을 현실화하는 수 또는 (상호 구분되는) 부분들에 관련된다.

　　잠재성의 차원과 현실성의 차원은 유사성 관계를 맺지 않는다.[31]

---

31) 유사성의 관계를 맺는 것은 현실성과 가능성이다. 가능성은 현실성에서 따낸 원본을 변형하는 것으로서 들뢰즈적 의미에서의 '상상적인' 것이다. 그것은 표상/재현의 논리에 지배당한다. 때문에 가능한 것의 실재화(réalisation du possible)와 잠재적인 것의 현실화(actualisation du virtuel)는 구분되어야 한다.

즉 질들과 종들은 그것들이 구현하는 차생적 관계들과 유사하지 않으며, 부분들은 그것들이 구현하는 특이성들과 유사하지 않다. 차이생성과 분화의 과정에는 반드시 'élan'(약동)의 작용이 깃든다. 분화는 항상 창조적 분화이다.

하나의 잠세적인/잠재적인 것에 있어 현실화한다는 것은 늘 잠재적 다양체와 유사성 없이 상응하는 발산하는 선들을 창조하는 것을 뜻한다. 잠재적인 것은, 마치 해결되어야 할 어떤 문제처럼 수행해야 할 어떤 과제의 실재성을 가진다. 해들을 정향시키고 조건짓고 낳는 것은 문제이지만, 해들은 문제의 조건들과 유사하지 않다.(*DR*, 274/456~457)

여기에서 물어 보아야 할 것은 이것이다 : "왜 분화는 질화와 조성, 종별화와 조직화의 상관적인 과정인가?[32] 왜 이렇게 상보적인 두 길을 따라 분화하는가?"(*DR*, 276/460~461) 우선 구체적인 분화 과정 아래에서는 더욱 심층적인 어떤 '이데', 즉 시간과 공간의 역동적 과정들이 존재한다는 점이 중요하다. 형태발생의 과정에는 일반적으로 알려져 있는 과정들보다 좀더 심층적인 과정들(자유표면들의 확장, 세포층들의 얇아짐, 주름 접힘에 따른 함입陷入, 군群들의 국소적인 자리 이동들)이 존재하며, 카오스모스(혼돈으로부터의 질서, 자기조직화)의 성격을 띠는

---

32) 질화(qualification)와 종별화(spécification)는 차생적 관계들의 변이체들이 현실화된 결과로서 질들 및 종들이 형성되는 과정이고, 조성(composition)과 조직화(organisation)는 특이점들이 현실화된 결과로서 수 및 부분들이 형성되는 과정이다.

이 과정들은 곧 시공간의 구조가 확립되는 과정이기도 하다. "난(卵)의 유형들은 한 구조의 현실화를 결정짓는 최초의 요인들인 정향들, 발생 축들, 미분적인 속도들·리듬들에 따라 구분되며, 이런 과정을 통해 현실화되는 것에 고유한 하나의 공간과 시간이 창조된다."(DR, 277/461) 이 동역학적 과정은 우선 미분비들과 특이성들을 통한 공간적 과정이다. 미분비들은 종들 안에서, 특이점들은 부분들 안에서 현실화된다. 상보적인 두 길을 따라 분화하는 것은 이 때문이다. 그러나 더 심층적으로 분화는 속도("차이생성의 리듬들")가 중요한 역할을 하는 과정이기도 하다. 그래서 시공간의 형성이야말로 실질적인 분화 과정 이전에 작동하는 이데의 차원을 이룬다고 할 수 있다. 들뢰즈는 시간과 공간의 이원성이 처음부터 분화되는 것이 아니라는 점, 이원성은 현실화 과정의 막바지에 이르러서야 생겨난다는 점을 강조한다.

들뢰즈의 존재론은 극화(劇化)의 세계이다. 그것은 잠재성에서 이루어지는 차이생성의 운동들, 그 가운데에 빚어지는 미분비들과 특이성들의 놀이, 이 역동성들의 현실화/분화와 그 결과로서 나타나는 종별화 및 사건 발생의 드라마이다.[33] 이념은 "저자도 배우들도 주체들도 없는 순수 연출"이다. 그것은 운명이지만 인간의 운명 이전에 우주 자체의 운명 = 'fatum'이다. 배우들이나 주체들이 존재한다면, 그것은 애벌레-주체들, 점선으로 그려진 주체들, 애벌레-영혼들일 것이다. 그러나 이들은 그 층위들에 있어 매우 복합적이다. "상이한 질서의 세 극

---

33) '드라마'라는 말은 사건과 동일시될 수도 있지만, 또한 이념이 구현되는 과정을 가리키는 말이기도 하다. 후자의 용법상으로는 'drama'와 'dramatisation'이 같은 말이 된다. 전자의 용법이 보다 적절한 것으로 보인다.

화가 서로 메아리를 주고받는다. 심리적 극화, 유기체적 극화, 화학적 극화가. 잠재적인 것을 그 반복들의 바탕에까지 파 내려가는 것이 사유의 역할이라면, 이 교차들(reprises)과 메아리들의 관점에서 현실화의 과정을 파악하는 것은 구상력의 역할이다."(DR, 284/471) 결국 현실화는 공간, 시간, 의식이라는 세 계열에 따라 이루어진다고 하겠다(여기에서 'conscience'는 베르그송에서처럼 넓은 의미로 사용되고 있다).

## 잠재성(virtualité)

들뢰즈의 철학은 잠재성의 철학이다. 플라톤의 철학이 현실성에서 출발해 초월성으로 올라갔다가 다시 현실성으로 내려오는 철학이라면, 들뢰즈의 철학은 현실성에서 출발해 잠재성으로 내려갔다가 다시 현실성으로 올라오는 철학이다. 이 점에서 들뢰즈의 철학은 플라톤의 영원의 철학과 대비되는 생성의 철학이다.

그러나 들뢰즈의 생성은 막연한 흐름이 아니라 미규정적인 차생소들이 서로 관계 맺음으로써 미분비를 형성하고, 미분비들로 구성되는 변이체들과 시공간적 매듭들로서의 특이점들이 이루어 내는 역동적인 과정, 더구나 무한히 누층적인 과정으로서의 생성이다. 그래서 그의 철학은 존재론적 카오스이론이라 할 만하다. 이것은 곧 베르그송이 세워 놓은 '물질의 형상발생'(genèse idéale)론을 발전시킨 것이라고 할 수 있을 것이다. 이것은 선험적인 형상들이 질료에 '구현' 되는 철학이 아니라 물질로부터 형상들이 '발생' 하는 철학이다. 따라서 들뢰즈의 존재론 전체는 결국 "morphogenesis"의 이론이라 할 수 있을 것이다. 들뢰즈에게 중요한 것은 잠재성의 현실화이지 가능성의 실재화가 아니다. 이 점에서 그는 실재의 부재/무의미/상대주의, 철저한 주관주의/구성주의/언어중심주의 등으로 특징지어지는 이른바 '포스트모더니즘'의 대극에 선 철학자라 할 것이다. 들뢰즈의 존재론은 "고전적인" 형이상학이며, 건전한 형태의 실재론이라 보아도 무방하다.

들뢰즈 사유의 이 측면은 마누엘 데 란다의 『강도의 과학과 잠재성의 철학』[34]에서 매우 정확하고 치밀하게 파헤쳐졌다. 들뢰즈 존재론의 노른자위를 명쾌하게 해명해 주고 있는 이 저작이야말로 "들뢰즈 이후"(After Deleuze)를 만들어 가고 있는 저작들 중에서도 첫손가락에 꼽힐 수 있는 저작일 것이다.

오늘날 "the virtual"은 이중적인 의미로 사용된다. 일상 언어에서 보다 자주 접할 수 있는 "가상적인"이라는 의미는 들뢰즈의 용어로는 '가능적인' 또는 '상상적인'에 해당한다. 들뢰즈에게 '가상현실' 같은 것은 그저 인간의 주관적인/상상적인 놀이일 뿐 별다른 존재론적 가치를 가지지 못한다. 그리고 이것은 들뢰즈의 철학이 프로이트-라캉의 정신분석학과 근본적으로 다른 정향을 가지게 되는 중요한 이유이기도 하다. 마수미의 『잠재적인 것(가상적인 것)을 위한 우화들』[35]은 'the virtual'을 둘러싼 오늘날의 흥미로운 논의들 중에서도 두드러진 사유를 보여 주는 일례이다. 우리는 네그리·하트의 『제국』[36]과 네그리의

---

34) Manuel De Landa, *Intensive Science and Virtual Philosophy*, Continuum, 2002. 이보다 간명하게 잠재성론을 논하고 있는 글로는 다음을 보라. Eric Alliez, *Deleuze : philosophie virtuelle*, Empecheurs Penser en Rond, 1996 ; *La signature du monde*, Le Cerf, 1993.

35) Brian Massumi, *Parables for the Virtual*, Duke University Press, 2002.

36) 안토니오 네그리·마이클 하트, 윤수종 옮김, 『제국』, 이학사, 2001.

『혁명의 시간』[37]에서 들뢰즈가 폄하한 'the possible/imaginary'의 역할에 대한 새로운 해명의 시도들을 볼 수 있다.

잠재성의 철학은 곧 '개체화'(individuation)의 철학이기도 하다. 우리가 살아가는 세계는 개체들의 세계이다. 플라톤 식의 철학은 개체들을 개체 이상의 존재들 즉 (중세의 용어를 쓴다면) 보편자들을 통해서 설명한다. 들뢰즈는 정확히 반대로, 개체들을 개체 이하의 존재들을 통해서 설명한다. 플라톤은 현실적인 동일성들을 그보다 더 완전한 동일성들로써 설명하고자 한다. 들뢰즈는 현실적인 동일성들을 그보다 더 불완전한 동일성들로써 설명하고자 한다. 그래서 그의 철학은 개체-화의 철학이며 하나의 생명철학인 것이다.[38]

## 표면(surface)

들뢰즈는 『차이와 반복』에서 세계의 심층을 다룬 후, 그 자매편이라 할 만한 『의미의 논리』에서 표층을 다루고 있다. 달리 말해 『차이와 반복』이 잠재성을 다루었다면, 『의미의 논리』는 사건을 다루었다. 이 점에서 전자가 'fond'을 둘러싸고 전개되는 존재론이라면, 후자는 'surface'를 둘러싸고 전개되는 존재론이다(따라서 이 맥락에서의 'superficiel'을 '피상적인'으로 번역하면 엉뚱한 오해가 된다). 들뢰즈의 사건의 존재론을 화이트헤드, 하이데거, 데이비슨, 바디우 등등의 사건론과 비교하는

---

37) 네그리, 정남영 옮김, 『혁명의 시간』, 갈무리, 2004.
38) 들뢰즈의 생명철학에 대해서는 다음을 보라. 키스 안셀 피어슨, 이정우 옮김, 『싹트는 생명』, 산해, 1999. 개체화의 문제에 대해서는 다음을 보라. Alberto Toscano, *The Theatre of Production*, Palgrave, 2006.

것, 나아가 그 윤리-정치적 함축 및 동북아 사상과의 연계성을 읽어 내는 것은 오늘날의 존재론에 주어진 하나의 흥미로운 과제라고 할 수 있을 것이다.[39] 『차이와 반복』의 잠재성 이론과 『의미의 논리』의 현실성 이론을 함께 독해함으로써 우리는 들뢰즈 존재론의 전체 윤곽을 파악할 수 있다.

### 추상기계(machine abstraite)

들뢰즈·가타리에게 잠재성은 '욕망'이라는 이름으로 파악된다. 『안티오이디푸스』와 『천의 고원』은 '욕망의 형이상학'을 전개하고 있다. 그러나 욕망 그 자체는 추상적이다. 우리의 현실은 배치들로서 구성되어있다. 기계적 배치들은 곧 '욕망'의 기계적 배치들이다. 따라서 이들에게 욕망이란 한 인격체의 속성이 아니라 잠재성 그 자체이며 우주의 근본 에네르기이다. '진화'의 과정은 다양한 방식의 탈영토화를 도래시켰고, 마침내 기계들로부터 단적으로 구분되는 언표적 배치의 차원을 탄생시켰다. 들뢰즈·가타리에게 실천철학의 출발점은 바로 배치(다양체)들이다. 기계적 배치는 '내용'을, 언표적 배치는 '표현'을 형성하며, 내용과 표현 각각은 자체의 실체(질료)와 형식을 가진다. 예컨대 감옥, 법정, 판검사와 변호사, 피고와 원고 등등은 '기계적 배치'를 형성하며, 법조문이나 법의학, 형법학 등등은 언표적 배치를 형성한다(우리는 이 구도가 곧 푸코의 신체적 실천과 담론적 실천의 구도와 일치한다는 것을 알 수 있다). 기계적 배치와 언표적 배치가 '배치'를 형성한다.

---

39) 이에 관련해 다음을 보라. 이정우, 『사건의 철학』, 철학아카데미, 2003.

배치의 잠재성이 곧 '추상기계'이다. 구체적인 배치들은 각각에 해당하는 추상기계의 현실화이다. 수용소, 감옥, 홍등가의 폐쇄 공간 등등은 모두 감금-추상기계의 구체화된 배치들이다. 이렇게 우리는 전시-추상기계, 운동경기-추상기계, 시위-추상기계, 결혼식-추상기계 등등 무수한 추상기계들과 더불어 살아간다. 보다 나은 삶은 현실의 배치에서 출발해 그것의 추상기계로 나아가 새로운 잠재성을 발견하고 다시 현실의 배치로 돌아오는 원환을 그린다. 이것은 플라톤의 경우와 정확히 대조적이다. 현실(감각적인 것들)에서 출발해 형상(이데아)들의 차원으로 올라갔다가 현실로 내려오는 플라톤의 구도와 현실에서 출발해 잠재성으로 내려갔다가 다시 현실로 올라오는 들뢰즈의 구도를 음미해 볼 필요가 있다. 결국 들뢰즈의 사유는 『차이의 반복』의 잠재성의 존재론이 (『의미의 논리』와 『안티오이디푸스』를 거쳐) 『천의 고원』의 실천철학으로 개화해 가는 과정을 밟았다고 할 수 있다.

# 들뢰즈 현상과 정치

조정환

## 들뢰즈 현상의 세 국면

20세기에 질 들뢰즈 현상은 여러 차례 반복되어 왔다. 적어도 우리는 20세기에 세 번에 걸친 들뢰즈 현상의 출현을 확인할 수 있다. 한 번은 1968년, 또 한 번은 1989년, 그리고 다시 1999년. 그리고 우리는 이 세 번에 걸친 들뢰즈 현상이 각각 다르게 반복됨을 확인할 수 있다. 무엇이 다른 점일까?

먼저 1968년의 들뢰즈는 **차이의 사상가**로 나타난다. 『차이와 반복』에서 차이는 무엇보다도 **재현**(동일성, 유비, 대립, 모순)**에 대한 비판**으로서 그리고 '사유의 이미지' 혹은 '사유의 공준' (보편적 본성의 사유라는 원리, 공통감의 이상, 재인의 모델, 재현의 요소, '부정적인 것' 으로서의 오류, 시칭의 특권, 해解의 양상, 결과로서의 앎)에 대한 비판으로서의 차이였다. 『스피노자와 표현의 문제』에서 그것은 '표현하는 것-표현-표현되는 것', 실체-속성-양태의 삼위일체 속에서 더 큰 기쁨과 지복을 생산하는 역능의 진화적 운동으로 표현된다. 『의미의 논리』에서 그것은 계열화(소음-목소리-파롤, 음소-형태소-의미소, 성감대-팔루스-오이디푸스, 그리고 연접-통접-이접)되고 있는 **특이성들의 탈물질적 놀이로, 의미의 사건으로** 나타난다. 가타리와의 공동작업 산물인 『안티오이디푸스』에서 차이의 계열화는 사회체 속에서 전개된다. 그것은 가족기계와 사회기계에서의 종합의 양식들(생산의 연결적 종합, 등록의 이접적 종합, 소비의 통접적 종합 ; 원시적·야생적 토지기계, 제국적·야만적 전제군주기계, 문명적 자본주의기계)로 나타난다. 이 계열화 속에서 차이는 한편에서는 **욕망하는 생산으로,** 그리고 다른 한편에서는 **분자적 무의식과 분열분석으로** 나타난다.

요컨대 1968년 전후 들뢰즈의 정치철학은 재현 비판을 거쳐 표현으로, 표현에서 탈물질적 의미놀이로, 다시 의미의 사건에서 계열화로 발전되어 왔다. 차이, 욕망, 표현을 중심으로 발전하는 이 독특한 정치철학은 그를 모순, 종합, 재현을 중심으로 발전해 온 전통적 좌파 정치학과 대립시킨다. 그것은 당시에 커다란 영향을 미치고 있었던 정통 맑스-레닌주의(동구 공산당)와의 대립만을 의미하는 것은 아니었다. 들뢰즈의 정치철학적 혁신은 신그람시주의적 탈맑스주의의 방향으로 나아가면서 점차 소련으로부터 독립하고 있었던 유럽공산당이나 사회당 혹은 노동당의 정치와도 날카롭게 대립하는 것이었다. 그 결과 들뢰즈는 1968년 당시 솟구쳐 오른 새로운 사회운동들의 사상으로 자리 잡아 갔다. 들뢰즈의 무엇이 그러한 결과를 가져왔을까? 가장 중요한 것은 정치의 자리와 관련된 것이다. 전통적 좌파 정치는 국가를 둘러싼 집단적·계급적 투쟁이라는 부르주아적 정치사상을 근본적으로 전복하는 것이 아니었다. 권력을 아래로부터 구성한다는 생각이 좌파에게 없었던 것은 아니다. 그것은 우파와는 다른 혁신적 생각이었다. 하지만 그 혁신은 국가를 정치활동의 중심무대로 파악하는 전통적 관점에 흡수되었고, 그 결과 아래로부터의 권력구성도 국가의 장악이나 구축에서 완성되는 것으로 이해되었다. 하지만 들뢰즈는 재현을 거부하는 차이의 철학을 통해 국가에 의한 정치의 종합이라는 구도를 파괴하면서 삶의 미시적 영역 속에서 살아 움직이는 작은 갈등들, 언어들, 이미지들, 계략들, 발명들 등이 낳는 탈물질적 놀이와 의미의 사건을 정치의 중심무대로 가져왔다. 이것이 서구 운동에 미친 들뢰즈 철학의 효과이다.

그렇다면 아시아에서 들뢰즈는 어떠했는가? 이 무렵 일본에서는 이미 들뢰즈가 공산당과 사회당에서 독립적인 신좌파 청년학생들에게 커다란 영향을 미쳤던 것으로 보인다. 하지만 분단지형 하의 한국에 들뢰즈라는 이름과 그의 사유가 도착했었다는 흔적은 아직 발견되고 있지 않다. 이것은 1970년대 내내 박정희의 봉쇄된 개발독재 하에서 정보를 차단당했던 결과이기도 하다. 하지만, 더 중요하게는 바로 이 시기가 근대적 산업화가 급진전되면서 전통적 형태의 노동계급이 저임금 장시간 노동의 조건 하에서 자본에 적대적으로 양성되고 있던 시기였기 때문일 것이다. 다시 말해 노동자들이 표현보다는 재현을, 탈물질적 놀이보다는 물질적 종합을 실제적 가능성으로 경험하던 시기였기 때문일 것이다.

1968년과는 달리 1989년의 들뢰즈는 **탈주선의 철학자**로 나타난다. 두 가지 흐름이 이것을 보여 준다. 하나는 포스트모더니즘에 의한 위로부터의 들뢰즈 전유에서이다. 이 흐름은 국경을 벗어나는 자본의 이동과 일국에서 뚜렷한 적대선의 실종에 주목하면서 후기자본주의의 유목적 성격을 부각시키는 것에 들뢰즈를 이용한다. 또 하나는 아래로부터의 들뢰즈 전유에서이다. 이 흐름은 이민·이주민들·청년들 등 새로운 사회적 주체성들에 의한, 기존 질서로부터의 이탈을 통한 변화 가능성을 들뢰즈로부터 읽어 내려 한다.

어떤 조건의 변화로부터 이런 독해가 유래하는 것일까? 1989년은 베를린 장벽이 붕괴된 해이다. 1929년이 1917년의 여파였듯이, 1989년은 1968년의 여파였다. 1989년을 통해 견딜 수 없게 된 것은 사회주의 체제들만이 아니다. 동구의 사회주의를 자신의 냉전 짝으로 삼아 유지되던 서구의 케인스주의적 사회민주주의도 더 이상 지탱할 수 없게 되었다. 동과 서 모두 은밀하게 제국주의를 체제화하면서, 은폐된 전쟁 질서를 생산했던 전후 사회체제들이 불가능하게 된 것은 무엇 때문인가? 왜 동구 사회주의들의 도미노적 붕괴의 다른 편에서 서구 사회민주주의들의 급격한 쇠퇴와 신자유주의로의 전환이 나타났던 것인가?

이 사건에 결착된 많은 요인들 중에 가장 중요한 것은 통합된 세계시장의 **실질적** 등장이다.[1] 사회주의도, 케인스주의도, 제3세계의 권위주의도 1989년을 전후한 시기에 세계시장 속에 용해되었다. 통합된 세계시장은 두 가지 계기의 결합이다. 그 하나는 초국적 금융자본이며, 또 하나는 각국 시민들의 국경을 넘어 흐르는 이주·탈주이다. 이 두 계기는 모두 1968년 혁명의 결과였다. 우선 초국적 금융자본은 1968년

---

1) 이에 대해서는 안토니오 네그리·펠릭스 가타리, 조정환 옮김, 『미래로 돌아가다』, 갈무리, 2000 참조.

혁명에 대한 자본의 대응 방식이자 재합성 양식으로 나타난다. 다중의 불복종과 노동거부는 더 이상 직접적 노동시간의 절취를 통한 축적에 기대를 걸 수 없게 만들었다. 산업자본은 화폐화하여 금융자본으로 전화(轉化)한 후 이자를 찾아 국경을 넘어 이동한다. 제3세계가 그 주요한 이동지였음은 주지의 사실이다. 둘째로 이민과 탈주는 새로운 삶, 더 나은 삶을 찾으려는 다중의 유목주의의 분출이다. 특히 동구 주민들은 권위주의적 사회주의의 집중화된 권력을 피해 국경을 넘어 대량탈주함으로써 체제가 더 이상 가동될 수 없도록 만들었다.

들뢰즈의 『천의 고원』[2]은 1968년~1989년 사이, 영토화/탈영토화/재영토화, 코드화/탈코드화/재코드화의 개념을 통해 힘들의 역동적 흐름에 개념적 형상을 부여하는 한편, (이미 『차이와 반복』에서 철학적으로 제시되었던) 다양체 개념의 정치화를 통해 통합된 세계시장과 그것의 이중성(거대-다양체와 미시-다양체, 그램분자[몰]-다양체와 분자-다양체, 총체 대 다양체)을 이해할 실마리를 제시한다. 특히 다양체를 가로지르는 탈영토화의 선으로서 탈주선 개념은 (통합된 세계자본주의로 종합된) 절편화하는 체제를 혁명할 소수적 비전을 제시한다.

1990년대의 한국에서도 들뢰즈는 이 두 가지 흐름 속에서 검토되었다. 하나의 흐름은 탈맑스주의적 포스트모더니즘이다. 영미 포스트모더니즘의 스펙트럼에서 들뢰즈는 거대서사를 거부하는 차이의 철학자, 세계시장의 철학자, 탈근대성의 철학자로 간주된다. 이 흐름은 IMF

---

2) 『천의 고원』의 몇몇 판본들의 출간 연도는 다음과 같다. 불어판 1980, 영어판 1987, 독어판 1992, 일어판 1994, 한국어판 2001.

위기 이전까지 한국자본주의의 상승 경향(탈종속, 정보화, 이른바 '중진 자본화')에 부응하여 일대 유행으로 자리 잡는다(우파 들뢰즈). 또 하나의 흐름은 1989년을 전후한 사회주의 붕괴 정세를 '맑스주의의 위기'로 파악하고 이 위기 극복의 수단으로 푸코, 들뢰즈, 가타리, 네그리에 눈을 돌린 흐름이다. 이 흐름에서 들뢰즈는 탈재현(대의), 탈집중, 연합의 분자적 노선의 대명사로 간주된다(좌파 들뢰즈). 적어도 1990년대 후반까지는 전자의 흐름이 우세했다고 볼 수 있다. 하지만 동아시아발 IMF 위기로 신자유주의가 사회 전체에 확산되고, 양극화가 뚜렷해지면서 점점 후자의 해석이 더 큰 의미를 확보해 가고 있다.

1999년의 들뢰즈는 시애틀의 들뢰즈, 즉 **리좀과 네트워크의 정치철학자**로 나타난다. 하트와 네그리는 전 지구적 차원에서 권력의 네트워크화를 명확하게 드러내고(『제국』) 다중의 네트워크 투쟁을 그려냄(『다중』)에 있어 들뢰즈의 『천의 고원』을 (『자본』과 더불어) 가장 중요한 참고문헌으로 삼았다. 네트워크는 '연합의 분자적 방법'(『미래로 돌아가다』)에 붙여진 21세기적 이름이다. 만국 자본가의 다수적·수목적 연합과 만국 다중의 소수적·리좀적 연합의 이중화라는 대립적 형상을 제시한 바 있는 들뢰즈는, 이제 맑스주의의 전 지구적 혁신을 주도하는 21세기적 인물로 나타난다.[3]

1990년대 후반 이후 한국에서 일어난 들뢰즈 붐은 1980년대의 레닌주의 붐에 비견될 정도였다. 들뢰즈의 득세가 전통적 좌파운동의 약

---

3) 들뢰즈와 맑스의 공명에 대한 탐구를 통해 들뢰즈를 맑스주의의 위대한 혁신가로 묘사하는 책으로는 니콜래스 쏘번의 『들뢰즈 맑스주의』(조정환 옮김, 갈무리, 2005)를 참조.

화를 가져왔는지, 아니면 전통적 좌파운동의 약화가 새로운 모색으로서 들뢰즈의 득세를 가져왔는지를 판별하기는 어렵다. 어쨌든 정치뿐만 아니라 문학예술(소수문학론), 역사(대중독재론), 신학(해방신학론), 철학(존재론과 형이상학), 영화 등 다양한 영역으로 들뢰즈의 사유는 확산되고 '전염'되었다. 이에 따라 들뢰즈 현상에 대한 비판적 대응들도 자연스럽게 나타나고 있다. 하지만 들뢰즈를 비판하는 사람들도 일정하게는 들뢰즈에 기대면서 비판하는 경향이 있다. 그리고 동일성, 집중성, 지도중심을 재건하고자 하는 그 노력들은 직접적으로 표현되기보다 간접적이고 완곡하게 나타난다.[4] 그래서 들뢰즈에 대한 비판은 대개는 들뢰즈 속에 들어 있는 복합적 요소들 중의 일부를 버리고 다른 일부를 재구성하여 자신의 정치학으로 만드는 것으로 나타난다.

## 들뢰즈 정치학의 존재론적 기초

들뢰즈의 정치학에 대한 논의로 넘어가기 전에 먼저 살펴야 할 것은 그의 철학, 특히 존재론이다. 왜냐하면 그의 정치학은 그의 존재론에 기초하고 있기 때문이다. 들뢰즈의 존재론이 집중적으로 표현되는 것은 중기 철학에서이다. 『차이와 반복』, 『스피노자와 표현의 문제』, 그리고 『의미의 논리』 등 1968년 전후에 집중적으로 출간된 그의 저서들이 그것이다. 반면 가타리와의 공동작업을 통해 생산된 그의 후기 저작은 좀 더 정치적인 내용을 담아 낸다. 『안티오이디푸스』는 자본주의를 분석

---

4) 알렉스 캘리니코스, 슬라보예 지젝, 알랭 바디우 등의 비판을 참조.

하며, 『천의 고원』은 탈영토화와 소수 정치학을 표현한다. 지젝은 『의미의 논리』에서 『안티오이디푸스』로의 이행을 들뢰즈의 오이디푸스-되기라고 조롱하면서 후기의 정치학이 중기의 존재론에서 이탈했다고 비판하지만,[5] 나는 후기의 정치학은 중기의 존재론에 근거할 때에만 온전히 이해될 수 있으며, 반대로 중기의 존재론은 후기의 정치학을 통해 실천적으로 이해될 수 있다고 본다.

물론 이곳은 들뢰즈 존재론의 전모를 살피기 위한 자리가 아니다. 그러므로 그의 정치학을 이해하기 위한 발판을 마련하는 차원에서 그의 주요 저서에 나타난 존재론을 아주 개괄적으로 살펴보기로 하자. 들뢰즈의 존재론은 세 권의 책에서 세 가지 방식으로 서술된다. 『차이와 반복』에서 존재는 시간 속에서 반복하는 것으로 나타나고, 『스피노자와 표현의 문제』에서 존재는 표현하는 것으로 나타나며, 『의미의 논리』에서 존재는 역설 즉 두 방향의 생성으로 설명된다.

## 1) 『차이와 반복』의 존재론

들뢰즈의 작업은 우선 재현 비판에서 시작된다. 재현을 통해서 차이는 사유될 수 없다. 재현이 차이를 사유할 때, 그것은 4중의 굴레들, 즉 개념 안의 동일성, 술어 안의 대립, 판단 안의 유비, 지각 안의 유사성 등에 차이를 종속시킨다. 재현은 어떤 수렴하는 세계, 어떤 단일의 중심 세계가 있어야 하며, 그래서 발산과 탈중심화를 긍정할 능력을 갖지 못한다. 예컨대 환각(phantasme)으로부터 모상을 구분 짓고 다시 모상

---

5) 슬라보예 지젝, 김지훈 외 옮김, 『신체 없는 기관』, 도서출판 b, 160~172쪽.

으로부터 원형을 구분 짓는, 그래서 환각을 추방하려는 플라톤적 의지는 자기동일적 원형의 내적 유사성을 감싸고 돈다. 그것은 자유로운 차이들, 유목적 분배들, 원형과 모상에 동시에 항거하는 짓궂음들을 비난함으로써 도덕적이고 신학적인 위계질서를 확립한다. 사유하는 주체에 의해 차이가 개념의 동일성에 종속되어 있을 때, 사유 안의 차이가 사라진다. 사유하기와 사유되는 것 사이의 차이, 다시 말해 사유하기의 그 생식성이 사라지는 것이다(『차이와 반복』, 560쪽. 이하 쪽수만 표시).

사유 안에서 차이를 복원하기 위해서는 몇 개의 매듭이 풀려야 한다. 첫번째 매듭은 차이를 개념의 동일성 아래에 종속시키는 매듭이며, 두번째 매듭은 차이를 지각 안의 유사성에 종속시키는 매듭이다. 전자는 사유 안에 있는 심층적 균열을 해방시키는 것이며 후자는 차이를 비외연적이고 질화되지 않는 공-간(spatium)의 강도로 복원하는 것이다. 세번째 매듭은 차이를 부정적인 것에 종속시키는 부당한 끈(서술에서의 대립)이다. 들뢰즈를 부정의 철학자로 만드는 지젝의 전유 방식을 고려할 때 이 점은 조금 더 자세히 살펴볼 필요가 있다. 차이는 실증적(비)-존재인 메온(mê on)이지 소극적 비-존재인 우크온(ouch on)이 아니다. 차이는 문제제기적인 것의 존재를 의미하는 것이지 부정적인 것의 존재를 의미하지 않는다(562쪽). 메온으로서의 차이는 부정의 '비'(非)가 아니라 허사 NE를 가리키며, 모든 긍정에 선행하면서도 충만하게 현동적(現動的, positif)인 것이다. 현동적이란 정립된다는 것이며 긍정이란 현동성을 구현하고 해결하는 것을 의미한다. 그렇다면 긍정이 현동하는 것은 무엇인가? 그것은 차이이다. 그래서 긍정은 차이의 긍정이다. 여기에 우리는 재빨리 다양한 긍정을 분만하는 것은 문제제기적 다양체임을 덧붙여야 한다. 그래서 긍정의 본질은 다양하다는 것이며 차이를 긍정한다는 것이다. 부정적인 것은 생산된 긍정들 위로 드리운 문제의 그림자에 지나지 않는다(563쪽).[6]

> 역사는 부정을 통해, 부정의 부정을 통해 앞으로 나아가는 것이 아니라 문제들의 규정을 통해, 차이들의 긍정을 통해 앞으로 나아간다. …… 부정적인 것은 단지 어떤 귀결에 불과하고 긍정이 이중화되는 어떤 반사물에 불과하다. 그렇기 때문에 참된 혁명들은 또한 축제의 분위기를 띤다. 모순은 프롤레타리아의 무기라기보다는 차라리 부르주아가 자신을 방어하고 보존하는 방식이고 그 뒤에 숨어 어떤 문제들을 결정하려는 자신의 요망을 지탱하는 그림자이다. …… 모든 곳에서 부정적인 것은 의식의 반동이고 진정한 행위자, 진정한 연기자의 변질이자 타락이다.(564~565쪽)

풀어야 할 네번째 매듭이 남아 있다. 그것은 차이를 커다란 유들과 종들에 종속시킴으로써 판단을 내리는 매듭이다. 차이를 변질시키고 타락시키는 이 매듭들은 반복을 일그러뜨려 완전한 유사성이나 극단적 동등성으로, 다시 말해 헐벗은 반복으로 보게 만드는 매듭이기도 하다. 말하자면 이것은 근거의 매듭이다. 재현을 근거 짓는다는 것이다. 그러나 이러한 근거는 발산과 탈중심화의 역량, 시뮬라크르 자체의 역

---

6) 그리고 들뢰즈는 부정적인 것에 의해 생산되고 부정의 부정으로 생산되는 긍정은 거짓된 것이라고 단언한다(564쪽).

량에서 오는 도전을 피할 수 없다. 근거는 한편에서는 재현의 형식들을 향해 기울어 있고, 다른 한편에서는 재현을 허락지 않는 무-바탕으로 비스듬히 빠져들고 있다. 순수한 규정, 추상적인 선으로서의 사유는 미규정자인 이 무-바탕과 대결해야 한다. 이 미규정성, 무-바탕이 사유의 생식성이다. 어리석음은 사유의 가장 큰 무능력을 구성하지만, 사유에게 사유하도록 강요함으로써 사유의 가장 높은 능력의 원천이 된다. 사유는 미규정자와 규정으로 이루어진 기계이다. 이 기계가 기능할 수 있도록 만들어 주는 것은 차이 또는 규정 가능한 것의 형식이다. 규정 가능한 것은 어떤 나-선행자이며 전-개체적 독특성이다. 이 비인격적 개체화와 전-개체적 특이성의 세계야말로 근거를 와해시키면서 시뮬라크르들을 불러들이는 깊이와 무-바탕의 진정한 본성이 드러나는 세계이다.

재현의 이 네 가지 매듭을 풀어 냈을 때, 비로소 드러나는 것은 시뮬라크르의 면이다. 시뮬라크르의 체계는 기초 개념들로 이루어진다. 이것은 재현의 범주들과는 다르다. 들뢰즈는 그것들을 다음과 같이 서술한다.

① 강도들이 조직되고 있는 깊이, 공-간. ② 강도들이 형성하는 불균등한 계열들, 이 계열들이 그려 내는 개체화의 장들(개체화 요인들). ③ 계열들을 서로 소통케 하는 '어두운 전조'. ④ 그 뒤를 잇는 짝짓기, 내적 공명, 강요된 운동들. ⑤ 체계 안에 서식하게 될 수동적 자아와 애벌레-주체들의 구성, 그리고 순수한 시공간적 역동성들의 형성. ⑥ 체계의 이중적 분화를 형성하고 개체화 요인들을 뒤덮게 될 질과

외연들, 종과 부분들. ⑦ 개봉된 질과 연장들의 세계 안에서 이 개체화 요인들이 여전히 끈질기게 항존한다는 사실을 증언하는 봉인의 중심들.(582쪽)

시뮬라크르의 체계가 발산과 탈중심화를 가능케 하며, 특권적 계열도 원형도 동일성도 소유하지 않으면서 서로 유비적이지 않은 계열화를 가능케 하는 것은 이 기초 개념들을 통해서이다. 이것들은 재인의 대상이 아니라 본질적인 마주침의 대상이다. 그것들은 지금 여기의 특수성으로도, 동시에 개념의 보편성으로도 환원되지 않는 새뮤얼 버틀러(Samuel Butler)의 에레혼(Erewhon)과 같다. 그것들은 범주들에 의한 정착적 분배와는 달리 유목적 분배를 가능케 한다(596쪽).

이제는 반복에 대해서 살펴보아야 한다. 들뢰즈는 세 가지 반복에 대해서 말한다. 표면적 반복, 심층적 반복, 그리고 궁극의 반복이 그것이다. 표면적 반복은 습관(하비투스)의 반복이며 심층적 반복은 기억(므네모시네)의 반복인 반면 궁극의 반복은 죽음의 반복이다. 습관의 반복에서는 요소들, 경우와 회(回)들, 외생적 부분들이 반복되며 기억의 반복에서는 내적인 가변적 총체성들이, 어떤 정도나 수준들이 반복되지만, 죽음의 반복에서는 근거가 무-바탕 속에서 폐기되고 이념들은 기억의 형식에서 벗어난다. 표면적 반복에서는 차이가 절도되며 심층적 반복에서는 차이가 포괄됨에 반해 궁극적 반복은 차이를 만든다. 들뢰즈는 첫번째 반복을 물질적 반복, 두번째 반복을 심리적 반복으로 이름 부르면서, 이 세번째 반복을 존재론적 반복이라고 이름 부른다.

반복 개념을 통해 들뢰즈가 말하고자 하는 것은 시간이다. "모든 반복들은 시간의 순수한 형식 안에서 질서를 이루고 있는 어떤 것이 아닐까?"(614쪽) 들뢰즈는 시간의 경험적 내용과 시간의 순수한 형식을 시간의 두 가지 종합 양식으로 구분한다. 전자가 헐벗은 반복이며 후자가 옷 입은 반복이다. 전자는 결핍에 따라 즉 부정적인 방식으로 정의된다. 이 반복의 시간은 스피노자의 1종 인식에 상응한다. 주의해야 할 것은 이 반복이 부정적인 것과 동일자의 특징들을 수용하고 있지만, 자신의 계열 안에 무엇인가를 위장해 놓고 있고, 이 위장된 것을 통해 자신의 계열들 안으로 어떤 수축들을 끌어들일 수 있으며, 이 수축들은 다른 반복이 무르익어 가고 있는 어떤 우유부단한 하비투스에 해당한다는 것이다(617쪽). 이러한 반복 없이 두번째 반복으로의 이행이 가능할까? 불가능할 것이다. 두번째 반복은 첫번째 반복이 숨겨 놓은 위장들을 재취합하고 독점함으로써 어떤 변신을 꿈꿀 수 있다. 습관의 재취합을 통해, 자신의 기억과 세상의 모든 기억의 심층을 회복하는 것을 통해 변신은 가능해진다. 이것은 스피노자가 말하는 공통관념의 발견, 즉 공통되기의 과정이 아닌가? 이 두번째 반복에서 시간은 능동적으로 되고 시간 전체와 대등하게 된다.

그러나 이것이 끝이 아니다. 세번째 반복, 즉 시간의 경첩이 풀리는 반복이 있다. 앞의 두 반복이 순환주기 안에서 사고될 수 있는 것이라면 세번째 반복은 그 순환주기를 파괴하면서 앞의 두 반복이 자신에게 의존하도록 만든다. 매 순간 일어나는 것은 세번째 반복이며 앞의 두 반복은 결정적인 순간에만 일어난다. 이제 반복되고 있는 유일의 사태에 대해 두 개의 반복이 있다고 말해야 한다. 자신의 조건들에 해당하는 의미작용을 폐기하면서 자신을 스스로 반복하는 것은 그 반복되고 있는 유일의 사태뿐이다. 다시 말해 회귀하는 것은 이 세번째 반복뿐이다. 앞의 두 가지 반복은 회귀할 수 없다. 그래서 이제 다음과 같이 말할 수 있다.

영원회귀는 오직 세번째 시간 속에만 있다. …… 결핍에 의한 행위의 조건은 돌아오지 않으며 변신에 의한 행위자의 조건 또한 되돌아오지 않는다. 다시 돌아오는 것은 영원회귀에 해당하는, 생산물 안의 무제약자뿐이다. 영원회귀의 배제력과 선별력, 영원회귀의 그 원심력은 반복을 의사순환주기의 세 가지 시간 안으로 분배하는 데 있지만, 또한 바로 그 원심력을 통해 처음의 두 반복은 되돌아오지 않게 되고 결정적인 것은 어떤 한 순간의 것이 되며 자기 자신 위에서 맴도는 세번째 반복만이 매번이나 매 순간을 위해, 영원회귀를 위해 다시 돌아오게 된다. 부정적인 것, 유사한 것, 유비적인 것은 어떤 반복들이지만, 언제나 영원회귀의 수레바퀴에 의해 쫓기는 신세이므로 다시 돌아오지 못한다. …… 다시 돌아오는 것은 오직 긍정뿐이고 다시 말해서 차이나는 것, 유사성에서 벗어나는 것뿐이다. 이와 같이 선별적인 어떤 긍정에서 기쁨을 끌어내기에 앞서 얼마나 커다란 불안이 따를 것인가? …… 익명인 '아무개'는 영원히 반복하지만, 이 '아무개'는 이제 비인격적 개체성과 전-개체적 독특성의 세계를 지칭하기 때문이다. (619~623쪽)

여기서 다시 키에르케고르와 니체가 스피노자의 방식으로 종합되는 것은 아닌가? 세번째 반복에서 우리는 제3종의 인식, 영원성·절대적 능동성·기쁨 등 『차이와 반복』의 보충논문인 『스피노자와 표현의 문제』에서 탐구될 주제들을 이미 충분히 확인할 수 있다. 이제 물어야 할 것은 이 세번째 시간의 내용이다. 영원회귀에 의해 변용되는 것의 내용은 무엇인가? 들뢰즈는 그것이 "시뮬라크르, 오로지 시뮬라크르들뿐"(624쪽)이라고 간명하게 대답한다. 그것은 무의식 안의 대상=x, 언어 안의 단어=x, 역사 안의 행위=x 등이다. 시뮬라크르는 "차이나는 것이 차이 그 자체를 통해 차이나는 것과 관계 맺는 그 체계들"(624쪽)이다. 따라서 **영원회귀 안의 반복은 차이 고유의 역량의 표현**이다. 하지만 차이는 자신의 역량의 끝에서만, 즉 영원회귀 안의 반복을 통해서만 자기자신을 되찾고 자유를 얻을 수 있다. 다시 말해, 차이가 영원회귀의 반복을 가능케 하고 영원회귀가 차이를 긍정하게 되는 것이다.

그래서 들뢰즈는 (재현이 아니라) **반복이야말로 이제까지 실현된 유일한 존재론이고 존재의 일의성**이라고 말한다(631쪽). 그는 존재의 일의성을 옹호하는 두 가지 근본적 테제를 정식화하기 위해 비로소 스피노자를 도입한다. 첫번째 테제는 "존재의 형식은 복수적이지만 이 형식들이 범주들과는 달리 존재를 분할하지 않고, 그래서 존재 안으로 복수의 존재론적 의미를 끌어들이지 않는다"는 것이다. 이것은 『스피노자와 표현의 문제』에서 수적 구별과 실재적 구별에 대한 분석(1장)으로 상술되는 것이다. 또 하나의 테제가 있다. 그것은 "존재를 언명하는 존재자는 본질적으로 변동적인 어떤 개체화하는 차이들에 따라 할당되고, 이 개체화하는 차이들은 필연적으로 '각자'에게 어떤 복수의 양태적 의미작용을 부여한다"(631쪽)는 것이다. 이 두번째 테제를 통해 들뢰즈는 스피노자의 일의성 개념의 한계를 지적하는 것일까? "일의적인 것이 순수한 긍정의 대상이 되는 수준으로까지 나아가기 위해 스피노자주의는 한 걸음만 더 내디디면 된다. 그것은 실체로 하여금 양태들주위를 돌게 만드는 것이고, 다시 말해서 영원회귀 안의 반복에 해당하는 일의성을 실현하는 것이다."(632쪽) 분명히 들뢰즈는 일의적 존재가 단지 사유되고 긍정되기만 할 것이 아니라 실제적으로 실현되어야함을 강조하고 있다(114쪽). 존재의 일의성이란 존재 자체의 일의적 성격뿐만 아니라 이 일의적 존재가 다의적 존재자를 통해 언명된다는 점을 동시에 의미한다는 것이다. 이처럼 들뢰즈의 존재론은 "영원회귀의바퀴는 차이에서 출발하여 반복을 산출하는 동시에 반복에서 출발하여 차이를 선별한다"(114쪽)는 명제로 집약된다.

## 2) 『의미의 논리』의 존재론

『의미의 논리』에서 영원회귀의 시간은 순수 생성으로 나타난다. 차이가 있다면 그것을 언어와 관련 짓는 것이다. 두 개의 언어가 있다. 형상의 작용을 받아들이는 정지와 고정의 언어, 그리고 운동과 생성을 표현하는 언어(『의미의 논리』, 45쪽. 이하 쪽수만 표시). 명사와 형용사가 무너져 순수 생성의 동사들에 연결될 때 모든 동일성은 사라진다. 스토아학파는 두 종류의 사물을 가른다. 하나는 물리적 성질을 가진 물체들이다. 이것은 응집력, 능동과 수동의 특성을 갖는 사물들 혹은 사태들이다. 공간 안에 실존하는 것은 이 물체들뿐이다. 또 하나는 이 물체들을원인으로 하여 발생하는 효과들, 즉 비물체적인 것들이다(48~49쪽). 이것들은 부정법들에 관련되는 아이온, 과거와 미래로 무한히 나뉘며현재를 끊임없이 지워 버리는 생성이다. 이들은 사물이나 사태가 아니라 사건이다. 스토아 학파는 비물체적인 것(플라톤의 이념)을 효과로 전화시킴으로써 플라톤주의를 전복한다. 그러므로 시간에 대한 두 가지 독해가 가능하다. 물체에 기반한 독해와 사건에 기반한 독해(51쪽).

그렇다면 존재론의 최상위의 항은 존재가 아니다. 그것은 존재와 비존재를 실존하는 것들과 내속하는 것들로 아우르는 한에서의 **무엇**(aliquid)이어야 한다. 그 '무엇'은 사물과 사건, 사태와 명제, 존재와 의미(물체 표면에서의 비물체적 사건들=표면효과)라는 두 가지 방향으로 생성하며 계열화한다. 이 '무엇'은 선불교의 역설 혹은 영미철학의 무의미와 유사하다. 그것은 깊이를 추방하는 표면 사건들의 펼쳐짐으로서, 깊이와 높이의 기법인 아이러니에 대항하는 기법이다. 이때 물체들은 효과들의 실제 원인이며 효과들은 서로 사이에 준원인으로 작용한다.

명제의 새로운 차원에 대한 논의는 사건의 차원이 무엇인가를 좀 더 구체적으로 밝혀 준다. 명제는 일반적으로 지시, 현시, 기호라는 세 가지 작용 속에서 이해되어 왔다. 유물론은 지시를, 데카르트주의는 현시를, 구조주의는 기호를 각각 근본적인 것으로 사고해 왔다. 들뢰즈는 여기에 "순간적이기 때문에 경험에 의해 외부에서 확인하는 것이 불가능한 차원"을 도입해야 한다고 말한다. 이것이 의미의 차원이다. 들뢰즈는 의미의 차원과 다른 명제 차원들 사이의 관계를 밝힌다. 우선 의미의 차원은 모든 지시작용에 전제된다. 즉 지시작용을 위해 우리는 의미 안에 단번에 들어간다. 그런데 지시는 신념과 욕구에 따라 현시하는 '나'에 의존한다. 하지만 또 나의 신념과 욕구의 질서는 기호작용의 개념적 함축들의 질서에 기반한다. 그렇다면 지시가 전제했던 의미가 바로 기호작용인 것인가? 그럴 수 없다. 기호작용은 다시 지시를 전제하기 때문이다. 요컨대 지시와 현시와 기호 사이에는 원환관계만이 있을 뿐이다. 그래서 들뢰즈는 명제의 새로운 네번째 차원을 의미로 정의한다. "의미는 명제에 있어 표현된 것이다. 그것은 사물들의 표면에 존재하는 비물체적인 것이며 환원 불가능한 복합적 존재이며 명제 속에 내속하거나 존속하는 순수한 사건이다."(74쪽) 들뢰즈의 유물론적 존재론에서 나타났던 존재자와 존재의 관계는 여기서 명제와 의미의 관계로 반복된다. 의미는 존재론적 반복에 의해 규정되는 심층적·심리적 반복의 시간으로 나타난다. 그것은 사물들 속에 존재하는 것도, 정신 속에 존재하는 것도 아니다. 그것은 지시, 현시, 논증과 구분되는 후설의 표현 즉 지각적 노에마에 가깝다. 그것은 감각적 성질을 갖지 않는 것, 즉 "지각행위의 지향적 상관자인 객관적이고 비물체적인 통일체"이다. 그것은 실존하는 것이 아니라 내속/존속한다.[7] 그것은 명제와 사물의 경계선이다. 의미는 사건인데, 이때 사건은 한 사태에서의 사건의 현실화와 혼동하지 말아야 한다.

이렇게 해서 원인과 결과, 물체적 사물과 비물체적 사건의 이원성은 사물들과 명제들, 물체들과 언어, 먹기와 말하기의 이원성으로 확장되었다. 왜냐하면 사건-효과들이 그것들을 표현하는 명제들 바깥에는 존재하지 않기 때문이다. 그러나 이 이원성은 근본적인 것이 아니다. 사물들과 명제들은 의미를 경계선으로 해서 맞붙어 있기 때문이다(수

---

7) 명제의 빈위인 '푸르다'와 '푸르러지다'를 비교해 보라. 의미는 명제의 빈위가 아니라 사태의 부대물이다.

증기!). 그렇다면 의미는 무엇인가? 그것은 사태들의 부대물로서의 열외존재이며 존재에 속하기보다 비존재에 속하는 무엇(aliquid)이다. 그것은 실존하지는 않지만 명제 안에 존속한다(91~92쪽). 그것은 명제와 사물, 기표계열과 기의계열 안에서 부단히 순환하면서 이 두 계열의 소통을 가능케 하면서 양식과 상식을 전복시키는 역설적 심급이다(104쪽).[8] 그것은 어떤 자리도 없이 존재하는 동적 대상이다.[9]

들뢰즈는 의미의 이러한 개념화가 정치학에 대해 갖는 함의를 다음과 같이 서술한다.

> 혁명들을 가능케 하는 것은 [기표와 기의 사이의] 이 비평형이다. 혁명들은 점진적인 기술적 발전에 의해 결정되는 것이 아니다. 혁명들은 기술적 발전의 부분들로서 기능하는 경제적이고 정치적인 총체성의 보수를 요구하는 두 계열 사이의 거리에 의해 가능해진다. 그래서 사실상 동일한 것인 두 가지의 오류가 존재한다. 첫째 개량주의 또는 기술주의의 오류는 기술적 진보의 리듬에 맞추어 사회적 관계들의 부분적 정비를 증진시키거나 강요하려고 하는 점에 있다. 둘째 전체주의의 오류는 특정한 순간의 사회적 총체의 리듬에 맞추어 기호화 가능한 것 또는 인식된 것의 총체화를 구성하고자 하는 점에 있다. 그래서 기술주의는 자연스럽게 독재와 컴퓨터의 친구가 되지만, 혁명가는 기

---

8) 또 『의미의 논리』, 계열 12, 특히 160쪽 참조.
9) 이것은 말들과 의미들, 음절적 요소들과 기호학적 요소들에 동시에 근거하면서 공존하는 계열들의 무한한 분지화를 수행하는 세번째 종류의 신조어 즉 선언적 신조어(disjonction) 혹은 말손가방(portmanteau)에 상응한다. 축약하는 신조어(connexion), 순환하는 신조어(conjonction)는 말손가방의 기능을 충족시키지 못한다(113~114쪽).

술적 발전과 사회적 총체성 사이에서, 이 사이에 그의 영구혁명의 꿈을 새기면서 그 간격 안에서 살아간다. 그래서 이 꿈 자체는 기존의 모든 질서에 대한 행위, 현실, 효과적인 위협이며 그가 꿈꾸는 것을 가능케 한다.(116~117쪽)

이 말은, 혁명(그리고 예술과 철학)이 새겨져야 하는 자리가 '자리를 갖지 않는' 의미의 평면임을 의미한다. 이 평면은 차이와 반복의 관계로도, 혹은 구조와 특이점의 관계로도 설명될 수 있다. 전자의 맥락에서 볼 때 의미의 평면은 차이에 의해 추동되는 심층적·심리적 반복의 시간 그 자체이며 후자의 맥락에서 볼 때 의미의 평면은 계열들의 미분적 관계들(즉 구조)의 함수값으로서의 특이점들이다(119쪽). 왜냐하면 이 특이성들이 기표와 기의를 결정할 수 있도록 분배되면서 의미의 존재를 보장하기 때문이다.

특이성은 본질적으로 전개체적이고 비인칭적이고 비개념적이며 중성적이다. 특이성들은 발산 혹은 수렴하는 탈물질적 사건들로서, 서로 계열화되어 특이한 구조를 구성한다. 이것은 사건을 본질과 혼동하는 독단주의와의 투쟁뿐 아니라 사건을 사고와 혼동하는 경험주의와의 투쟁을 동시에 함의한다. 사건은 본질도 사고도 아닌 특이성들의 분출로 이해된다(124쪽). 이제 우리는 사건을 다시 문제의 관점에서 살펴볼 수 있다. 사건들은 문제들에 관련되며 문제의 조건을 정의한다. 문제가 존속하는 곳은 해들 자체의 생성을 조직하는 사건-총체(l'Idee) 안이다. 이 사건-총체 없이는 해들은 의미를 가질 수 없다. 문제는 결코 일시적인 불확정성이 아니라 사건-총체의 고유한 양상이며 사건들에 필수적으로 수반되는 지평이고 탈물질적 객관성들이다. 그러나 각각의 문제가 물음은 아니다. 문제는 계열들에 상응하는 특이점들에 의해 규정되지만, 물음은 빈칸이나 움직이는 요소들에 상응하는 우발점에 의해 규정된다.[10]

> 특이성들의 형태 변이나 재분배는 하나의 이야기를 형성한다. 각각의 조합, 각각의 배열은 하나의 사건이다. 그러나 역설적 심급은 그 안에서 모든 사건들이 소통하고 분배되는 대사건이자 모든 다른 사건들이 그것의 조각들이나 단편이 되는 유일 사건이다. …… 물음은 문제들 안에서 전개되며 문제들은 근본물음 안에 포함된다.(129쪽)

문제는 해와 관계를 맺지만 물음은 응답과 관계를 맺는다. 해들이 문제들을 제거하기보다 그들이 의미를 가지는 데 필수적으로 존속하는 조건들을 거기에서 찾아내는 것과 같이, 응답들 역시 물음을 억압하지 않고 또 그것을 메우지도 않는다(129쪽). 물음이 우발점에 상응한다고 했을 때, 그것은 상상 가능한 시간 연속체에서 최대치보다 더 큰 시간 안에서 모든 계열들을 가로질러 끊임없이 자리옮김하는 한번-던짐(unique lancer)이다. 반면 특이점은 상상 가능한 연속적 시간에서 최소치보다 더 작은 시간 안에서 이루어지는 계열적 최소치이다. 우발적인 한번-던짐은 혼돈이며 각각의 특이한 수는 이 혼돈의 조각들이다. 각각의 수는 특이점들의 배분을, 별자리들을 만들어 낸다. 이 배분은

---

10) 특이성-(계열화)-사건-(집합화)-구조, 그리고 문제-사건-해.

결코 정주적이지 않으며 유목적이다.

이제 들뢰즈는 이상의 것을 직접적으로 시간에 대한 논의로 가져
간다. 한번-던짐의 시간, 즉 결코 한계 지어지지 않으며 효과들로서의
비물체적 사건들을 표면에 모으는 과거와 미래가 있다. 이것은 아이온
이다. 그리고 다른 한편에는 언제나 한계 지어지며 원인들로서의 물체
들의 활동과 이들 심층에서의 혼합상태를 측정하는 현재인 크로노스
가 있다(136쪽). 후자는 주기적인 시간으로서 물체들의 운동을 측정하
고 물질에 의존한다. 전자는 표면에서의 순수한 직선이고 비물체적이
고 한계 지어져 있지 않으며 모든 물질에서 독립적인 시간의 빈 형식이
다(138쪽). 좀더 명확한 부분을 인용해 보자.

> 아이온은 우발점이 그리는 직선이다. 각 사건들의 특이점들은 언제나
> 그들을 무한히 나누는, 또 그렇게 함으로써 그들을 소통하게 만들거
> 나 선 전체로 펼쳐지고 늘어지게 만드는 우발점과 관련해 이 선 위에
> 서 분배된다. 각 사건들은 아이온 전체에 적실하며, 모두 서로 소통하
> 며 모두 하나의 유일하고 동일한 대사건, 아이온의 사건, 즉 그들이
> 영원한 진리를 가지게 되는 사건을 형성한다. 오로지 물체들만이 서
> 로를 투과하며 크로노스만이 사태들로, 그리고 그것이 측정하는 대상
> 들의 운동들로 채워지는 것이다. 그러나 빈 형식이자 시간에 의해 펼
> 쳐지는 형식인 아이온은 그것을 늘 따라다니면서도 그것 안에 살지는
> 않는 것, 즉 모든 사건들을 대신하는 대사건을 무한히 분할한다. 바로
> 그렇기 때문에 사건들 또는 효과들 사이의 통일성은 물체적 원인들
> 사이의 통일성과는 전혀 다른 유형에 속하는 것이다.(140쪽)

우리가 코뮤니즘을 생각할 수 있는 평면은 바로 이곳일 것이다. 그것은 결코 물질적 차원에서 이루어지는 통일성일 수 없다. 그것은 사건들 혹은 효과들의 통일성으로서 물체들의 통일을 따라다니면서도 그 평면 외부에 있는 시간이다. 그것은 언젠가 도달할 시간이 아니라 삶의 매 순간 어느 곳에서나 움직이고 있는 내속하는 시간이다. 코뮤니즘은 이런 의미에서의 사건, 즉 우발점에서 특이점으로의 이행을 표식하는 카이로스의 시간이다.[11] 이 시간은 혁명과 예술과 철학에서 발견된다. 이 카이로스의 사건은 위대한 정치의 시작이다.

우리 자신을 좀 흐트러뜨리는 것으로, 표면에 존재하는 것을 배우는 것으로, 우리의 피부를 북으로 사용하고 그래서 '위대한 정치'의 시작을 알리는 것으로 충분하다. 인간을 위한 것도 신을 위한 것도 아닌 빈 칸, 일반적인 것에 속하는 것도 개별적인 것에 속하는 것도, 또 인칭적인 것도 보편적인 것도 아닌 특이성들. 인간이 꿈꾸고 신이 생각했던 것보다 더 큰 의미와 자유, 효과 창출들에 기반하는 순환들, 메아리들, 사건들이 이 모든 것을 가로지른다. 빈 칸을 순환시키는 것, 전개체적이고 비인칭적인 특이성들로 하여금 말하게 하는 것, 요컨대 의미를 생산하는 것이야말로 오늘날 우리의 과제인 것이다.(153쪽)

---

11) 『의미의 논리』 계열 11에서 들뢰즈는 우발성과 특이성의 관계를 의미와 무의미의 내재적 관계로 설명한다. 그에 따르면 무의미는 그 고유한 의미를 말하는 하나의 말이다. 그것은 기호작용의 한 규정일 뿐만 아니라 의미를 주는 역할을 수행한다. 반면 의미는 언제나 하나의 효과, 광학적 효과·음향적 효과·표면효과·위치효과·언어효과이다(146~147쪽). 구조주의는 의미가 무의미(죽음의 자리, 왕의 자리, 맹목적 오점, 떠다니는 기표, 제로값, 무대 측면, 부재하는 원인, 빈 칸 등등)에 의해 그리고 무의미의 항구적인 자리옮김에 의해 생산된다고 주장한다는 점에서 같은 것을 이야기하고 있다(150쪽).

의미를 생산하기 위해서는 역설의 영역에 들어서야 한다. 역설의 열정이야말로 최고의 잠재력을 실현한다. 항상 두 방향을 동시에 향하는 역설은 시간을 대상화하여 측정하고, 그것을 고정된 그 무엇에 비틀어 매어 사실상 시간을 정지시키는 양식의 시간을 절단한다. 그것은 무의식의 능력이다. 왜냐하면 그것은 의식의 등 뒤에서 상식에 반하여 발생하기 때문이다. 이렇게 의미는 무의미의 방향을 취한다. 그렇지만 의미는 또한 기호작용의 조건들에 규정되지 않고서는 생성되지 못한다. 의미를 부여받은 계열들의 항들은 기호작용에 복종하여 가능한 현시, 지시들의 법칙과 연관되는 것이다. 무의미에는 두 종류가 있다. 하나는 표면 무의미이며, 또 하나는 심층 무의미이다. 표면 계열의 무의미는 기호작용에 종속되지만(이차적 조직화), 심층의 극들에는 사실상 계열이 없다. 이것은 표면의 절단과 구분되는 균열(Spaltung)로서 모든 의미를 흡수하여 삼켜 버리는 기관 없는 신체, 밑의미(Untersinn)이다.[12]

이제 의미를 인과의 맥락에서 살펴보자. 의미는 물체적 원인들 및 이들의 조합에서 유래하는 효과이다. 그래서 그것은 언제나 자신의 원인에게 물어뜯길 위험을 감수한다. 원인들인 물체들 사이의 연결과 비물체적 효과들 사이의 연합이 생성되어 인과의 이질성이 출현될 때에만 의미는 자율성을 가질 수 있다. 즉 비물체적 의미는 표면 위에서 비물체적 준원인과 결부되는 한에서만 물체적 원인과의 차이를 보존할수 있다(180쪽). 다시 말해 의미는 무의미, 우발점이 물체적 원인과는 별도로 그것의 준원인으로서 기능할 때 원인들로 환원되지 않을 수 있

---

12) 캐럴이 표면 무의미의 탐구자라면, 아르토는 심층 무의미의 탐구자이다(계열 13).

다. 이 준원인에 의해 의미는 투과 불가능성, 비생산성, 능동과 수동에서의 자유로움, 중성을 갖게 된다.[13] 준원인은 선험적이고 중성적이며 전개체적, 비인칭적, 반일반적이다. 하지만 이 선험적 장에서 시작되는 표면적 조직화는 이 장을 발생적 장(특이성을 요소로 삼는 구조!)으로 나타나게 한다. 이것이 의미의 두 측면이다.

대체 어떻게 중성적 표면이 풍부한 생산성의 원리로 작동할 수 있는가? 선험적 장에서 방출되는 것은 특이성들이다. 특이성들의 방출은 무의식적 표면 위에서 이루어지며 노마드적 배분에 의한 자기통일의 내재적·동적 원리로 작동한다(194쪽). 특이성들은 개체들과 인칭들의 발생을 주도하지만 그 자체로 개체적이거나 인칭적이지 않다.[14] 그렇다면 누가 말하는가? 내가 말하는가(데카르트), 그것이 말하는가(메를로-퐁티), 그들이 말하는가(푸코), 초인이 말하는가(니체)……?

이제 개체의 발생에 대해 논해야 한다. 특이점들은 서로 이웃을 맺는다. 하나의 세계가 구성되는 것은 특이성 계열들의 선별과 수렴이라는 조건 하에서이다. 이것이 공가능성(compossibilité)이다. 그리고 인식하는 주체로서의 자아는 공가능하지 않은 세계들 안에서, 발산하는 계열들을 가로질러 어떤 것이 동일화될 때 나타난다. 이어 개체에서 인칭으로의 이행이 있다. 인칭은 하나의 유일한 구성원만을 포함하는 집

---

13) 후설이 상식과 경험의 관점에서 준원인(노에마)에 접근함으로써 생긴 결과(이중적 무의미에 대한 합리주의적 회화화)와 사르트르가 선험적 장에서의 정적 발생을 발견하고도 이를 의식에 의해 규정되는 것으로 봄으로써 막힌 한계에 대해서는 『의미의 논리』 계열 14, 특히 186~188쪽 참조.
14) 시몽동에 따르면 특이성으로서의 이 선험적 장은 ①장의 포텐셜 에너지, ②계열들의 내적인 공명, ③막들의 위상학적 표면, ④의미의 조직화, ⑤문제적인 것으로서의 지위 등의 특성을 갖는다(196쪽).

합들이다(215쪽). 각 인칭은 그 집합의 유일한 구성원이지만 이는 그것에 다시 귀속되는 세계들, 가능성들, 개체들로 구성되는 하나의 집합이다. 그렇다면 개체·인칭이 어떻게 명제 차원으로 이행하는가? 이것이 「정적 발생의 논리학 2」(계열 17)를 구성한다. "개체들은 무한한 분석명제들과 관련된다. 개체들은 그들이 표현하는 것 안에서 무한하지만, 그들의 명료한 표현에 있어, 그들의 물체적 표현의 지대에서는 유한하다. 인칭들은 유한한 종합명제들과 관련된다. 인칭들은 그들의 정의에 있어 일정하지만 그들의 적용에 있어 일정하지 않다."(219쪽) 개체들과 인칭들은 존재론적 명제들이다.

의미는 문제로서 표현되며, 명제들이 그것에 상응한다. 문제는 발생적 요소의 실재, 명제의 어떤 테제로도 환원되지 않는 복잡한 테마이다. 문제는 해결 가능성에 의해 정의될 수 없다. 문제는 그것이 포섭하는 명제들과 유사하지 않다. 명제들 바깥에서는 실존하지 않지만, 명제적인 것은 아니다. 문제는 명제들 안에 내속하며 열외존재(=〔비〕-존재)와 일치한다. 이 문제가 의미의 장이다. 명제가 의미의 겉이라면 의미는 명제의 안감이다. 의미는 명제 속에 존속하는 순수 사건이며, 물체와 명제 사이에 형성되는 경계선으로서의 형이상학적 표면이다.

### 3) 표현주의적 존재론

『스피노자와 표현의 문제』에서 들뢰즈는 자신의 존재론을 표현 개념을 통해 구체화한다. 표현 개념은 『의미의 논리』에서는 지시작용, 현시작용, 기호작용을 비판하는 준거점으로 사용되지만 여기에서는 스피노자 철학의 독특함을 설명하는 일관된 실〔絲〕로 자리 잡고 있다. 요컨대 표현은 실체, 속성, 양태의 삼위일체 구도에 기초를 두고 있다.[15] 우선 실체는 "자신 안에 있으며 자신에 의하여 생각되는 것"[16]이다. 그것은 자기원인이다. 자기원인은 철저하게 유물론적인 것으로 이해된다. 왜 냐하면 자기원인은 "그것의 본질이 실존을 포함하는 것, 또는 그것의 본성이 실존한다고 생각할 수밖에 없는 것"[17]으로 이해되기 때문이다. 따라서 실체는 실존과 분리된 관념적 대상으로 이해되어서는 안 된다. 그것은 항상 양태 속에서, 즉 변용된 양태로 나타난다. 그렇다면 양태 는 무엇인가? 양태는 "실체와는 달리 다른 것 안에 있으면서 다른 것에 의하여 생각되는 것"[18]이다. 이런 의미에서 양태는 실체가 직접적으로 표현된 것이 아니다. 그것은 실체가 다르게 분화된 것이다. 이 때문에 실체와 양태는 같은 것이면서도 같은 것이 아니다. 세번째의 존재론적 개념은 속성이다. 이것은 실체와 양태 사이에 놓인다. 스피노자는 속성 을 "지성이 실체에 관하여 그 본질을 구성하고 있다고 **지각하는 것**"[19]으

---

15) 나는 스피노자와 들뢰즈의 존재론이 삼위일체 구도에 입각하고 있다고 생각한다. 이와는 달리 스피노자의 존재론은 실체, 속성, 양태를 축으로 하는 삼위일체적 존재론이지만 들 뢰즈의 존재론은 잠재적인 것과 현실적인 것을 축으로 하는 이항적 존재론이라는 해석도 있다. 이에 대해서는 Todd May, "Deleuze and Spinoza : An Aura of Expressionism", *Notre Dame Philosophical Reviews*, 2002, p.11 참조. 반면 Robert Piercey, "Spinoza intoxicated man : Deleuze on Expression"(http://www.situation.ru/app/j_art_1040. htm)에서는 두 사람 모두를 삼위일체적 존재론에 따라 해석한다.

16) 스피노자, 강영계 옮김, 『에티카』, 서광사, 1990, 13쪽.

17) 같은 책, 13쪽.

18) 같은 책, 14쪽.

19) 속성을 지성 의존적인 것으로 다루는 듯한 이 구절의 해석 문제는 스피노자 연구의 쟁점 으로 남아 있다(마이클 하트, 『들뢰즈 사상의 진화』, 3장 4절 참조). 나는 여기서 속성을 실 체의 본질의 표현으로 이해하는 데 그칠 것이다. 왜냐하면 속성을 정의한 1부의 정의 4에 곧 이어지는 정의 6에서 스피노자는 속성이 본질을 표현한다고 말하고 있기 때문이다. "나는 신을 절대적으로 무한한 존재, 즉 모든 것이 각각 영원하고 무한한 본질을 표현하 는 무한한 속성으로 이루어진 실체로 이해한다."(스피노자, 같은 책, 14쪽)

로 정의한다. 양태도 속성의 표현인데 속성도 표현이라면 이 양자는 어떻게 구분되는가? 들뢰즈에 따르면, 두 가지 모두 표현이지만 양태적 표현은 '실체의 속성으로의 표현'에 이어지는 '속성의 양태로의 재-표현'이다.

이렇게 해서 스피노자의 삼위일체적 존재론은 완성된다. 실체와 속성, 그리고 양태는 영원하고 무한한 존재인 신의 삼위일체 구조를 구성한다. 신은 실체의 관점에서는 영원하며, 양태의 수준에서는 시간적 지속이다. 실체의 관점에서는 하나이며 양태의 관점에서는 다수이다. 실체의 관점에서는 능산적이며 양태의 관점에서는 소산적이다. 이 두 관점 혹은 수준은 앞서 말한 것처럼 표현의 관계로 이해된다. 실체의 양태로의 이행은 표현의 과정인데 이 과정은 이중화된다. 첫째는 실체에서 속성으로의 이행이다. 이것은 첫번째 펼침으로서 여기에서 실체의 본질이 형상적으로 표현된다. 둘째는 속성에서 양태로의 이행이다. 이것은 두번째 펼침으로서 여기에서 실체는 스스로를 질, 양 등의 양태 속에서 재표현하고 속성들은 양태 속에서 스스로를 표현한다. 주의할 것은 표현을 유출과 혼동하지 말아야 한다는 것이다. 표현과 유출의 혼동은 역사적으로 뿌리가 깊다. 그러나 양자는 결코 동일한 것이 아니다. 유출은 결과가 원인으로부터 분리되는 것, 즉 배출과 방사를 의미한다. 그 결과물은 원인 쪽으로 돌아오지 않고 원인에서 멀어진다. 유출은 일방적이다. 하지만 표현에서는 펼쳐진 결과가 원인 속에 함축되며(감싸이며) 내속한다. 그래서 표현에서는 펼치는 것이 내보내는 것이자 동시에 감싸는 것으로 되는 이중운동이 나타난다. 신이 표현적이라고 할 때, 이것은 '표현하는 것'과 '표현', 그리고 '표현되는 것'을 포함한다. 신의 '표현'에서 '표현되는 것'은 다시 '표현하는 것' 속에 내속한다. 따라서 신은 '표현되는 것'을 통해 '표현'하는 '표현하는 것'이다. 이처럼 들뢰즈는 스피노자의 신이 표현의 역능임을 강조한다.[20]

## 들뢰즈와 정치학

앞에서 우리는 들뢰즈의 존재론 속에 들어 있는 정치적 함의에 대해 이미 암시한 바 있다. 그것은 개량주의적 기술주의와 전체주의 모두에 반대하는 것이었다. 그리고 그것은, 차이만을 돌아오게 하는 존재론적 반복에 입각한 영구혁명의 논리였다. 그러나 그는 그것을 좁은 의미의 정치학적 술어로 표현한 적이 없다. 그래서 들뢰즈에게는 정치학이 없다는 평가가 널리 확산될 정도였다. 그렇다면 『안티오이디푸스』와 『천의 고원』은 어떤가?

### 1) 지젝과 혁명적 문화정치

지젝은 이 물음에 대해 다소 센세이셔널한 주장을 펼친다. 그는 고유한 들뢰즈와 가타리와 연합한 들뢰즈 사이에 첨예한 분리의 선을 긋는다. 지젝의 눈에 가타리는 들뢰즈를 퇴행시키는 유혹자로 나타난다. 가타리와의 최초 공동작업인 『안티오이디푸스』는 실제로는 들뢰즈 자신의 오이디푸스화를 표시하는 것이라고 지젝은 비판한다.

"들뢰즈가 구조주의를 승인한 사실을, 자신의 기본적인 입장의 모

---

20) 그것은 사유역능과 활동역능으로 이중화된다.

든 결과를 그가 미처 완전히 자각하지 못했을 시절에 속하는 특질이라고 기각한다면(그리하여 '경직화'가 필연적인 근본화로 파악된다면) 이는 어쩌면 너무 성급한 일일 것이다. 이러한 경직화는 반대로 '퇴행'의 신호, 잘못된 '도주선'의 신호, 복잡함을 희생함으로써 어떤 교착상태를 해결하는, 그 상태로부터 벗어나는 잘못된 출구의 신호라면 어찌할 것인가? …… 가타리와 공동집필한 그의 텍스트들의 유연함은 즉 이제 마침내 일이 매끄럽게 돌아간다는 느낌은 사실상 거짓 위안이다. 그것은 사유의 짐을 성공적으로 회피했다는 것을 나타낸다. 왜 들뢰즈는 구조주의에 있는 그 자신의 뿌리를 부인하고 그것을 '악마화'하려는 이상한 압박에 굴복하는가?"[21]

전투는 잠재성을 어떻게 이해할 것인가에서 벌어진다. 이것은 앞에서 '무엇'(aliquid)으로, '차이적 반복'으로, '의미'로 제시되었던 바로 그것이다. 지젝은 들뢰즈의 잠재성 개념이 특히 중요하다는 사실에, 즉 들뢰즈가 잠재적인 것의 철학자라는 사실에 올바르게 주목한다. 그러나 그의 이론적 욕망은 사실은 들뢰즈의 잠재적인 것에 대한 개념을 상징적인 것의 개념으로 전치시키고 평면화하는 것이다. 다시 말해 들뢰즈의 잠재적인 것에서 역설의 성격을 빼앗는 것이다. 여기에 그의 전략의 핵심이 노출되어 있다. "잠재적인 것은 궁극적으로 상징적인 것 자체가 아닌가? 상징적 권위를 예로 들어 보자. 그것은 유효한 권위로 기능하기 위해서는, 완전히-현행화되지-않은-것으로, 영원한 위협으로 남아 있어야 한다."(18쪽) 이를 위해 그는 들뢰즈의 잠재적인 것이

---

21) 지젝, 『신체 없는 기관』, 165쪽. 이후 본문 인용 시 쪽수만 표기.

라는 개념에 존재와 생성의 존재론적 대립이 있으며, 이 대립의 궁극적 준거점은 "생성 없는 순수 존재라는 형이상학적 개념과 대립되는 존재 없는 순수 생성"에 있고, 그래서 그 대립이 근본적이라고 말한다(29쪽). 그런 후 그는 자신이 들뢰즈의 것으로 귀속시킨 이 '존재 없는 순수 생성'(혹은 '신체 없는 기관')이 바로 '상징적 거세로서의 남근'이라고 주장하고자 하는 것이다.

이러한 전치를 통해서 지젝은 유물론을 '의미-사건 층위의 자율성에 대한 단언'(71쪽)으로 정의한다. 신체의 거세(신체 없음), 물질의 소멸, 유일한 실재인 무(無), 부정성, 물체적 원인들의 그물망이 아니라 순수한 초월적 변용능력……. 이것이 지젝이 말하는 유물론의 어휘목록들이다. "근본적인 유물론자의 자세는 그 어떤 세계도 없다고, 그 전체에 있어서의 세계는 무라고 단언하는 자세"(57쪽)이다. 지젝은 들뢰즈가 존재와 생성의 대립이라는 올바른 설정에서 출발했으나 후기에 그것을 생산과 재현의 대립으로 보는 관점으로 퇴행했다고 주장한다(48쪽).[22] 그러나 이것은 『천의 고원』의 중요한 정치학인 되기의 장(10장)이 여전히 생산과 생성의 간극을 핵심적 평면으로 유지하고 있다는 점에서 오독이다. 들뢰즈의 정치학은 평면화되어 있는 것이 아니라 복합적이고 중층적이다. 『의미의 논리』에서 오이디푸스에 대한 평가와 『안티오이디푸스』에서 오이디푸스에 대한 평가가 어조를 달리하고 있다 할지라도 들뢰즈 자신의 정치학이 퇴행을 겪고 있는 것은 아니다. 그는 존재자와 존재, 물질적인 것과 비물질적인 것 사이에 잠재성의 장

---

22) 지젝은 들뢰즈가 『시네마』에서 다시 중기의 문제설정으로 돌아간다고 본다.

을 설정하며 습관적 혹은 기억적 반복의 시간과 존재론적 반복의 시간, 사물의 시간과 의미의 시간, 생산과 생성, 분화와 미분화, 경험적인 것과 초월적인 것 사이의 긴장을 놓지 않는다. 사실상 물질적인 것과 비물질적인 것 사이에서 잠재적인 것의 긴장된 위치를 간단히 비물질적인 것으로 이동시켜 버리고 신체(물질, 생산 등등)를 손쉽게 청산하고 있는 것은 정작 지젝 자신이다. 그는 객관주의적 유물론의 한계를 옳게 지적하지만 물질 개념의 혁신이라는 절실한 과제를 회피하고 만다. 그래서 지젝의 유물론은 그 자신이 "관념론과의 타협이 아니다"라는 변명을 하지 않으면 안 될 수준으로, 그래서 '포스트-형이상학적 관념론'이라고 부르고 싶은 충동을 금하기 어려울 수준으로 미끄러져 내려간다.

물질의 소멸에 접근하는 정치로서, 다시 말해 잠재에서 물적 현실로의 이행의 축(분화, 생산의 축)을 뺀 상태에서, 오직 잠재에서 비물질적 사건으로의 이행만을 고려하면서 제안되는 것이 지젝의 혁명적 문화정치이다. 그는 지금에 초점을 맞추는 포스트모던 정치학의 여러 양상을 "인식적 지도그리기에 근거한 그 어떤 접근도 희망 없다는 사실로부터의 필사적인 전략적 후퇴"(381쪽)라고 비난하지만, 정작 그는 과연 인식적 지도그리기로 돌아가는가? 전혀 그렇지 않다. 오히려 그는 철저하게 계획된 전략적 활동이 아니라 지금에의 완전한 몰입을 혁명적 문화정치의 혁명과정으로 설명한다.

그것은 혁명과 삶을 연극적인 것으로 변형시키자는 제안이다. 인민이 스스로를 연기하는 심미화(383쪽) ── 진정한 파괴의 주신제(에이젠슈테인), 무아지경의 난장, 목표지향적인 도구적 행동의 중지, 무제

약적 소모(바타이유), 혁명적 과잉, 추상적 부정성(헤겔)……. 이 진정으로 근본적인 정치적 행위에서는 파괴적 제스처와 전략적·정치적 결정의 대립이 사라진다고 말한다. 순수 소모의 불가능한 제스처만이 어떤 역사적 배치 내부에서 전략적으로 가능한 것의 바로 그 좌표들을 바꿀 수 있다. 지젝은 러시아 혁명과정의 초점이 익명적 대중에서 영웅적 개인들로 옮아간 시기를 1928~1933년의 스탈린 집권기로 보고, 사회주의 리얼리즘이 (프롤레타리아 분파주의를 청소하면서) 그것을 문학에서 완성하는 것으로 본다. 그래서 파괴적 에너지의 레닌주의적 해방적 폭발에서 스탈린주의적 법의 외설적 이면으로의 이동이 이루어진다는 것이다(391쪽).

이제 지젝에게 진정한 혁명은 혁명에 대한 혁명, 혁명 자체의 시초적 전제들을 혁명하는 혁명으로 이해된다. 이 심오한 혁명을 뒷받침하는 인물은 우선 "종교를 변화시키지 않으면서 어떤 부패한 윤리 체계, 그것의 구성과 입법을 변경하는 것은, 재형성 없는 혁명을 하려는 것은 현대의 어리석음이다"(396쪽 재인용)라고 말하는 헤겔이다. 물질적인 것에 앞서 종교를, 비물질적인 것을 변형시켜야 한다. 그에 이어 마오쩌둥이 성공적인 사회혁명의 조건으로서의 문화혁명 실행자로 제시된다. 문화혁명은 근본적인 것이다. 그것은 혁명의 전제, 준원인, 남근, 상징을 혁명하는 것이다. 이것은 근본적 부정성의 표출이다. 이 근본적 혁명은 꿈의 실현이 아니라 꿈꾸는 양태 자체를 재발명하는 것이다. 지젝은 잠재적인 것을 모든 현실적인 것에 대한 대립과 부정과 파괴의 자리에 놓는다. 그러나 그 자신도 의식하고 있듯이, 부정을 향한 충동이야말로 자본주의의 항구적 자기혁명 과정의 특질 바로 그것이 아닌가?

오늘날의 항구적 전쟁질서, 이것이 이 부정적 영구혁명 충동의 표현양식이 아닌가?

부각되는 것이 부정성과 무(無)인 한에서 지젝은 차이들이 되돌아오는 반복의 시간을 사고할 수 없다. 사회는 인간들의 협력체이다. 협력의 공간은 무엇을 의미하는가? 그것은 우선 차이들의 세계를 의미한다. 지젝이 말하는 간극들이 여기에 있다. 간극들은 일차적인 비물질적 공간을 정의한다. 거세, 탈영토화, 잠재화, 언어화, 관계의 장이 이곳이다. 차이들의 로두스 공간. 여기에서 차이들은 공포와 파괴의 충동을 넘어 스피노자적 방식으로 서로를 체험하며 점차 공통적인 것의 발견으로 나아간다. 직관은 바로 이 공통적인 것의 직접적이고 무매개적인 출현/체현이다. 영원한 것과 지복의 발생과정은 영원회귀에 기초한 절대적 민주주의의 현상학이 아닌가?

지젝은 (스피노자와는 달리) 다양체를 협력체로 사고하지 않으며 (들뢰즈와는 달리) 다양체를 차이를 되돌아오게 하는 구성적 반복의 시간으로 사고하지 않는다. 그는 다양체의 역설적 선분들을 준원인의 고정된 점으로 환원시킨다. 고정된 점으로 변화된 준원인, 잠재적인 것, 상징적 거세, 남근은 편집증적 파괴의 블랙홀로 되지 않을 수 없다. 반복되지 못하는 것들은 협력에 성공하지 못하는 것들이다. 공통적인 것의 발견에 도달하지 못하고 오직 상상적 관계에 머물 때, 자기에 고착될 때, 속성이 아니라 고유성에 머물 때, 차이는 돌아오지 못하고 파괴의 블랙홀로 된다. 이때 혁명과 정신적 테러는 구분할 수 없게 된다. 네그리와 마르코스 등을 비판하는 지젝에게서 발견되는 것이 바로 이 이론적 테러리즘이라면 "어찌할 것인가?"

## 2) 니콜래스 쏘번과 소수정치

니콜래스 쏘번(Nicholas Thoburn)은 『들뢰즈 맑스주의』에서 들뢰즈의 현대적 전유를 둘러싼 논쟁에 참가한다. 그가 발견하고 구성하는 것은 『맑스의 위대함』을 기획했던 '맑스주의자인 들뢰즈'와 그 들뢰즈 속의 '잠재적 맑스'이다. 이것은 들뢰즈를 탈맑스주의적 흐름 속에 위치시켜 온 지금까지의 주된 들뢰즈 해석 경향에 대한 직접적 거부이며, 들뢰즈를 맑스와 재결합시키려는 매우 명시적이고 단호한 노력이다. 이 노력 속에서 쏘번은 프롤레타리아트에 대한 새로운 개념을 창안한다.

흔히 맑스의 프롤레타리아트는 상품과 가치를 생산하는 계급이면서도 생산수단을 소유하지 않아 생산과정에서 착취당하는 계급으로, 그래서 사회주의적 계급의식을 통해 하나로 통일될 수 있는 동일성의 실체적 집단으로 이해되어 왔다. 반대로 룸펜프롤레타리아트는 생산수단을 소유하지 않은 점에서는 프롤레타리아트이지만 직접적 생산과정에 참여하지 않고 있는 잡다한 계급이기 때문에 동일성을 가질 수 없는 실체적 집단으로 이해되어 왔다. 이 두 개념은 쏘번에 의해 정반대의 의미를 갖게 된다. 룸펜프롤레타리아트가 동일성을 추구하는 계급으로, 프롤레타리아트가 오히려 동일성을 거부하면서 탈주선을 찾아가는 반동일성의 계급으로, '이름 없는 프롤레타리아들'로 재해석되는 것이다.

이 당혹스러울, 그러나 놀라운 개념의 전복은 한편에서는 맑스에 대한 새로운 독해의 산물이다. 그는 『자본』에 프롤레타리아트가 나타나지 않는 것, 맑스의 강렬하고 소수적인 교전양식, 자본의 다양한 사회관계들에 대한 프롤레타리아트의 태도, 그리고 노동에 대한 비판'

등에서 이러한 해석을 이끌어 낸다. 그리고 다른 한편에서 그것은 들뢰즈의 '소수적인 것'의 개념을 통해 맑스의 '프롤레타리아트'를 바라본 것의 효과이다. 이제 프롤레타리아트는 사회적 집단이 아닌 하나의 '정치적 구성양식'으로서, '이름 붙일 수 없는 프롤레타리아'라는 소수적 형상으로 기능하기 시작한다. 이런 입장에서 그는 들뢰즈의 정치학을 소수정치학으로 해석하는데, 그 주요 명제는 다음과 같이 요약할 수 있다.

○ 삶은 끊임없는 변이의 선, 창조의 선, 생성의 선이면서 동시에 특정하게 배치되며 계열화되는 선이다. 다시 말해 '삶'은 어떠한 근원적 형식들이나 동일성들도 갖지 않으며 변이와 배치의 항구적인 과정이다.

○ 소수정치학은 현존하는 동일성의 배치형식, 즉 갇힌 조건을 숙고해야 한다.

○ 소수정치는 재현할 민중을 갖지 않는다. 실존하는 민중이 있다면 그것은 동일성의 형식이다. 필요한 것은 새로운 민중을 창조하는 것이다.

○ 소수정치는 소수자의 기법들, 스타일들, 지식들, 계략들, 발명들에 주의를 기울이고 이 소수적 요소들을 이용하고 연결함으로써 자율적이고 돌발적인 생성을 발명한다. (이 과정에서 소수자는 다수주의에 함몰될 위험이 있는데, 그것은 소수자가 다수자의 형성 이면이었기 때문이다. 소수자와, 다수주의를 거부하는 소수주의를 구분해야 할 필요성은 여기에 있다.)

○ 이른바 '자율'은 오직 의식의 보편적 형상으로서의 소수자-되기로만 이해될 수 있다.

들뢰즈와 맑스의 관계, 그리고 들뢰즈에 대한 해석 등을 둘러싸고 그가 수행하는 소수정치학 구축 작업이 지구화하는 신자유주의를 문제로 삼고 있음은 물론이다. "지구적 신자유주의 경제학과 9·11 이후 제도화된 항구적 비상사태의 새로운 제국 체제가 결합된 힘은 자본주의 사회의 전 지구적이고 준안정적인 전체의 수준에 조절된 코뮤니즘적 분석을 더욱더 긴급하게 만들었다"는 구절은 이 점을 분명히 보여준다. 하지만 그는 자본주의 사회의 전 지구적 질서에 대한 분석이 "자본주의 사회에 도전하는 운동, 지식, 전술, 발명의 복잡성"으로부터 분리될 수 없다고 보면서 우리 시대의 운동들의 논리, 지식, 전략과 전술, 조직화의 문제에 초점을 맞춘다. 이 점에서 쏘번의 지적 노력은 "지구화하는 신자유주의 시대에 좌파들은 무엇을 어떻게 사고하고 행동할 것인가"라는 긴급한 물음에 대한 응답이자 "들뢰즈와 맑스의 접속에 입각한 좌파 재구성을 위한 혁신적 제안"을 표현한다고 볼 수 있다.

이 제안에서 그가 거리를 두는 첫번째 좌파 정치(학)는 무엇보다도 '신그람시주의적 탈맑스주의'와 그 정치적 표현으로서의 사회민주주의 및 사회주의이다. 쏘번은 하나의 전형으로서 PCI(이탈리아 공산당)를 명명하고 있지만, 현실에서 그것은 현재 세계 각국의 주류 좌파 정당들의 주된 경향을 표상한다. 이 경향은 "생산의 정치(학)에서부터 민주주의 및 시민사회의 정치(학)로의 이동"을 드러낸다는 점에서 '맑스주의적 문제틀로부터의 이탈'로 간주된다. 그가 대안으로 제시하는 것은 생산에 대한 맑스의 강조이며, 이것을 삶의 생산과 재생산의 영역으로 더욱 확장시킨 들뢰즈의 '초맑스주의'(동즐로Jacques Donzelot의 표현)이다. 여기에서 그는 이른바 맑스주의에 의거한다는 사회(민주)주의가 탈맑스주의적 경향을 보임에 반해 흔히 탈맑스주의로 치부되는 들뢰즈가 오히려 맑스의 관점을 확대하고 강화하고 있음을 발견한다. 들뢰즈가 쏘번에 의해 줄곧 '맑스주의자'로 취급되는 것은 이러한 판단에 근거한다.

정보화하는 전 지구적 제국의 상황에서 생산의 이행과 주권의 이행의 상호관계를 규명하고 생산의 문제의식을 다시 부각시키는 데 성공한 것은 하트와 네그리의 『제국』이었다. 쏘번은 여러 가지 점에서 『제국』의 중요성을 인정한다. 하지만 정작 그가 관심을 갖고 연합하는 것은 『제국』의 네그리가 아니라 1960~70년대의 네그리이다. 그가 파악하기에, 들뢰즈와 맑스의 생산적 조우가 이루어진 장소는 '비물질노동'과 '다중', '삶정치' 그리고 '코뮤니스트로 살기의 기쁨'의 개념에 의해 특징지어지는 후기의 네그리가 아니라, PCI에 의해 억압되었던 1960년대의 오뻬라이스모(operaismo)와 1970년대의 아우또노미아(autonomia)에 적극적으로 관여했던 전기의 네그리라는 것이다.

이러한 구분의 중요한 근거는 오뻬라이스모와 아우또노미아의 핵심적 정치(학)였던 '노동거부'이다. 실제로 노동거부는 쏘번의 생각을 관통하는 정치학적 뼈대이다. 그는 '노동=자본'이라는 등식 위에서 '기계화된 노동' = '추상기계' = '기계론적 잉여가치를 생산하는 자본주의적 생산양식' = '실제적 포섭'이라고 파악한다. 이것은 소수자들의 창조성, 발명력, 지식, 계략 등을 가두는 공간이다. 이 '갇힌 공간'

속에서 어떻게 코뮤니즘을 상상할 수 있을까? 이 질문에 대한 쏘번의 핵심적 응답이 '노동거부' 위에서 구축되는 것이다. 그것은 프롤레타리아트, 자기가치화, 사회적 노동자에 대한 '소수적' 해석과 정의를 지향하는 쏘번이 자신의 방법론을 엮는 붉은 실이다. 따라서 우리는 그의 노동거부 개념을 좀더 깊이 이해할 필요가 있다. 쏘번은 노동거부를 다음처럼 정의한다.

> 맑스의 이름 붙일 수 없는 프롤레타리아들에게 핵심적인 이 노동거부는 그러므로 단지 일단의 실천들로서만 이해되지 말아야 하며 노동 속의 어떤 충만함 또는 노동 속의 주체에 대한 거부의 메커니즘으로서, 노동과 그것의 동일성에 대항하는 지속적 교전으로서 이해되어야만 한다. 따라서 노동거부는, 민중의 모델을 긍정하는 것에 대한 오뻬라이스모의 거부와 더불어, 동일성의 지속적 지연의 메커니즘으로, 그리고 사회적 공장의 생산적 체제들 내부에서 그것에 대항하는 창의적 실천을 향한 추진력으로서 이해될 수 있다. 그리하여 그것은 추상적 강령이 아니라 프롤레타리아적 구성의 양식이다.[23]

이 정의에 따르면 노동거부는 거부와 긍정의 두 측면으로 구성된다. ① 노동 속의 충만함, 노동 속의 주체, 민중의 모델, 그리고 동일성에 대한 거부. ② 사회적 공장의 생산적 체제 내부에서 그것에 대항하는 창의적 실천을 향한 추진력이자 프롤레타리아적 구성양식. 프롤레

---

23) 쏘번, 『들뢰즈 맑스주의』, 18쪽.

타리아적 구성양식으로서의 노동거부는 쏘번에 따르면 '전 지구적 노동자 투쟁의 영속적 특징'이다. 왜냐하면 '노동은 언제나 이미 자본이며, 정치는 필연적으로 노동과 그 주체들에 대한 거부'이기 때문이다. 이러한 시각은 '노동거부는 포드주의 하에서 적합한 전략이었다 하더라도 오늘날 노동자들은 자신들의 두뇌 속에 노동의 도구들을 지니고 다니므로 더 이상 사보타지적·러다이트적 의미의 노동거부는 더 이상 상상할 수 없다'고 보는 1980년대 이후 포스트-오뻬라이스모(post-operaismo)의 네그리와는 다른, 심지어 대립하는 입장을 표현한다.

사상적 참조지점에서 맑스, 오뻬라이스모와 아우또노미아, 들뢰즈라는 커다란 교집합을 갖는 이 두 사람이 정치학의 실제적 구성에서 드러내는 이 차이 혹은 대립의 지점은 과연 무엇인가? 내가 보기에 핵심적 쟁점은 노동을 어떻게 파악하는가에서, 즉 '노동=자본'으로 보아 거부의 대상으로 파악할 것인가 아니면 그것을 '살아 있는 형식-부여적인 불이자 살아 있는 시간에 의한 사물들의 형성'으로 보아 구성의 힘으로 파악할 것인가라는 강조점의 차이에서 나타난다.

쏘번의 주장은 소외된 노동의 참상에 대한 처절한 고발로 점철된 『경제학-철학 수고』의 맑스에 의해 지지된다. 하지만 『그룬트리세』에서 맑스의 강조점은 노동을 세계변형과 재구성의 힘으로 파악하는 쪽으로 돌려진다. 『자본』의 맑스는 자본주의적 생산과 재생산을 '가치화과정'의 전개로 파악하면서도 그 과정을 규정하고 있는 '노동과정'의 잠재적 독립성을 놓치지 않는다.

그렇다면 들뢰즈는 어떠한가? 확실히 들뢰즈는 노동거부에 관한 오뻬라이스모의 주장에 공감을 표한다.

소수자가 혁명적인 것은 세계적 규모의 공리계를 의문시하는 이보다 훨씬 더 심층적인 운동을 하고 있기 때문이다. 소수자의 역량, 즉 독자성은 프롤레타리아 속에서 형상과 보편적 의식을 발견한다. 그러나 노동계급이 기왕에 획득한 사회적 지위나 심지어 이미 이론적으로 극복한 국가에 의해 규정되는 한 그것은 오직 "자본" 또는 자본의 일부(가변자본)로서 나타날 뿐 자본의 판(=계획)에서 벗어날 수 없다. 기껏해야 그러한 계획은 관료적인 것이 될 뿐이다. 반대로 자본의 판에서 벗어나고 항상 그렇게 하고 있을 때에야 비로소 대중은 끊임없이 혁명적으로 되고 가산 집합들 간에 성립되는 지배적 균형을 파괴할 수 있다. 아마존-국가, 여성들의 국가, 임시적 노동자들의 국가, (노동 "거부" 국가가 어떨지는 상상하기가 쉽지 않다), 소수자가 문화적·정치적·경제적으로 지속 가능한 국가를 구성하지 않는 것은 국가-형식도 또 자본의 공리계 또는 이에 대응하는 문화라는 것이 소수자에 적합하지 않기 때문이다.(『천의 고원』, 901~902쪽)

들뢰즈가 노동거부를 지지하는 것은 노동계급이 '가변자본'으로서의 자신을 거부할 필요가 있다는 의미이다. 이런 의미에서 이것은 '노동=자본'이라는 쏘번의 등식과 깊이 공명한다. 그래서 들뢰즈는 주로 임금노동을 지칭하는 '노동'이라는 개념을 거부하면서 비노동까지 포함할 수 있는 '생산'이라는 포괄적 개념 위에서('모든 것은 생산이다') 자신의 사유를 전개한다.

그러나 맑스에 따르면 노동과 가변자본은 직접적으로 동일시될 수 없다. 이 점에 대해서는 좀더 구체적으로 논의될 필요가 있다. 노동이 가변자본으로 되는 것은 그것이 자본가에 의해 구매된 상품인 한에서이다.[24] 자본가에게 판매된 노동력 상품은 가변자본이다. 그것은 현실에서는 '고용된 노동자들'로 나타난다. 아직 판매/구매되지 않고 시장에 나와 있는 인력으로서의 노동력 상품은 잠재적으로는 가변자본이지만 현실적으로 가변자본인 것은 아니다. 또 시장 외부의 노동능력들과 노동활동들은 가변자본이 아니다. 그러면 고용된 노동자들이 수행하는 노동은 어떠한가? 상품으로서의 노동력이 가변자본인 한에서 자본가의 입장에서 보면 노동은 그것의 사용가치의 발현이다. 분명히 노동은 가치를 보전하고 생산하지만 그 자체로서는 가치를 갖지 않으며 따라서 가변자본이라고 할 수 없다. 이렇게 가변자본 형태로 포섭되어 움직일 때조차 가변자본으로 취급될 수 없는 '활동으로서의 노동'을 지칭하기 위해 맑스는 '산 노동'이라는 용어를 사용했다. 네그리가 '디오니소스의 노동'이라고 명명하는 것은 바로 이것이다.

끝없이 동일한 것을 반복하는 자본주의적 노동(work)은 우리의 시간을 앗아가면서 우리의 힘을 노예화하는 하나의 감옥으로 나타난다. 그리고 그것이 우리에게 남겨 주는 시간, 즉 우리의 여가시간은 단지 우리 자신의 수동성, 우리들의 비생산성으로만 가득 채워지는 것으로 보인다. 우리가 긍정하는 노동은 이와는 다른 지평 위에서, 이와는 다른 시간 속에서 파악되어야만 한다. 산 노동은 노동(work)에 의해 주

---

24) 『경제학-철학 수고』(1844) 이후 맑스의 사유에서 이루어진 결정적 발전이 이것이다. 그것은 '노동'과 '노동력'의 엄격한 개념적 구분으로 나타난다.

어진 분업을 가로지르는 시간 속에서, 자본주의적 노동(work)이라는 감옥들과 그것의 임금관계의 안팎에서, 노동(work)의 영역과 비노동(nonwork)의 영역 모두에서 삶을 생산하며 사회를 구성한다. 그것은 눈(snow)을 기다리며 누워 있는 하나의 씨앗이다. 보다 정확하게 말하면 그것은 역동적인 협업의 그물망 속에서 사회, 즉 자본에 의해 제시된 시간의 안과 밖에 있는 그 과정들의 생산과 재생산 속에서 언제나 이미 활동하고 있는 삶의 힘이다. 디오니소스는 산 노동의 신이며 그 자신의 시간의 창조자이다.[25]

이런 의미에서의 노동은 가치관계에 포섭되어 있을 때조차도 그것에서 독립적이며 바로 이 때문에 혁명의 존재론적 힘으로 기능할 수 있다. 산 노동에 대한 긍정은 노동 일반에 대한 긍정과 동일시될 수 없으며 따라서 사회민주주의 프로젝트로 환원될 수 없다.[26] 따라서 네그리에게서 노동거부는 임금노동 및 그와 연관된 소외된 노동 형태에 대한 거부이되 노동의 내용 그 자체에 대한 거부일 수는 없다. 역으로 산 노동에 대한 긍정은 임금노동에 대한 긍정이 아니라 생산적이고 창조적인 삶(the Life)[27]에 대한 긍정이다.

산 노동은 물론 현실적인 것이 아니다. 그것은 가치화과정을 현실화=실현하면서도 그 자체로는 잠재적인 것에 머문다. 그것은 '살아

---

25) 네그리·하트, 이원영 옮김, 『디오니소스의 노동』 1권, 갈무리, 1996, 24쪽.
26) 쏘번은 네그리의 '디오니소스의 노동' 개념을 '국가의 자율성'이라는 사회민주주의 개념의 거울상인 '노동의 자율성'이라고 비판한다.
27) 이에 대해서는 Gilles Deleuze, *Pure Immanence: Essays on A Life*, trans. Anne Boyman, Zone Books, 2001, pp.25~35 참조.

있는 시간에 의한 사물들의 형성으로서 사물들의 과도성, 그것들의 순간성이다.[28] 그럼에도 불구하고 그것은 실재하는 것이다. 산 노동의 실재성에 대한 긍정이 맑스와 네그리의 작품을 엮어 나가며, 들뢰즈에게서 그것은 잠재력이라는 철학적 술어로 혹은 생산이라는 정치경제학적 술어로 등장한다. 쏘번이 사회(민주)주의와 신그람시주의가 보이는 생산에서의 이탈 경향에 맞서 생산의 정치학을 옹호하고 발전시킬 때, 그리고 소수자의 창조성을 소수정치(학)의 힘으로 설정할 때, 그는 이들과 정확하게 같은 방향에서 작업을 시작하는 것이다.

그렇다면 어디서 가지가 나누어지는 것일까? 쟁점은, 쏘번이 임금노동에 대한 거부와 산 노동의 옹호라는 네그리의 절단선 대신에 노동에 대한 거부와 생산적 창조성에 대한 옹호라는 절단선을 선택할 때 발생한다. 그러므로 쏘번의 관점에서 생산적 창조성은 노동 내부에서는 실현될 수 없고 노동과의 교전(조우-대결-창조)을 통해서만 실현될 수 있다. 이 때문에 그는 네그리가 비물질노동 개념을 통해 노동(속에서)의 자율성을 주장한다고 비판한다. 이 작업에서 그는 들뢰즈의 소수적인 것의 개념에 의지한다. 하지만 소수적인 것의 개념이 노동과 창조성의 그렇게 명확한 구획과 대치를 정당화해 줄 수 있을지는 의문이다.

소수파의 보편적 의식의 형상을 수립하면서 우리는 권력이나 지배의 영역과는 다른 영역인 생성의 역량에 관계한다. 연속적 변주[변이]는 〈누구나-임〉의 소수파 되기를 구성하며, 〈아무도-아님〉의 다수적 사

---

28) Marx, *Grundrisse*, Vintage Books, 1973, p.361.

실과 대립된다. **의식의 보편적 형상으로서의 소수파 되기는 자율이라고 불린다.** 확실히 방언 같은 소수어를 사용하거나 게토나 지역주의를 만든다고 해서 우리가 혁명적으로 되는 것은 아니다. 오히려 수많은 소수적 요소들을 이용하고 연결접속시키고 결합함으로써 우리는 자율적이고 돌발적인 특수한 생성을 발명하게 된다.(『천의 고원』, 205쪽. 강조는 인용자)

들뢰즈가 말하는 자율은 생성으로서의 자율이지 현실로서의 자율이 결코 아니다. 우리는 전자를 잠재로서의 자율로, 후자를 현실로서의 자율로 부를 수 있다. 경계되고 부정되어야 할 것은 후자, 즉 자본주의적 노동 내부에서 특정한 자율을 확인하고 또 주장하는 경향이다. 쏘번은 이 점을 날카롭게 비판한다. 다시 말해 소수적인 것과 자율적인 것의 연결고리를 끊으려는 쏘번의 노력은 '자율적인 것'을 '현실적인 것'으로 이해하는 일련의 소수자 운동들에 대한 정당하고 유효한 비판으로 받아들일 수 있다. 적지 않은 소수자 운동들이 자본주의에서 독립된 작은 '현실적' 영역의 구축을 대안으로 삼으면서 이것을 '자율'로 이해하고 있기 때문이다. 하지만 네그리의 자율 개념은 저항과 생산과 구성을 함축하는 'within-against-beyond'의 자율성이다. 그것은 "현존하는 관계들과의 교전을 통해 그 자신의 극복과 폐지를 모색하는 것"(쏘번의 맑스) 혹은 "갇힌 공간 속에서 그것과 교전하면서 그것의 극복을 지향하는 것"(쏘번의 들뢰즈)과 구별되기 어려우며 대립되기는 더욱 어렵다. 그것은 실재적이지만 현실적이지는 않은 잠재성의 자율이면서 부단히 현실의 구성과 재구성에 관여하는 구성적 자율성이다.

쏘번이 네그리의 자율 개념을 부단히 '현실성의 자율' 쪽으로 밀친다는 느낌을 받으면서, 내게 떠오르는 것은 쏘번이 현실적 자율성과 잠재적 자율성을 구분하지 않는다는 것, 그 결과 '현실적 자율'의 가능성을 폐기하는 과정에서 '잠재적 자율'의 실재성까지 폐기하고 있지 않는가 하는 의문이다. 들뢰즈에게서 잠재적인 것은 현실적인 것에서 자율적이면서 항상 현실적인 것과 뒤섞여서 나타난다. 그것은 현실적인 것과 함께 가는 그것의 숨겨진 반쪽이다. 그러므로 들뢰즈가 말하는 "갇힌" 상황은 결코 자율성의 실재성을 부정하는 것이 아니다. 자율성이 체제에 봉인된 상황이 "갇힌" 상황이기 때문이다. 소수정치는 이 "갇힌" 상황 속에서 그것에 저항하고 또 그것을 넘어서는 방식으로 자율성이 기능하는 양식, 정확하게 쏘번이 말하는 일종의 새로운 '구성의 양식' 그것이다. 소수정치에서 잠재적이고 구성적인 자율성의 개념을 뺄 때, 그것은 소수정치를 갇힌 상황과의 교전이라는 시지프스의 노동에, 저 악순환에 가두는 결과를 가져오지 않겠는가?

그러므로 맑스나 들뢰즈, 그리고 네그리의 사유에서 '역설'을 식별하는 것은 더없이 중요한 일이다. 역능(puissance)은 이중흐름이며 역설적인 것으로 나타나기 때문이다. 현실 속에 민중은 없다. 만약 그것이 현실적이라면 그것은 동일자로 된 민중이며 주권의 몸체로서, 자본의 마디로서 기능하는 민중이다. 그럼에도 맑스는 프롤레타리아트의 발명에 대해, 들뢰즈는 민중의 발명에 대해 끊임없이 말한다(『시네마 2 : 시간-이미지』, 296쪽 참조). 이것들은 차이들, 잠재력들, 소수적인 것들의 연합과 접속의 과정 혹은 구성의 과정이며 그 양식을 지칭한다. 네그리의 다중은 바로 이런 구성과정과 구성양식을 지칭하기 위해 발명되었다. 그것은 잠재적인 것이면서 그 잠재적인 것의 현실적인 것으로의 분화와 접속의 장소에서 발생한다. 이런 의미에서 다중과 산 노동은 능력들의 새로운 배치, 즉 가능성(possibility)의 범주이다.[29]

쏘번은 자율성을 오직 현실성의 범주로 간주하여 그것이 잠재성의 범주일 수 있음을 보지 않듯이 다중을 현실성의 범주로 간주하여 그것이 잠재성과 현실성의 이행과정 속에 놓인 가능성의 범주임을 인정하지 않는다. 그 결과 쏘번은 노동의 현실적 자율성과 민중의 현실적 실존을 주장해 온 사회민주주의적 조류에 네그리가 동화되고 있는 것으로 간주한다. 이럴 때, 그것은 다중의 개념이 갖고 있는 경향과 기획의 측면을 희생시킬 뿐만 아니라 그것의 존재론적 기반으로서의 산 노동이 갖는 혁명적 힘을 박탈하는 결과를 가져오지 않겠는가? 그리고 이제는 모든 사람의 삶과 중첩된 노동과정 그 자체가 가져오는 현실적 변화를 외면하는 결과를 가져오지 않겠는가?

쏘번의 책이 자본주의적 갇힌 공간인 임금노동 상황을 벗어날 길이 없다는 비관주의적 느낌을 일반화한다고 보는 것은 성급하다. 그의 정치학이 '기쁨'이라는 정서적 조건을 매우 중시하기 때문이다. 쏘번이 말하는 기쁨은 "갇힌 공간과의 교전에서 그리고 그것에 대한 비판

---

29) 들뢰즈는 베르그송을 따라 '가능성'을 '유사성에 기초한 실재적인 것의 투영'으로 간주한다. 네그리는 이와는 달리 '가능성'을 잠재가 실재로 이행하는 창조과정의 실제적 고리로 설정한다 : "이제 우리는 잠재적인 것이 가능한 것의 경계들에 어떻게 압력을 가하고 또 이로써 실재적인 것을 건드리는지를 탐구해야만 한다. 잠재적인 것에서 가능한 것을 거쳐 실재적인 것에 이르는 이행은 창조의 근본적 활동이다. 산 노동은 잠재적인 것에서 실재적인 것에 이르는 이행으로 구축하는 것이다. 그것은 가능성의 담지체이다. 경제적, 사회적, 정치적 훈육의 새장을 열어 깨뜨렸고 근대 자본주의의 모든 규제적 차원을 그 국가-형태와 더불어 능가해 버린 노동은 이제 일반적인 사회적 활동성으로 나타난다."(Hardt & Negri, *Empire*, Harvard University Press, p.357)

에서 솟아오르는 특정한 기쁨과 유머"이다. 이 유머(해학)로서의 기쁨이 들뢰즈의 중요한 개념임은 분명하다(『차이와 반복』, 34쪽). 자본주의적 공리가 삶 자체를 포섭하며 그것이 통제의 더욱더 복잡한 메커니즘을 생산한다는 점에 대한 강조는 아무리 반복해도 지나치지 않을 것이다. 사실상 "정치적 구성이 출현하고 정치적 지리멸렬함의 문제가 극복될 수 있는 것은 갇힌 그리고 분산된 공간으로 경험되는 자본주의적인 사회적 생산의 한 가운데에서"라는 생각은 쏘번뿐만 아니라 맑스, 아우또노미아, 들뢰즈, 네그리 모두에 공통되는 점이다. 문제는 기쁨이 자율성의 기쁨이 아니라 갇힌 공간과의 교전의 기쁨이라는 생각에 있다. 이것은 갇힌 공간과의 교전이 영원한 만큼, 자본주의적인 갇힌 공간의 상황 그 자체가 영원하다는 생각을 낳게 되는 것은 아닌가? 갇힌 상황과의 교전이 드러내는 유머의 기쁨은 중요하다. 하지만 창조성이 왜 교전의 형태로만 나타나야 하는가? 쏘번도 이야기하고 있듯이 코뮤니즘이 현존하는 것을 폐지하고 극복하는 운동이라면 그것은 이미 갇힌 상황을 넘어서는 자율적 이행의 제곱능력, 소수적 생성의 활력을 부르는 이름이 아닌가? 그것이 다시 새로운 틀에 갇힌다고 할지라도 그것은 교전의 새로움만을 허용하는 갇힌 상황의 동일한 반복이기보다 완전히 새로운 상황의 도래, 오직 '다른 것'(차이)만이 회귀하는 영원회귀적 반복을 의미하는 것이지 않는가?

### 3) 정보사회론, 페미니즘, 대중독재론, 아나키즘의 경우

문화정치와 소수정치 외에도 들뢰즈의 정치(학)적 영향은 다양한 곳에서 드러난다. 정보사회론은 들뢰즈의 영향이 나타나는 중요한 분야 중 하나이다. 특히 마뉴엘 카스텔의 『네트워크 사회의 도래』, 바드와 소더크비스트의 『네토크라시』, 제레미 리프킨의 『접속의 시대』 등에서 그 영향은 직접적이다. 이들에게서 들뢰즈적 사유는 무엇보다도 자본주의의 탈영토화하는 힘에 대한 강조로 나타난다.

마뉴엘 카스텔은 네트워크 사회를 **흐름의 권력**이라는 관점에서 정의한다. 흐름의 권력이 네트워크의 모습을 띠고 나타난다는 것이다. 이것이 그가 파악하는 정보시대의 특징이자 추세이다. 네트워크가 우리 사회의 새로운 사회적 지형을 구성한다는 것은 경험적 사실이다. 또 생산, 경험, 권력, 그리고 문화적인 과정의 작동과 결과에 대한 실질적인 조정이 네트워킹 논리에 따라 이루어지고 있는 것도 사실이다. 물론 사회조직의 네트워킹 형태가 이전에 없었던 것은 아니다. 그는 새로운 정보기술 패러다임의 등장으로 인해 이 네트워킹 형태가 사회구조 전체에 파급되었음을 강조한다. 그에 따르면, 네트워킹 형태가 사회의 물질적 구조로 됨으로써 네트워킹 논리는 네트워크를 통해 표현되는 것, 즉 특정한 사회적 이해관계를 결정하는 사회적 결정인자보다 더 주요한 위치를 차지하게 되었다. 그는 이것을 "흐름의 권력은 권력의 흐름보다 더 우선하는 것이다. 네트워크의 존재유무, 그리고 각 네트워크의 다른 네트워크에 대한 역학관계가 우리 사회에서 지배와 변화의 핵심적 원천이 되고 있다"[30]고 표현한다. 양식이 내용을 결정하는 사회, 사회적 지형이 사회적 행동을 규정하는 사회가 카스텔이 말하는 네트워

---

30) 마뉴엘 카스텔, 김묵한 외 옮김, 『네트워크 사회의 도래』, 한울, 2003, 605~606쪽. 이 생각과 '문명자본주의기계'에 대한 들뢰즈·가타리의 생각과의 공명은 깊게 느껴진다(『안티오이디푸스』, 334~356쪽).

크 사회인 것이다.

바드와 소더크비스트에게서 네트워크 사회는 '상호작용의 시대'로 번역된다. 그들은 상호작용 시대의 도래 즉 인쇄·방송·대중매체에 의해 지배되는 사회로부터 상호작용 시대로의 이동이 봉건제에서 자본주의로의 이행에 비교할 만큼 극적인 의미를 갖는다고 주장한다. 이제 그것은 자본주의 사회와는 완전히 다른 사회로서의 주목주의 사회로 명명된다. 자본주의에서 생산수단의 소유자들이 정치적·경제적 권력을 소유하듯이, 이제 **주목주의 사회**에서는 정보수단의 소유자들이 권력을 소유하게 된다. 정보의 전 지구적 네트워크와 새로운 소통형식을 통제하는 사람이 기업, 금융, 입법을 통제하면서 새로운 기업 및 정부 엘리트를 구성한다는 것이다. 권력은 네트워크를 통제하는 사람들에게 이전된다. 바드와 소더크비스트는 이런 사회를 네토크라시라고 명명한다.

상호작용의 시대는 기술적으로 과잉발전되어 있으면서도 사회적으로 저발전되어 있는 하나의 사회상을 보여 준다. 네토크라시는 결코 투명하고 비위계적인 사회가 아니다. 그것은 부와 학력보다는 정보조작을 통해 주목을 창조하고 유지하는 능력에 따라 구획되는 위계사회이다. 네토크라트에게 화폐는 목적이 아니라 수단이 된다. 바드와 소더크비스트는 이들이 "네트워킹을 예술형식으로 전환시킨 예술적·정치적 조작자"라고 부른다.[31] 여기에 이들에 대한 지젝의 비판을 덧붙여

---

31) Alexander Bard & Jan Söderqvist, *Netocracy: The New Power Elite and Life After Capitalism*, Financial Times Prentice Hall, 2002.

두는 것도 흥미있는 일일 것이다. 그는 『네토크라시』가 사이버코뮤니즘이 아니라 사이버스탈린주의를 불러내려는 유혹의 최고의 예를 보여 준다고 비판한다. 그리고 이 사례는 "들뢰즈와 가타리의 '친자본주의적' 측면"의 집중적 발전이라고 말한다.[32]

또 한 사람, 제레미 리프킨에게서 이러한 사회적·기술적 변화는 **접속의 시대**의 출현으로 인식된다. 그는 『네트워크 사회의 도래』나 『네토크라시』의 생각의 유효성을 이렇게 재확인한다. "네트워크 경제의 탄생, 물품의 점진적인 탈물질화, 물질적 자본의 비중 감소, 무형자산의 부상, 물품의 순수한 서비스로의 변신, 생산관점을 밀어내고 사업의 중심축으로 자리 잡은 마케팅 관점, 모든 관계와 경험의 상품화 등은, 사람들이 서서히 시장과 재산교환을 뒤로 하고 **접속의 시대**로 나아가는 여정을 시작하는 상황에서 첨단 글로벌 경제에서 급격하게 벌어지는 구조변화를 통해 현실적으로 확인할 수 있는 요소들이다."[33]

정보사회론과는 대척적인 위치에 있는 것으로 평가되어 온 페미니즘에서도 들뢰즈의 흔적이 발견된다. 특히 사회의 과학기술적 변화를 페미니즘에 적극적으로 수용하고 있는 해러웨이는 들뢰즈의 탈영토화, 탈주선과 공명하는 방향에서 자신의 정치학을 구성한다. 그의 핵심적 전략 개념인 **회절**이 바로 그것을 보여 준다. 회절은 무엇보다도 **차이의 생산과 이질성의 역사**를 비판적 의식 속에 도입하는 것이다. "회절패턴은 실물들(originals)에 관한 게 아니라 이질적인 역사에 관한 겁

---

32) Slavoj Žižek, *Organs without Bodies*, Routledge, 2004, p.192.
33) 제레미 리프킨, 이희재 옮김, 『소유의 종말』, 민음사, 169쪽.

니다. 거울반사와 달리 회절은 똑같은 것을 다른 곳에 옮기지 않아요. 회절은 이 고통스러운 기독교 천년의 끝부분에서 또 다른 비판의식을 나타내는 은유이지요. 똑같은 것이라는 신성한 상(the Sacred Image of the Same)을 반복하는 게 아니라, 차이를 만드는 데 헌신적인 은유이지요. 저는 회절패턴이 상호작용, 간섭, 강화, 차이의 역사를 기록하는 방식에 관심이 있어요. 이런 의미에서 '회절'은 필연적인 의미들을 만드는 서술적·회화적·심리적·영혼적·정치적 과학기술입니다."[34]

해러웨이는 빛이 반드시 거울의 이미지로 귀착되어야 할 이유가 없다고 말하면서 광학의 잠재력을 강조한다. 빛의 흐름이 차이를 생산하고 그 길(역사)을 보여 주는 방식이 곧 회절인 것이다: "은유인 회절은 정체성의 형이상학과 재현의 형이상학은 잠시 중단하고, 광학이 빛에 관해 사고할 수 있는 다른 잠재적 방식으로 가득 차 있다고 말하지요. 그 중 한 방식이 역사에 관한 겁니다. 그 방식은 분류로서의 정체성에 관한 게 아니라, 기록용 스크린 위에 기입하는 과정에 관한 거예요. 그러므로 저는 그것을 이용하여 끝없는 자기-반영성과 반대되는, 세계 속에서 차이를 만드는 일에 관해 말하지요."[35]

주로 데리다의 영향 하에서 작업하는 탈식민주의론이 들뢰즈를 이용하는 방식은 독특하다. 그 대표적 인물인 스피박은 들뢰즈에 대해 양가적인 태도를 취한다. 그녀는 칸트(합리적 의지의 자유를 위해서), 헤겔(무의식으로부터 의식으로 가는 정신의 움직임을 보여 주는 증거를 보

---

34) 다나 해러웨이, 민경숙 옮김, 『한 장의 잎사귀처럼』, 갈무리, 2005, 169쪽.
35) 같은 책, 169~180쪽.

여 주기 위해서), 맑스(생산양식 서사에 규범성을 부여하기 위해서)에게서 "요구되면서도 폐제(廢除)된" 토착정보원은 제3세계 피식민인, 본성상 교육되기 어려운 '날 것의 인간'인 여성과 야만인이었다고 본다. 폐제된 관점에서 읽기란 **지식의 원천이자 대상인** 토착정보원들의 (불)가능한 관점에서 서구 제국주의의 담론적 공리계를 비판하는 동시에, 무엇보다 세계를 읽어 내는 (담론)윤리를 재사유하기 위한 것이다. 그리고 그것은 어떤 동일성에 영원히 붙잡힌 채 남아 있기보다 **대타성과 이질성을 환기**하기 위한 것이다.[36]

스피박은 들뢰즈에게 재현 개념이 어떻게 폐제되는지 살펴, 대표로서의 재현으로부터 묘사(재제시)로서의 재현을 구출하려 한다. 그녀는 재현에는 정치에서처럼 누군가를 "위해 말한다"(speaking for)는 대표와 예술이나 철학에서처럼 "다시-제시"(re-presentation)한다는 묘사라는 두 의미가 함께 움직인다고 주장한다. 국가구성체와 법 내부에서 재현이 갖는 의미와, 주체-서술(subject-predication)에서 재현이 갖는 의미는 다르다. 이 두 가지 의미는 서로 관련되지만 환원될 수 없이 불연속적이라는 것이다. 그녀는 "국가 및 정치경제에서의 재현과 다른 한편으로 주체이론에서의 재현 사이의 변동하는 구분이 지워져서는 안 된다"고 강조한다.[37]

노동자를 가변자본으로 파악하는 들뢰즈의 생각은 최근 많은 관심을 끈 '대중독재론'에서도 그 반향을 얻는다. 파시즘, 스탈린주의,

---

36) 가야트리 스피박, 태혜숙 외 옮김, 『포스트식민 이성 비판』, 갈무리, 2005, 485쪽.
37) 같은 책, 363쪽.

총력전 체제 등에서 발견되는 권력과 민중의 합의가 독재의 기반이라는 생각이 그것이다. 이것은 소수자가 다수주의적 관점에 빠질 위험성을 경고하는 데 유익하다. 하지만 대중독재론에서 들뢰즈의 탈주선 개념 혹은 '민중의 발명'이라는 생각의 반향을 찾기는 어렵다.[38]

사파티스타 운동의 전세계적 수용에서도 들뢰즈 효과가 작용하고 있다. 마르코스는 신화적 글쓰기라는 독특한 방식으로 새로운 글쓰기를 발명했을 뿐만 아니라 새로운 혁명의 유형(권력장악을 거부하는 혁명, 자치, 침묵투쟁, 대장정 등등)을 발명했다. 이것은 『천의 고원』에서 실험된 새로운 글쓰기와 혁명에 대한 새로운 사유를 떠오르게 한다. 이러한 사실은 사회주의 붕괴 이후의 정세 속에서 사파티스타 운동이 자본주의에 대한 저항의 새로운 초점으로 떠오른 것과, 들뢰즈가 신자유주의적 지구화에 대한 저항과 탈주운동의 이론적 초점으로 떠오른 것 사이에 깊은 상관이 있음을 암시한다.

생태주의의 일부는 들뢰즈의 '순수 내재성'(the pure immanence) = '삶'이라는 관점을 유기체의 생명현상에 적용한다. 즉 들뢰즈의 철학을 생명철학으로 해석하는 것이다. 이럴 때 우리는 들뢰즈가 말하는 삶이 유기체의 생명으로 환원되지 않도록 주의를 기울여야 한다. 들뢰즈의 삶은 유기체 현상을 포함하면서도 그것을 넘어서는 '하나의 삶', '잠재적 삶', '기계론적 삶'이기 때문이다. 이런 점을 고려할 때, "들뢰즈-가타리의 생태학적 사유의 영토들은 정신생태학, 사회생태학, 그리고 환경생태학으로 구성된다. 근대화로 인한 환경의 부패는 생태문

---

38) 비교역사문화연구소 기획, 임지현·김용우 엮음, 『대중독재』, 책세상, 2004.

제의 피상적 일부에 불과하다. 그보다 중요한 것은 체제화에 의한 사회 관계 자체의 부패이며 소수자들이 직면한 삶의 곤경이다. 그리고 정신 생태학은 변화하는 생태 체계들의 구성에 영향을 주는 요소들을 채집 하여 다이어그램을 그려 내는 능력의 생태학이다. 탈주선은 이 정신생 태학의 층위에서 생성될 수 있다."[39]

또 들뢰즈의 특이점과 탈주선의 사유는 분권, 분산을 강조하는 아 나키즘의 부흥에도 중요한 영향을 미치고 있다.

## 들뢰즈와 삶정치학, 그리고 맑스주의의 혁신

우리는 지금까지 들뢰즈의 철학과 정치학이 다양한 사회적·정치적 흐 름 속에 어떻게 전유되고 있는지에 대해 살펴보았다. 그것들은 크게 보 면 사회의 정보적 위계화를 강조하는 흐름과 미시적 분산과 탈주를 강 조하는 흐름으로 나누어질 수 있다. 우리는 이 두 흐름이 들뢰즈의 사 유 속에 들어 있는 요소들 중의 특정한 측면을 강하게 부각시키면서 그 것을 긍정적으로 혹은 비판적으로 전유하는 방식임을 알 수 있다. 안토 니오 네그리와 그의 협력자들은 '노동의 선차적 자율성'이라는 오뻬라 이스모의 정치철학적 개념을 바탕으로 들뢰즈의 이 두 측면을 결합시 킴으로써 들뢰즈를 대항지구화 운동의 이론적 지주로 부상시켰다. 이 제 이 자율주의적 맑스주의와 들뢰즈의 만남에 대해 살펴봄으로써 들

---

39) 장시기, 「들뢰즈-가타리의 생태학적 사유의 영역들」, 『문학과 환경』(창간호, 하반기), 도 요새, 2002.

뢰즈의 사상이 맑스주의적 코뮤니즘 정치학의 혁신에 어떻게 작용하는지를 살펴보도록 하자.

네그리와 하트는 초월적 배치를 강조하는 '정보사회＝네트워크사회론'의 관점과 내재적 배치를 강조하는 페미니즘, 포스트식민주의, 생태주의, 아나키즘의 관점을 '제국'과 '다중'의 개념을 통해 재구성하는 한편 통치성(governance ; 이것은 포스트모던 정치학에서 협치 개념으로 발전하고 있다)에 강조점을 둔 푸코의 '생물정치' 개념과 탈주선에 강조점을 둔 들뢰즈의 '소수정치' 개념을 결합한 이중적 의미의 '삶정치'(biopolitics)의 개념을 발전시킨다. 그래서 네그리와 하트에게서 삶정치는 제국의 새로운 통치양식이면서 동시에 자율적이고 내재적인 삶의 자기가치화라는 이중차원을 획득한다.[40]

## 1) 생산력과 n승의 역량, 그리고 하나의 삶

동즐로는 들뢰즈의 사유를 일컬어, 맑스의 생산 개념을 계승할 뿐만 아니라 그것을 삶의 생산과 재생산의 영역으로 더욱 확장하고 일반화한 일종의 '초맑스주의'라고 정의한다.[41] 이것은 탈근대성을 '생산의 거울'이라는 전통적 사유 이미지의 파괴로 보면서 '소비 모델'로의 전회를 통해 작업하는 보드리야르의 관점과는 대립적인 것이다. 들뢰즈에게 소비는 (맑스에서와 마찬가지로) 생산과 분리될 수 없는 생산의 계기(향유와 '주체성의 생산')이며 선차적인 것은 '욕망하는 생산'이다.

---

40) 조정환, 『제국기계 비판』, 갈무리, 2005, 15장 「삶정치와 자율」 참조.
41) 쏘번, 『들뢰즈 맑스주의』, 64쪽 참조.

생산은 곧 바로 소비요 등록이며 등록과 소비는 생산을 직접 결정짓지만 그러나 바로 생산의 한 가운데에서 결정짓는다. 그러니 모두가 생산이다 : 생산들의 생산들 즉 능동들과 수동들의 생산, 등록들의 생산들 즉 분배들과 배치들의 생산들, 소비들의 생산들 즉 향락들·불안들 및 고통들의 생산들이다. 모든 것이 바로 생산이기 때문에 등록들은 곧바로 소비되고, 이 소비들은 직접 재생산된다.(『안티오이디푸스』, 18쪽)

맑스는 생산력을 기계의 효율성으로 환원하는 것에 반대하며 가장 중요한 생산력은 '인간 자신'이라고 말한 바 있다. 여기서 인간은 개체로서의 인간을 지칭하기보다 사회적 개인들, 사회 속에서 특정한 방식으로 결합된 생산자들을 지칭한다. **사회적 개인은 한 사회를 구성하는 과학, 언어, 지식, 기술, 숙련, 기계, 그리고 활동들의 네트워크이다.** 이런 한에서 생산력은 기호적이고 사회적인 생산력이다. 맑스는 사회적 부의 생산에서 자연이 명확하게 하나의 계기로 작용하고 있음을 강조하지만,[42] 맑스에게는 자연 그 자체보다는 인간과의 대상적 관계 속에서의 자연이 더 큰 관심사였다. 이것은 '순수 자연'의 영역이 사라져 가는 근대화의 현실적 경향을 반영하는 입장설정으로 보인다. 들뢰즈는 이와는 다른 방향에서 생산력의 개념을 '순수 내재성'으로서의 '삶'의 지평으로 확장하면서 그것을 'n승의 역량'으로 정의한다.

---

42) 저 유명한 「고타강령 비판」에서의 맑스.

모든 것은 역량 안에서 하나로 집약된다. 키에르케고르가 반복을 의식의 이차적 역량이라 할 때, '이차적'이란 말은 두번째를 의미하지 않는다. 그것은 오히려 단 한 번을 통해 자신을 언명하는 무한자, 한 순간을 통해 자신을 언명하는 영원, 의식을 통해 자신을 언명하는 무의식, 'n승'의 역량을 의미한다.(『차이와 반복』, 40쪽)

차이는 반복의 역량이며 반복은 차이의 생산이다. '순수 내재성'은 그러므로 사회적이거나 기호적이기 이전의 '순수 생산력'으로 이해된다. 모든 것은 이 '면'(面)에서 발생한다. 그러나 이 면은 현실적인 것이 아니라 잠재적인 것이며 현실의 심층이나 상층 어디에 존재하는 것이 아니라 그것의 발생 '표면'을 구성하는 것이다. 이 표면은 의식과 대립하는 의미에서의 물질도, 물질과 대립하는 의미에서의 의식도 아니다. 그것은 비물체적 표면이다. 욕망하는 기계들은 연결을 통해 **흐름을 생산**하고 그 **흐름의 절단과 채취**를 통해 다른 흐름을 생산한다. 욕망하는 기계는 결합을 지배하는 이항적인 규칙들에 복종하는 **이항기계**이다. 그래서 한 기계는 언제나 다른 기계와 짝을 이루고 있다.

생산적 종합, 생산의 생산은 본래 〈그리고…〉, 〈그러고는…〉이라고 하는 연결의 형태를 가지고 있다. 왜냐하면 언제나 흐름을 생산하는 기계가 있고 또 이것에 연결되어 흐름을 끊고 흐름을 채취하는 다른 기계가 있기 때문이다(유방-입). 그리고 전자는 그것대로 또한 그것이 끊고 채취하는 다른 기계에 연결되어 있으므로 이항계열은 모든 방향에서 직선을 이루고 있다. 욕망은 계속하는 흐름과 본질적으로 단편적이고 단편화된 부분적 대상들의 절단을 실현하는 일을 그치지 않는다. 욕망은 흐르게 하고, 흐르고 그리고 끊는다.(『안티오이디푸스』, 20~21쪽. 번역 일부 수정)

## 2) 생산관계와 추상기계(자본기계)

들뢰즈는 추상기계 개념을 통해 내재성의 면에서 지층이 형성되고 체제가 발생하는 과정을 사유한다. 이럴 때 자본주의적 생산은 욕망하는 기계들의 연결, 이접, 통접의 과정으로 이해되며, 여기서 욕망하는 기계들은 다양한 유형을 가질 수 있다.

- 토지기계 : 토지의 비옥도와 같은 자연조건[43]
- 인간기계 : 노동인구의 건강, 노동조건, 노동활동, 노동하는 시간
- 사회기계 : 노동자의 분업과 협업 등 사회적 조직화의 정도
- 기술기계 : 과학과 기술의 발전 정도와 그것의 생산에의 응용 방식 및 응용 정도
- 문화기계 : 생산을 둘러싼 문화적이고 정신적인 조건

이 다양한 기계들이 우연과 욕망에 따라 다양하게 접속하는 가운데 하나의 새로운 기계이자 흐름계열인 **자본기계**가 탄생한다. **흐름들이**

---

43) 기계들의 생산이라는 들뢰즈와 가타리의 개념은 맑스의 기계 개념과 상통한다. 예컨대 맑스의 자연기계 개념은 이렇게 서술된다. "농업에서는 화학작용들을 하는 대지 자체가 이미 기계, 즉 직접적인 노동을 더욱 생산적으로 만들고 따라서 오히려 잉여를 주는 기계인데, 그 까닭은 여기에서는 기계, 즉 자연적 기계로 작업이 이루어지기 때문이다."(맑스, 『정치경제학 비판 요강』 제2권, 백의, 2000, 237쪽)

탈코드화하면서 봉건체제의 해체는 명확해진다. 봉건체제의 해체를 국가의 생존 혹은 변형이 메운다. 자본기계 속에서는 죽음이 안으로부터 나타나고 또 욕망 자체가 죽음의 본능, 즉 잠재성임이 느껴진다. 하지만 이 욕망 자체가 실질적으로는 새로운 생명을 지니고 있는 흐름들 쪽으로 옮아 가고 있다는 것도 동시에 느껴진다. 자본기계에서의 **탈코드화한 흐름들, 이 새로운 욕망들의 형상은 다양하다. 들뢰즈는 "팔리는 재산들의 흐름, 유통되는 돈의 흐름, 보이지 않는 곳에서 준비되는 생산과 생산수단들의 흐름, 탈영토화하는 노동자들의 흐름"** 등에 주목한다. 이것들은 맑스가 자본에 대한 연구에서 분석한 바 있는 바로 그 흐름들이다. 문제는 이 흐름들의 접속이다. 자본주의가 탄생하는 데에는 이 탈코드화한 흐름들이 모두 만나고 통접되고 서로 반작용하되 이 만남, 이 통접, 이 반작용 등이 동시에 일어나야 한다. 낡은 체계가 죽고 새로운 생명이 태어나며 새로운 욕망이 새로운 이름을 얻게 되려면 **흐름들의 만남**이 필수적이다. 그리고 그 만남은 우발적이다. 그래서 들뢰즈는 "**세계사는 우연의 역사요 이밖에 다른 역사는 없다**"고 말한다. 탈코드화한 욕망은 자본주의에만 있는 것은 아니다. 그것은 역사 속에 항상 있어 왔다. 그러나 탈코드화한 흐름들이 단지 꿈꾸는 데 그치지 않고 **욕망하는 기계, 사회기계, 기술기계를 동시에 생산하는 욕망을 형성하기 위해서는 그 흐름들이 서로 만나** 한 공간에서 연결되는 것이 필수적이다. 즉 **자본주의의 명확한 출현을 위해서는 흐름들의 탈코드화** 외에 그 흐름들의 새로운 **탈영토화**, 그리고 그 탈영토화한 흐름들의 통접이 있어야 한다. 그래서 들뢰즈는 "자본주의를 보편적이게끔 한 것은 이 **통접**의 특이성이다"(『안티오이디푸스』, 335~336쪽)라고 말한다.

자본기계를 탄생시킨 마주침의 요소들 중 맑스가 『자본』에서 강조해서 밝힌 두 가지가 있다. 하나는 탈영토화한 노동자이고 다른 하나는 탈코드화한 화폐이다. 노동자는 자기의 노동력밖에는 팔 것이 없는 자유로운 그러나 맨몸인 노동자가 된다. 다른 한편 화폐는 자본이 되어 노동력을 살 수 있다. 이 두 흐름은 봉건제의 태내에서 형성된다. 문제는 이 두 흐름, 즉 노동자들의 흐름과 화폐의 흐름이 만나는 것이다. 이 두 요소들 중 하나는 낡은 사회신체인 토지의 소유관계의 해체에서 발생하고, 다른 하나는 이 낡은 사회신체의 주변에 기공(氣孔)처럼 존재했던 상인과 고리대금업자에 의해 발생한다. 들뢰즈는 이 두 흐름 속에서 진행되는 상이한 탈코드화 및 탈영토화의 과정을 이렇게 서술한다.

> 자유노동자에게 있어서는 사유화에 의한 토지의 탈영토화, 전유에 의한 생산용구들의 탈코드화, 가족과 자치공동체의 해체에 의한 소비재의 상실, 끝으로 노동 자체나 기계에 도움이 되는 노동자의 탈코드화가 진행된다. 그리고 자본에 있어서는 화폐의 추상에 의한 부의 탈영토화, 상인자본에 의한 생산의 흐름들의 탈코드화, 금융자본과 공공부채에 의한 국가들의 탈코드화, 산업자본의 형성에 의한 생산수단들의 탈코드화가 진행된다.(『안티오이디푸스』, 337~338쪽)

　　이 두 요소의 마주침이 자본기계를 생산했다. 그렇다면 이 마주침은 어떤 마주침이었는가? 대등하고 수평적인 마주침? 결코 그렇지 않다. 자본기계의 생산적 흐름은 자신 속에 자연기계와 기술기계를 끊임없이 채취하는 방향으로 전개된다. 뿐만 아니라 그것은 인간의 생산능력을 자신 속에 부단히 포섭한다. 만남은 포섭과 합병으로 전화된다. 여기서 맑스는 미래의 들뢰즈처럼 느껴진다.

> 자본의 개념에 놓여 있는, 대상화된 노동에 의한 살아 있는 노동의 점취 ──대자적으로 존재하는 가치에 의한, 가치증식하는 힘이나 활동의 점취 ──는 기계류에 입각한 생산에서는 생산과정의 소재적 요소들과 소재적 운동에서 볼 때에도 생산과정 자체의 성격으로 정립되어 있다. 생산과정은 노동이 노동과정을 지배하는 통일체로서 노동과정을 총괄한다는 의미에서의 노동과정이기를 중지했다. 오히려 노동은 기계적 체계의 수많은 점들에서 개별적인 살아 있는 노동자들에게서 의식적 기관으로 나타날 뿐이다. 노동은 분산되어 기계류 자체의 총과정에 포섭되어, 스스로 체계의 한 관절을 이룰 뿐인데 이 체계의 통일은 살아 있는 노동자들에게 실존해 있는 것이 아니라 노동자들의 개별적인, 사소한 행위에 비해 강력한 유기체로서 노동자에게 맞서 나타나는 살아 있는 (활동적인) 기계류에 실존해 있다. 기계류에서 대상화된 노동은 노동과정 자체에서 살아 있는 노동에 대하여 이것을 지배하는 권력으로 맞서는데 이 권력은 그 형태에서 볼 때 살아 있는 노동의 점취로서의 자본이다. 노동과정을 자본의 증식과정의 단순한 계기로 수용하는 것은 소재적 측면에서 볼 때도 노동수단이 기계류로 전환되고 살아 있는 노동이 이 기계류의 단순한 살아 있는 부속물로 전환됨으로써, 기계류의 활동의 수단으로 정립하는 것이다.[44]

---

44) 맑스, 『정치경제학 비판 요강』 제2권, 371쪽.

이처럼 산 노동의 내재적 연합이 없이 주권적 기계체제를 통해 결합된 **사회적 개인들**은 자본이라는 초월적 추상기계의 부품으로 포섭되고 편입되어, 자본주의의 사회적 생산력으로 나타난다. 하지만 포섭과 편입은 완전할 수 없다. 산 노동은 초월적 추상기계에 포획되었지만 그것의 독자성을 완전히 잃지는 않는다. 들뢰즈는 이것을 전쟁기계가 초월적 추상기계의 엔진으로 장착된 것으로 묘사한다. 파업, 혁명 등은 자본주의적 추상기계와 전쟁기계로서의 산 노동 사이의 대립이 터져 나오는 가시적 형태들 중의 일부이다.

　자본주의 추상기계 속에서 산 노동은 생산과정에서는 노동력으로 배치되고, 유통과정에서는 가변자본으로 배치된다. 그럼에도 불구하고 산 노동은 자본주의적 추상기계 속에 내재하는 탈영토화의 특이점으로 실존한다. 들뢰즈는 오뻬라이스모의 **노동거부**에 공감을 표현한다. 역사적 노동거부 운동들은 자본기계 속에 내재하는 탈영토화의 특이점들이기 때문이다. 이제 혁명은 탈영토화의 선분을 따라 움직이는 힘들의 생성과 연결의 과정을 의미하게 된다. 그러므로 들뢰즈에게서 프롤레타리아트는 자본의 가변부분으로 기능하는 노동자와 동일시될 수 없다. 그것은 또 어떤 측정 가능하고 집계 가능한 사회적 실체나 집단으로 이해될 수 있는 것이 아니다. 그것은 초월적 추상기계와 그 체제들이 부과하는 동일성의 형식에서 벗어나 새로운 배치를 실험하는 역능의 자기구성양식이다. 우리는 들뢰즈와 네그리에게서 탈영토화하는 힘들의 자기구성양식을 부르는 또 다른 이름을 발견한다. 도래할 민중을 부르기로서의 '민중의 발명'(들뢰즈,『시네마 2 : 시간−이미지』, 296쪽), 그리고 힘의 존재론적 경향이자 기획으로서의 '다중'(네그리).[45] 분명히 들뢰즈는 코뮤니즘이라는 전통적 용어에 연루되고 싶어 하지 않았다. 하지만 자본이라는 초월적 추상기계 속에 내재하는 특이점들의 탈주적 연결과 접속을 의미하는 것으로서의 코뮤니즘('의미' 혹은 '사건'으로서의 코뮤니즘)은 들뢰즈의 리좀책-책리좀 속에서 분명한 윤곽을 드러내고 있는 것이 아닐까? 그래서 『카프카』에서 제시된 소수정치의 구상이 『순수 내재성 : 하나의 삶에 관한 에세이』에 이르면 일종의 내재적 코뮤니즘으로 제시되는 것이 아닐까?[46] 그래서 우리가 그의 부재하는 책 『맑스의 위대함』을 코뮤니즘의 내재적 혁신을 위한 책으로 상상할 수 있게 하는 것이 아닐까?[47]

---

45) 니콜래스 쏘번은 네그리의 '다중' 개념이 '이름 붙일 수 없는 프롤레타리아'를 재영토화하는 것이 아닌지 의심한다(『들뢰즈 맑스주의』, 248쪽 이하 참조). 반면 존 라이크만은 네그리의 '다중'이 들뢰즈의 '다양체' 및 '소수파' 개념으로부터 나온 정교한 개념적 생산물이라고 말한다(김재인 옮김, 『들뢰즈 커넥션』, 현실문화연구, 2005, 146쪽).
46) Deleuze, *Pure Immanence: Essays on A Life*, trans. Anne Boyman, Zone Books, 2001, pp.25~35.
47) 이에 대해서는 쏘번, 같은 책, 40쪽 참조.

GILLES DELEUZE

3부

# 들뢰즈의
# 예술론

# 들뢰즈와 문학

심세광

## 문학과 진실의 문제

철학은 항시 태동기부터 진실의 문제와 더불어 존재해 왔다. 진실에 대한 문제제기 없이 철학은 존재할 수 없었다. 진실의 문제는 문학의 문제에서도 마찬가지로 중요하다. 들뢰즈가 문학에서 진실의 문제에 어떤 공헌을 했는지를 이해하려면 그가 개입하여 강조하고 또 창조적으로 변형시킨 진실의 문제틀을 반드시 점검할 필요가 있다.

우리는 문학의 진실 문제를 논의하기 위해 문학과 관련해 외적인 태도를 취할 필요가 있다. 그래서 우선 문학 생산 고유의 영역을 떠나 연구 대상인 문학에 대해 성찰적 태도를 취할 필요가 있다. 그리고 이러한 성찰적 입장은 아리스토텔레스가 시학이라고 명명했던 문학비평과 철학이 공유하고 있지만 그 영역은 같지 않다.

문학에 진실이 있고, 문학이 진실을 생산한다고 가정해 보자. 작품과 텍스트를 통해 확인할 수 있는 이 특수한 진실은 과학과 같은 다른 진실들 곁에 놓이게 될 것이다. 따라서 과학과 문학, 시와 예술, 정치가 생산한 진실이 있다고 가정해 보자. 결국 다수의 진실이 존재한다. 그런데 이렇게 전제하고 성찰한다면 우리는 무슨 일을 하는 것이며 어떤 공간을 점유하게 되는 것일까? 만약 다수의 진실이 존재한다면 이 진실들이 참되다고 말할 수 있기 위해서는 절대적인 진실이 있어야 한다. 요컨대 우리는 유일 진실의 관념을 가져야 된다는 말이다. 진실이 무엇이며 그 가치는 무엇인지 등과 같이 진실의 문제를 제기하는 다른 공간이 있기 때문에 우리는 복수의 진실들을 생산하는 장(과학·예술·문학 등)만으로는 만족할 수 없다. 복수의 다양한 진실들이 문제가 되고 상호 교차하며 비교되는 이 장소는 항시 철학이었던 것 같다.

철학은 진실과 오류의 상태가 결정되고, 진실이 무엇인가의 문제가 제기되는 장소이기 때문에 엄밀한 의미에서 진실도 오류도 아니다. 오늘날 현대인들은 철학이 지식이나 과학이 아니라 진실의 의미, 존재의 의미를 심사숙고하는 사유라고 말한다. 문학에 있어서 진실의 문제로 범위를 설정할 때 우리는 필연적으로 이 같은 철학적 측면으로부터 벗어날 수 없게 된다. 그리고 이러한 측면은 철학에 의존하기도 하고 철학과 긴밀히 연관되어 있기는 하지만 문학에 대한 성찰에 집중되는 문학비평과 구별된다. 문학비평은 문학작품의 생산 절차, 규칙, 형식을 직접적인 연구대상으로 삼는다. 따라서 문학비평은 작품 창조 행위와 그 내적인 구성과 기능을 성찰하고, 진실 생산의 다양한 방식에 대해서도 성찰한다.

비록 통속적이지만 문학은 궁극적으로 진실과 무관하다고 할 수 있기 때문에, 우리가 문학적이거나 시학적인 진실이 있다고 가정하는 것은 잘못된 가설이 아닐까? 그래서 이 문제는 단번에 해결될 수도 있지 않을까? 요컨대 문학에 진실이 존재하지 않으며, 그 이유는 한편으로 진실은 전통적으로 아리스토텔레스에 의해 표상·담론·관념과 거기에 관계된 지시대상·사물·세계·현실의 일치 관계로 규정되었기 때문이며, 다른 한편으로는 문학을 진실과 현실과의 관계를 조소하는 허구·서술·이야기의 힘이라 특징지을 수 있기 때문이며, 또 플라톤에 따르면 픽션은 오류·환상·착각의 생산과 같은 것이기 때문이라고 단언하면서 간단히 이 문제를 해결할 수 있지 않을까? 그래서 부합해야 하는 선행적 현실을 전제로 하는 진실과 문학은 하등의 관계가 없으며, 문학과 시에서 작가는 이야기를 처음부터 끝까지 날조해 내고 환상에 빠지기도 하며 어휘·텍스트·청각적 물질성을 가지고 유희하기도 하고, 작가는 학자·기자·역사가·철학자처럼 진실을 향해 나아가는 사람이 아니라고 할 수 있지 않을까? 그렇다면 작가가 꾸며 낸 이야기의 지시대상도 상상적인 세계이며, 작가가 현실로부터 상황과 등장인물과 같은 서술의 주요 부분을 전적으로 차용한다 해도 그것은 허구적인 세계로 남아 있을 수밖에 없고, 문학 속에 진실이 있다 할지라도 그것은 우연이지 진실을 발화하는 것이 문학의 핵심 임무가 아니라고 결론 내릴 수 있지 않을까?

우리는 증거가 서로 다른 장르에 속하지만 논리—수학적 유효성으로부터 시작해 실험적 진실(물리학, 생물학)에 이르기까지 특수한 유형의 합리성을 항시 정의할 수 있다고 생각한다. 또 실험과학은 엄격하고 정확하며 반복 가능한 절차로 인해 명백히 진실을 생산해 내는데, 이와 관련해 유일하게 제기될 수 있는 문제는 생산된 진실의 속성을 인식하는 데서 발생하는 문제라고 말할 수도 있을 것이다. 오직 과학적인 진실만이 있을 뿐이라는 논지에서 출발한다면 실증주의가 옳은 것이 아닐까? 문학의 가치와 목적은 진실과는 무관한 아름다움에 있는 것은 아닐까?

만약 그렇다면 문학과 관련된 모든 문제는 쉽게 해결될 수 있을 것이다. 이러한 논지는 단순하지만 상당히 견고하게 보인다. 그러나 문제는 실증주의처럼 간단하지는 않다. 문학의 허구적이고 서술적인 위상을 거부하기 힘들기 때문에 우리는 픽션이 어떻게 진실을 내포할 수 있는지, 허구적인 것 속에 착종되어 있는 진실과 오류를 어떻게 가려낼 수 있는지, 그 특성이 무엇인지를 파악해 보아야 한다.

이 문제는 상반되는 두 이론적 입장으로 회부될 수 있다. 우선 문학이 언어의 사건이고, 언어는 상반되는 두 경향에 따라 접근이 가능하다. 첫번째 경향은 문학적 담론의 내적 기능을 탐구하고 담론의 기표적이고 서술적인 체제, 요컨대 형식이나 구조에 특권을 부여한다. 소위 구조주의자들이 취하는 경향이 이것이며 솔레르스(Philippe Sollers), 크리스테바(Julia Krsteva), 바르트(Roland Barthes) 등의 '텔켈(Tel Quel) 그룹'에 의해서 널리 보급되었다. 두번째 경향은, 언어는 세계로 향하고 또 세계의 무엇인가에 대해 말하는 역할을 담당하기 때문에, 문학작품을 실재적이거나 비실재적인 참조 대상을 지시하는 의미를 우선적으로 갖는 것으로 간주하는 것이 특징이다. 그래서 텍스트의 물질적 체제를 설명하는 지향된 의미가 중요하다. 이것은 현상학적인 관점인데, 이 관점은 시원에 체험된 세계와 맺는 관계의 풍요성과 저자의 주체성의 표현이 수반하는 의미의 현현을 문학이라고 본다.

우리는 전자의 관점에 입각해 이야기가 진실을 생산해 내는 절차를 살펴볼 수 있다. 전자에서는 현실에 합치하는 바가 진실이라는 정의를 유지하는 플라톤의 저작과 아리스토텔레스의 『시학』 이후로 굳어진 미메시스(Mimesis) 이론에 대한 비판이 중심 문제이다. 현대의 시학은 넓은 의미에서 미메시스 이론을 비판하고 사실주의와 자연주의의 환상이 형성되는 절차를 설명한다. 요컨대 픽션의 절차가 진실 효과를 발생시키고, 사실은 허구적으로 생산된 산물이며, 이야기는 만들어 낸 인조물이라는 것이 전자의 주장이다.

여기로부터 두 결과가 발생한다. 첫째로, 문학작품은 진실과 사실에의 예속으로부터 해방되어, 언어에 내재하고 담론 상호간에 존재하는 고유한 내적 풍요를 즐겁게 탐구하는 방향으로 나아갈 수가 있다. 의미는 지시대상과 단절하게 된다. 진실을 가능하게 한 것이 소거된다. 문학적 서술은 문(文), 명제, 묘사적 담론, 지시 등이 그렇게 하듯이 한정된 담론의 상황에 권리적으로 존재하는 관찰 가능한 지시대상을 직접적으로 보여 주지 않는다. 직시할 수 있는 지시대상은 절단된다. 사물이 아니라 낱말들과 그것들이 수반하는 힘·작용이 관건이다. 그래서 현대의 시학은 말과 담론이 구축하는 픽션의 세계에 폐쇄되어 버리는 듯하며, 현실과의 모든 관계를 소거해 버리는 듯하다. 세계를 향한 언어의 초월성은 중단되고 환상이 되어 버린다.

이런 맥락에서 우리는 니체를 원용해 진실은 형이상학적 개념이고, 감각적인 것에 대한 인지적인 것의 우월성을 행사하면서 억압적인 역할을 담당하고 있다고 주장할 수도 있을 것이다. 니체주의자는 유일하고 자기중심적인 작품 개념에 이의를 제기하고 넘어서면서 오직 다수의 의미를 갖는 여러 선과 층과 관계를 설정하는 반면에, 형이상학적 진실 개념에 호소하는 자는 시간과 역사가 제거된 본질로 그들이 간주하는 의미의 안정성을 문학에 유입하려는 행위를 한다. 베케트(Samuel Beckett)를 출발점으로 삼고 포스트모더니즘의 감수성 내에서 둔화되는 듯한 문학상의 울트라 모더니티는 더 이상 아무것도 말하지 않고, 아무것도 지시하지 않으며, 스스로 자기 자신의 현실이 되어 버린 언어라 할 수 있는 절대적인 "텍스트"와 절대적인 "글쓰기" 개념에 도달하게 된다. 그래서 서술은 더 이상 논의의 대상이 되지 못한다. 장-마리 셰페르(Jean-Marie Schaeffer)가 보여주듯이 예술 전반에서 근대성을 특징짓는 것은 바로 "자기-지시성"(auto-référentialité)이다. 이 자기-지시성은 무의식적으로 언어를 세계로 이끄는 것과는 정반대의 방향을 취하고 미메시스와 지시대상의 환상과 싸우는 활동이 된다. 문학의 **존재는 메시지에 있는 것이 아니라 언어에 있다**고 롤랑 바르트는 말한 바 있다. 즉 문학의 존재는 의미와 의미로부터 도출되는 진실의 의지에 대한 "실망"과 그것들로부터의 "일탈"이 일어나면서 "의미가 중단되고" 문제로 떠오른 기호 체계 내에 있다고 바르트는 말했다.[1] 글쓰기는 목적어가 없는 자동사와 같다. 문학이라는 자기참조적인 언어의 현실을 위해 세계는 청소되어 텅비게 된다.

　두번째로 진실의 환상을 불러일으키게 되는 서술 수단이 저자나 이야기의 상이한 장르——탐정소설, 고전적인 소설, 공상과학소설, 또 이런 종류의 이야기 가운데서 관습적으로 진실하다고 주장되는 전기

---

1) Roland Barthes, *Essais critiques*, Seuil, 1964, pp.256~257.

적인 이야기 ——에 따라 가변적이기 때문에, 이러한 절차들을 추출해 내기 위해서는 상이한 이야기들의 내적인 연구가 필요하다.

역으로 이렇게 문학을 보는 방식은 어떤 조건 하에서 진실이 의미를 지탱할 수 있는지를 잘 알려 준다고 생각된다. 요컨대 텍스트 자체에 중심을 둔 내적인 분석을 벗어나 텍스트 밖에 있는 지시대상의 초월성을 재도입하면 문학이 진실과 관계를 유지할 수 있다는 사실을 우리는 알 수 있을 것이다.

위의 입장이 대별하는 테크닉의 형식적인 면에만 몰두하기는 어려워 보인다. 인간이 불가항력적으로 진실과 연관관계에 있지 않다면 왜 진실을 만들어 내기 위해 거짓의 힘과 그 절차의 발명과 남용이 존재할 수 있을까? 사실 문학에 진실이 없다면 문학은 무슨 소용이 있을까? 또 문학에 미학적 쾌락만이 존재한다면, 그것은 즐겁다기보다는 경박하거나 공허하고 대수롭지 않은 심심풀이와 오락에 불과한 것은 아닐까? 담론의 효과로 축소될 수 없고 존재, 세계, 그리고 이것들이 표현하는 저자에 근거한 진실한 바를 말하기 위함이라면, 왜 이처럼 많은 말과 글이 필요한 것일까? 허구적인 것을 우회의 수단으로 사용하면서 문학은 자기도 모르게 진실을 발화하는 것은 아닐까? 자기 자신으로 환원되어 진실한 것으로 주어지는 픽션의 허위는 유쾌하지만 덧없는 것은 아닐까? 픽션을 무겁게 해서 존재의 근저로 가 되돌리기 위해서는 진실의 무게가 필요하다. 서술과 소설적 픽션, 단편소설은 담론 외적인 상황에서 몸짓을 통해 보일 수 있는 직시적인 지시대상과 단절한 것은 분명하다. 하지만 모든 형태의 지시기능이 중단되었다고 주장하는 것은 근거가 있는 것일까? 바로 이것들이 현상학적 접근 방식이 우리의 문제에 던지는 질문이다. "글쓰기는 모든 한정된 상황을 넘어서서 지시의 힘을 갖고 있고 진정으로 세계를 연다"고 폴 리쾨르는 말한 바 있다.[2] 이야기 속에서 이해해야 할 바는 텍스트 뒤에서 말하는 자가 아니라 말해진 것, 텍스트의 사물, 요컨대 텍스트의 전면에서 작품이 펼치는 그런 류의 세계이다.[3]

## 들뢰즈의 철학과 문학의 가치

하지만 우리에게 제기되는 문제는 구조나 이야기의 내적인 범주들에 대한 형식적인 서사학(narratologie)도 아니고 우의적 의미에 입각한 내용의 해석학도 아니며, 문학에 대한 가능한 한 다른 새로운 접근 방식을 발견할 수 있는지의 여부에 집중되어야 하지 않을까?

들뢰즈는 구조주의의 핵심 부분을 유지하여 내재성의 원리를 지키고, 초월성을 거부하며, 저자에 대한 휴머니즘적 범주를 비판하고, 절대 주체를 붕괴시킨다. 그러나 들뢰즈는 텍스트의 폐쇄성, 그것이 수반하는 현실의 상실, 기표 체계와 형식적 실천의 특권, 다시 말해 이런 종류의 분석이 필연적으로 귀결될 수밖에 없는 기표의 독재를 거부한다. 의미의 초월성과 관계 없이 밖으로의 열림을 지탱할 수 있는 방법의 문제와 의미와 생명의 권리를 포기하지 않고 순수하게 내재적인 분석을 지탱하는 것이 들뢰즈의 주관심사라고 할 수 있다.

---

2) Paul Ricoeur, *Signe et sens*, Encyclopedia Universalis XIV, 1972, p.1014.
3) Paul Ricoeur, *Du texte à l'action*, Seuil, 1986, p.168.

이 문제의 범위를 가늠하기 위해 우리는 들뢰즈 철학 전반에 걸쳐 문학이 현존한다는 사실로부터 출발할 필요가 있다. 문학이 그의 사유를 사로잡고 있다고 단언하더라도 그것은 과장이 아니다. 프루스트, 카프카, 베케트, 카르멜로 베네(Carmelo Bene) 등 다수의 작가들에게 할애된 글들이 있고, 영미 작가들이 특별한 자리를 차지하는 『비평과 진단』에 실린 다수의 논고들이 이를 예증한다. 왜 들뢰즈의 철학에는 문학이 이처럼 강박적으로 현존하는 것일까? 들뢰즈의 철학은 문학을 꼭 필요로 하지만 꼭 문학만을 필요로 하는 것은 아니다. 그것은 비(非)철학(예술 일반이나 다른 활동)이 철학에 반드시 필요하다는 들뢰즈 철학의 일반적인 원리이다. "두 개가 동시에 필요하다.…… 마치 두 날개와 두 지느러미처럼."(QP, 43; P, 191)

철학과 예술은 사유의 두 양태이다. 그럼에도 불구하고 양자는 서로 구분되는데, 그 이유는 철학적 사유의 고유한 요소는 개념이고 예술적 사유의 고유한 요소는 정서와 지각이기 때문이다. 예술과 철학이 서로 구분된다 할지라도 문학은 철학과 분리될 수 없다. 철학은 예술·문학·과학, 요컨대 비철학과의 대면 속에서만 생명을 유지할 수 있다. 들뢰즈는 철학적 관념이 철학 내부의 역사에서뿐만 아니라 철학 외적인 학문들로부터 온다는 것을 부단히 강조한 바 있다. "철학은 화가, 음악가, 작가에 의해 밖으로부터 탄생하고 생산된다.…… 철학을 밖에서 생산하기 위해서는 철학으로부터 벗어나 아무런 행위나 해야 한다. 철학자들은 항시 다른 것이었고 그들은 다른 것으로부터 탄생한다."(D, 89) 그렇기 때문에 새로운 사유는 철학사 내부에서가 아니라 문학을 통해 시작된다. 문학의 위대한 인물들은 위대한 사상가들이며 철학은 인물을 반드시 필요로 한다고 들뢰즈는 단언하곤 했다(*QP*, 3장).

우리는 개념인 바와 정서-지각인 바를 구분할 수 없게 된다. 그리고 이 두 선이 섞이는 상태는 결점을 만들어 낸다든가 실증주의나 현대 영미 분석철학이 말하는 추락을 발생시키는 것이 아니라 철학의 가장 숭고한 지점을 구축하게 된다. "철학은 부단히 개념적 인물들에 생기를 불어넣어 그들에게 생명을 부여한다."(*QP*, 61) 그러므로 문학과 철학은 분리될 수 없으며 이 불가분성은 들뢰즈 철학에서 문학이 담당하는 역할을 잘 설명해 준다.

문학과 철학의 불가분성의 가정은 무엇을 의미하는 것일까? 어떤 이름 하에, 어떤 공통의 목적을 가지고 철학과 문학은 서로 관계를 맺는 것일까?

들뢰즈는 『니체와 철학』과 『차이와 반복』에서부터 시작해 이후에 오는 전 저작을 통해 재현적 사유의 특권이 사유를 왜곡시키고, 가치 폄하시켰다고 비판한다. 그러나 진실은 재현적 사유에서만 의미와 변별성을 가질 뿐만 아니라 사유의 최고 목적이기도 하다. 고전적인 철학의 사유는 우리들 각자가 사유가 무엇인지에 대해 함축적으로 알고 있다고 전제하는 사유의 이미지를 편견으로 갖는다. 우리는 상식과 여론으로부터 끌어낸 이 이미지를 정론이라 명명할 수 있다. 주체와 객체, 그리고 양자 사이에서 주체에게 사전에 주어진 대상의 적절한 모방이 상식이기 때문에, 상식은 진실로 나아가야 하는 사유(표상)를 전제로 한다. 새로운 철학은 재인(reconnaissance)으로 귀결되는 고전적 사유의 함축적 모델을 전복·비판하는 것을 중심 과제로 설정한다. 재현 체제에서 진실은 항시 대상에 일치하는 표상의 진실이기 때문에, 사유는 재인식해야 하는 선행적으로 놓인 현실에 예속된다. 사유하는 것은 재현시키는 것이며 재인식하는 것이다. 차이는 반복의 특권에 눌려 소거되어 버린다. 이는 진실과 반대되는 것으로서 "소크라테스가 지나가는데 '안녕, 테이아테토스'"라고 말하는 것과 같이(DR, 193) 기만·허위적 재인(recognition)밖에는 모르는 미메시스와 양식(bon sens)의 승리를 의미한다. 요컨대 무미건조한 경우에 맞추어 철학을 평가하는 위험과 마주쳐 왔다(QP, 132). 이러한 사유의 모델과 더불어 우리는 최악의 위험인 우둔(betise)이 있다는 것을 망각하기 쉽다. "이것은 탁자요, 이것은 사과요, 이것은 밀랍 조각이요, 안녕 테이아테토스와 같은 재인 활동이 우리 일상생활의 많은 부분을 점유하고 있는 것은 자명하다. 그런데 재인 행위에서 우리 사유의 운명이 작동하고 있고, 우리가 재인할 때 사유한다고 누가 도대체 믿겠는가?"(QP, 176)

이 같은 재인 모델은 오만하게 독사(doxa)를 만들어 내며 사유에 흉측한 이미지를 부여한다. 재인은 철학 본연의 모습인 역설·비판·창조적 전복, 다시 말해 혁명을 불가능하게 한다. 칸트의 초월론적 변증법에 따라 철학은 인식하는 데 있는 게 아니라 사유하는 데 그 목적이 있다. 『의미의 논리』에서는 사유된 진실이 아닌 의미가 철학에 생기를 불어넣는다. 들뢰즈는 사유의 사건인 개념도 논의한다. 개념은 사물의 상태에 부합되는지의 여부에 따라 검증되어야 하는 대상이 아니다. 그렇기 때문에 철학적 개념은 "진실도 허위도 아니다"(QP, 31).

세계와 현실의 의미를 출현시키기 때문에 개념은 사건이다. 그런데 세계와 현실은 개념에 선행하지 않는다. 들뢰즈가 말하듯이 개념은 '자율시적'(autopoietique)이다. 그렇기 때문에 개념은 예술과 가깝다.

개념과 예술은 모두 사유, 다시 말해 자기 고유의 구축면 외에는 다른 것을 참조하지 않는 창조성이다. 중요하고 가치 있는 것은 진실이 아니라 68년 5월 혁명 이후 전복과 혁명의 능력에 따라 정해지는 혁신의 힘인 역능이다. 이렇게 함으로써 개념은 사건을 만들어 낼 수 있고 공통의 독사(doxa)로부터 해방될 수 있으며 흥미로운 것이 될 수 있다. "철학은 아는 것을 목적으로 하지 않는다. 또 철학에 영감을 불어넣는 것은 진실이 아니다. 성공과 실패를 결정하는 흥미로운 것, 주목할 만한 것, 중요한 것과 같은 범주들이 철학에 생기를 불어넣는다."(QP, 80)

미학적이거나 철학적인 사유는 새로운 의미를 지향하는 실험을 위해 모든 종류의 미메시스와 이와 연관된 가설을 버린다. 이렇게 함으로써 개념은 모든 형태의 의견과의 단절로 규정될 수 있고 창조의 내적인 힘을 가두고 있는 '진실되다'는 바의 예속으로부터 해방될 수 있다. "사유는 가정된 패러다임인 진실되다고 하는 바로부터 자신을 해방시키는 무한한 운동에 접근하여 내적인 창조력을 회복할 때 흥미로운 바를 생산해 낼 수 있다."(QP, 106)

예술과 문학 그리고 모든 사유의 작품은 이러한 원리를 거스르지 않는다. 예술작품은 창조된 바의 자기정립(독립성, 독자성, 자기 자신에 의한 삶)을 지향하는 원리에 따르는 자신의 내적인 정합성을 통해서만 가치를 가질 수 있다. 이러한 원리에 따르기 때문에 예술작품은 그 어떤 것과도 닮지 않았고 그 어떤 것도 모방하지 않는다. 예술작품은 반영해야 하거나 표현해야 하는 자기 밖에 있는 세계를 지시하거나 지적하지 않고 "홀로 자신을 지탱해야 한다". 예술작품은 그 자체로 가치가 있으며 곧게 서서 자신을 지탱한다. 그것은 '기념물'(QP, 158)이고, 독자적이고 자족적이며, 우리가 일상적인 지각과 감수성으로부터 탈취해 낸 것이고, 이러한 지각과 감수성을 체험한 자에게 아무것도 빚지는 바가 없는 '감각의 덩어리'이다(QP, 158). "예술가는 지각소와 감성소의 덩어리를 창조해 내지만 이러한 합성물이 홀로 자기 자신을 지탱해야 하는 것이 창조의 유일한 법칙이다."(QP, 155) —— "모든 예술작품이 기념물인 것은 사실이다."(QP, 158)

## 들뢰즈의 소수민 문학

들뢰즈에게는 진실보다는 흥미로운 것이 더 중요하다는 것을 유념할 필요가 있다. 이제 들뢰즈의 문학관과 진실의 지배로부터의 해방이 가져오는 결과를 살펴보자. 문학이 초월성에 호소하지 않으며 기표의 울타리에 갇히지 않는다는 점을 반드시 알 필요가 있다. 생성(devenir)과 밖(le Dehors) 개념이 이러한 개방성을 잘 보여 준다.

문학은 우리가 보는 세계를 묘사하거나 충실하고 정확하게 복사·재현하는 것을 목표로 하지 않는다. 지각적으로 우리는 세계에 귀속됨으로써 세계에 대한 이미지를 이미 갖고 있기 때문에 세계의 이미지 복사는 불필요하다. "이미 그렇게 되었기에"(PSM, 33) 일상어를 통해 세계를 명명하는 데 문학이 사용될 필요는 없지만, "세계의 폭력과 과도함을 담을 수 있는 일종의 분신을 명명하는 데"(PSM, 16) 사용될 필요는 있다. 그렇게 함으로써 문학은 생명의 힘과 욕망을 창조와 혁신의 역능 속에서 더 멀리까지 연장하고 재활성화할 수 있다. "글쓰기는 항시 미완성이고 진행 중에 있으며 체험 가능하거나 체험된 질료를 넘어서는 생성의 문제이다."(*CC*, 15) 문학과 철학은 사유라고 하는 동일한 활동에 속하며 유일하고 동일한 목적을 갖는다. 요컨대 "삶의 새로운 가능성을 창조하기", 생명에 대해 증언하기, 갇힌 생명을 해방하는 것이 예술과 철학의 궁극적인 목표이다. 이러한 계획은 문학만의 임무는 아니며 모든 형태의 사유와 생명에 고유한 과업이다. 바로 이것이 위대한 문학과 위대한 철학이 공유하는 임무인 것이다.

느끼고 사유하는 새로운 방식인 문학은 이러한 궁극적인 목표를 철학과 공유하며, 양자는 모두가 사유의 탁월한 형식이다. 그러나 문학 고유의 임무는 무엇일까? 세계를 표상하는 데 사용되지 않는 문학은 메시지를 전달하거나 소통하는 데 쓰이는 것도 아니다. 왜냐하면 우리에게는 일상어 혹은 자연 언어가 있으며, 세계적인 수준에서는 '표준 영어'가 존재하기 때문이다. 문학의 고유한 임무는 새로운 삶의 가능성을 창조해 내고, 또 생성을 작동시키게 해줄 수 있는 새로운 언어를 창조하는 데 있다(*PSM*, 16). 이와 같은 문학의 최고 과업은 언어의 기술적·소통적 기능으로부터 벗어나는 것을 전제로 하고, 코드화된 일상적 함의를 붕괴시키는 것을 전제로 한다. 들뢰즈적인 의미에서 새로운 언어를 발명해 내는 것은 글쓰기의 문제이다. 요컨대 프루스트가 말하듯이 작가는 주어진 한 언어에서 새로운 언어, 일종의 외국어를 만들어 낸다. 여기서부터 이중적인 작업이 시작된다. "문학은 모국어의 분해나 파괴뿐만이 아니라 새로운 통사법의 창조를 통해 새로운 언어의 창조를 수행함에 따라 이미 두 양태를 갖게 된다. 언어는 자신을 주름으로부터 벗어나게 해주는 착란에 사로잡혀 있다고 말할 수 있을 것이다."(*CC*, 16)

하지만 작가가 수행하는 이와 같은 언어의 해체, 일상적 주름으로 부터 벗어나기, 탈문법화와 탈통사화는 근거 없는 것이 아니다. 생명의 해방과 같은 보다 높은 목적을 갖기 때문에 위와 같은 실천은 그 자체로 자기 안에 목적을 설정하는 일종의 놀이가 아니다. 문학의 전복적·위반적·시기상조적인 역할은 진실의 힘을 제압하며 강력한 해방의 욕망, 욕망의 도주선과 연결된다. 자신이 설정한 궁극적 목적으로 인해 언어의 전복은 세계와 맺는 일정 형태의 관계와 분리될 수 없다. 새로운 언어는 폐쇄된 언어가 아니다. 새로운 언어는 말과 그 절차를 통해 무엇인가를 들려 주고 보여 준다. 문학은 시각과 청각으로 구성되어 있다고 들뢰즈는 말한다. 그러나 문학이 소통하는 상대방은 문학이 표상한다고 하는 지각된 세계도 아니고, 문학이 그 영혼의 상태를 표현한다고 하는 저자도 아니다. 시각과 청각을 포함하고 있는 지각소와 감각소는 대상의 지각과 지각 주체의 감성과 다르다. 지각소는 시각이거나 청각이지 지각이 아니다. 지각소는 지각 속에서 우리에게 감지 불가능한 것을 보게 해주고 지각하게 해주는 감각의 블록이다. 그리고 이것은 세계에 대한 경험을 질서화하는 대상과 지각의 범주 그리고 진부한 생각과 고정관념의 너머인 지각된 바의 경계 부분에 있다.

마찬가지로 감각소는 감정을 우리가 느끼는 바의 경계 부분으로 이끌어 가고 생성 속에서 개인성이나 주체의 이쪽저쪽에서 비인간적·전-개인적 강도를 발생시킨다. 그렇기 때문에 들뢰즈는 글쓰기의 문제에 대해 이중적으로 부정적인 답을 했다. 먼저, 글을 쓴다는 것은 체험된 바(le vécu)를 이야기하는 것이 아니다. 달리 말해서 우리는 유년기의 추억이나 여행, 사랑, 슬픔, 꿈, 환상 등을 이야기하기 위해 글을 쓰는 것이 아니라는 말이다. 그래서 들뢰즈는 마르트 로베르(Marthe Robert)처럼 소설을 노이로제 환자의 것으로 만들어 버리는 정신분석학에 경도된 문학비평을 불신한다. 글을 쓴다는 것은 체험된 질료에 형식을 부여하는 행위도 아니고, 체험 가능한 것(le vivable)을 이야기로 변환시키는 작업도 아니다. 다시 말해서 글쓰기는 정합적인 전체에 다양한 행위를 장치하는 작업이 아니라는 것이다. 이렇게 제기된 문학의 문제는 다음과 같은 주목을 요한다.

첫째로 이 문제는 문학 텍스트가 진실과 연관관계를 끊을 수 없다는 점을 강조하고 있다. 이 같은 주장은 자연스러워 보인다. 우리는 텍스트가 우리에게 말하기를 원한다. 즉 무엇인가 진실된 바를 말하기 위해, 어떤 것에 대한 어떤 것을 말하기 위해 우리는 말을 하고, 또 바로 이것이 언어 사건이기를 바란다. 문학 텍스트는 우리에게 말할 뿐만 아니라 그것이 말하는 바는 진실이다. 다시 말해서 그것은 존재하는 바와 일치하고 세계, 인간 그리고 그의 조건, 이상, 기대, 생활, 생명의 가능성에 대한 참된 무엇인가를 현시한다. 이 같은 개념은 기표의 물질성과 포착 가능한 텍스트의 절차들과 사실상 단절하기 때문에 도덕적, 영적, 관념주의적 개념이라 평가할 수도 있을 것이다. 이 같은 문학 개념은 텍스트의 밖, 다시 말해서 우리가 논의하는 절대적 대상(담론의 밖에 있는 외부 세계)과 언어를 도구로 만들며 자신을 표현하는 절대적 주체의 초월을 주장한다.

하지만 둘째로 이 욕구를 충족시키기 위해 우리는 허구를 필연적으로 거쳐야 하므로 문학 텍스트가 있는 그대로의 의미와는 다른 의미를 가지고 있다고 주장해야 한다. 결국 문학 텍스트는 언표 수준에서의 픽션의 층과 그 배면에서 텍스트를 설명하고, 또 문학 속에 있지만 숨겨진 참된 의미를 완결하는 층으로 쪼개질 수밖에 없다. 이야기를 통해 한 의미가 지향되고 다른 의미를 통해 말해진다. 그래서 픽션은 우의적이다. 이와 동시에 숨겨진 의미의 포착을 담당하는 학문인 해석학이 탄생한다. 그리고 여기서 우리는 신화와 예술작품 일반은 진실을 갖는지, 갖는다면 이 진실은 어떤 종류와 어떤 속성을 갖는지의 문제를 재발견할 수 있다. 신화, 문학적 이야기, 환상의 진실은 담론 내적인 절차를 사용하지 않고 텍스트 해석이라는 외적인 절차를 이용한다. 요컨대 명백한 의미의 베일과 왜곡을 넘어서서, 현상학적 방법은 독서 작업을 통해 그 안에 있는 진실과 잠재적 내용을 복구하려고 시도한다.

문학은 방대한 이야기 만들기(fabulation)이다. 하지만 들뢰즈에게 이야기 만들기는 자기 자신을 상상한다거나 투사하는 행위가 아니다. 요컨대 그것은 "사적인 일이 아니다"(*QP*, 9). 이야기 만들기는 주체와 객체(그리고 양자의 일치인 진실), 그리고 개인을 넘어선 비인간적이고 집단적인 생성인 시각과 청각의 수준까지 도달한다. 문학은 세계(기원적 경험인 세계 내 존재)를 드러내 보여 주지도 않고 저자-주체를 표현하지도 않는다. 모든 언어의 극한으로 가기 위해 문학은 체험된 지각과 감정을 파괴시키는 지각소인 시각과 청각 외에는 다른 주체나 대상을 갖지 않는다. "창조적 이야기 만들기는 상술된 기억이나 환상과는 무관하다. 사실 소설가를 포함한 예술가는 체험된 바의 지각적 상태나 감성적 추이를 넘어선다. 예술가는 보고 있는 자이고 생성되는 자이다. 그가 어둠인데 어떻게 자신에게 일어난 일이나 상상하는 바를 이야기할 수 있을까? 예술가는 생명에서 너무도 큰 무엇, 너무나 견딜 수 없는 무엇, 그리고 생명을 위협하는 바와 생명 간의 포옹을 보았다."
(QP, 161)

여기서 우리는 들뢰즈의 밖 개념과 만난다. 문학작품이 우리를 끌고 가는 이 한계는 무엇일까? 들뢰즈는 작품이 밖과 소통한다고 답한다. 시각과 청각은 밖을 구성한다. 밖은 가시적인 것과 가청적인 것의 한계를 우리에게 보여 주고 들려 준다. 그렇기 때문에 작가는 자기 자신에게는 너무도 큰 무엇을 증언하고 또 철학자는 개념과 더불어 사유 가능한 바의 한계로 전진해 간다고 들뢰즈는 말한다. 철학자와 마찬가지로 예술가는 항시 죽은 자들의 나라로부터 되돌아온다. 요컨대 예술과 철학에서 사유는 순진무구한 것이 아니라 "위험한 운동이다". "사유한다는 것은 마법사의 선을 따라가는 것이다."(QP, 44)

들뢰즈 철학의 핵심이라고 할 수 있는 밖 개념에 입각한 아름다운 바의 설정을 우리가 잘 이해하기 위해서는 사유행위가 무엇인지를 숙고해 볼 필요가 있다. 사람들은 사유행위를 자기 자신에게 충분히 요구하지 않는다. 니체 이후 사유는 관념들에 대한 평온한 명상도, 친구들과 토론하고 논박하는 것도 아니며, 체험된 세계와 우리가 맺는 관계를 지탱하는 시원의 의견인 "Urdoxa"를 재발견하는 것도 아니라고 들뢰즈는 주장한다. 이러한 주장을 통해 들뢰즈는 플라톤, 소통 철학의 민주주의 중심주의, 후설, 메를로-퐁티, 하이데거로부터 온 현상학을 차례로 제거해 버리려고 시도한다. 들뢰즈와 같은 니체주의자와 헤라클레이토스주의자에게 사유는 당연히 카오스와 맞서는 행위이다. 모든 동일성, 안정성, 연속성을 붕괴시키는 생성의 카오스 속에 어떻게 잠수를 할 수 있을까? 사유하는 자는 잠수를 위해 뗏목이나 널빤지를 가져

가거나 카오스를 재단할 수 있는 면을 작도한다. 사유하는 자는 바로 이 면 위에 개념, 감정소, 지각소를 함께 위치시키려고 시도할 것이다. 따라서 사유한다는 것은 잠시 심연을 밝게 하기 위해 심연 속에 잠수하는 것을 의미한다. 예술가이기도 한 사유자는 "항시 정신의 눈이라 할지라도 눈이 붉게 충혈되어 잠수로부터 되돌아온다"(QP, 44).

밖 개념을 잘 이해하기 위해서는 피해야 할 오해가 있다. 작가의 청각과 시각은 "언어로 생명이 이동하는 것이다"(CC, 16). 따라서 청각과 시각은 일상적인 소통언어를 다듬어 만든 새로운 언어인 글쓰기로부터 분리될 수 없다. 시각과 청각으로부터 분리될 수 없다면 모든 작가들이 보는 자, 듣는 자라고 말할 필요가 있다(CC, 9). 상관적인 관계에 있는 시각과 청각은 특수한 문학적인 도구들의 도움에 힘입어 언어 내에 또 언어를 통해서만 우리에게 주어질 수 있다. 여기서 들뢰즈는 언어와 말의 밖에 있는 형언할 수 없는 거의 신비적인 경험을 논의하려고 하는 것이 아니다. 언어의 경계지대에 있는 것은 여전히 언어의 내부 가장자리에 있는 것이지 결코 언어의 밖을 참조하는 것이 아니다. 항시 말을 통해, 말 사이에서, 말의 간극에서, 말의 조직과 합성을 통해, 보다 정확히 말해, 문체를 통해 우리는 도주선과 생성을 생산해 낼 수 있다. 우리가 보여 주고 들려 주는 바는 언어로부터 보일 수 있는 언어 고유의 밖이다. 그러므로 밖은 언어의 밖에 존재하는 것이 아니다. 시각과 청각은 단지 언어의 이면이다. "경계는 언어 밖에 있는 것이 아니라 언어 안에 있다. 요컨대 경계는 비언어적인 시각과 청각으로 이루어져 있지만 오직 언어만이 그것을 가능케 할 뿐이다."(CC, 9) 따라서 글쓰기는 언어를 그 한계로 몰고 가 어떤 언어에도 속하지 않는 것 ─

침묵과 음악——, 다시 말해서 언어 속으로의 생명의 이동인 시각과 청각을 포착하려는 시도이다. 따라서 들뢰즈에게 문학은 하나의 과업을 부여받게 되는데 그것은 "무엇보다도 언어를 일종의 비-언어인 그 한계와 관계를 정립시키는 일"이다(*PSM*, 22).

들뢰즈는 특권적인 도구로 소통의 언어를 사용하는 사회적 지배로부터 해방될 수 있는 선을 전개시킨다. 이제 미학적 문제는 구체적인 면 위에서 이 도주의 선들을 작도하는 방법의 문제가 된다. 그 유일한 원리는 빼기(soustraction) 혹은 가치폄하(minoration) 절차에 근거한다. 이러한 절차는 현상학과 다르다는 것을 잘 이해할 필요가 있다. 지각된 현실을 허구적이고 서술적인 다른 것을 통해 이중화시키는 이유는 우리를 예속하는 지배체제나 언어의 힘으로부터 해방되기 위함이다. 그렇기 때문에 언어에 부여된 형식들을 감하고 가치폄하하며 부수어야 한다. 발명은 창조하는 것이지 지각된 세계에 선행하여 존재하는 바를 발견하거나 재발견하는 작업이 아니다. 현상학에서처럼 그것이 존재의 의미이건 소위 창설 주체이건 인간의 시원적인 세계 내 귀속을 의미하고 인간을 세계에 살 수 있게 해주는 세계에 대한 근원적이고 선술어적인 경험이건 간에 선행하는 바, 전-이해(pré-comprehension)에 부여된 의미로 되돌아가는 것이 관건이 아니다. 또 들뢰즈가 보기에 그것이 아무리 시원적이라 해도 의미나 메시지의 표현보다는 도주선 혹은 탈영토화선의 추출과 같은 행위를 특권적으로 전면에 내세울 때, 철학적이거나 문학적인 저서는 성공을 거둘 수 있다. 문학작품에는 표현된 주체도 재현된 대상도 존재하지 않는다. 책에는 주체도 객체도 없다. 그렇다면 작품은 무엇이고, 또 무엇을 하는 것일까? 작품은 장치한다. 밖에는 이미지·의미·주체성이 없기 때문에 모방하거나 베끼는 일이 아니라, 장치하는 것이 중요하다. 세계·사회·시대 등과 같은 이미지의 책이 중요한 것이 아니다. 메시지의 책도 중요한 것이 아니다. 숨겨진 은밀한 의미의 통일을 수반하는 해석으로서의 책도 중요하지 않다. 문학작품은 이질적인 유출을 장치한다. 또 지배적인 의미화에 저항할 수 있고 예속된 주체를 해방시킬 수 있는 힘이 있기 때문에 자체적으로 가치가 있는 선들을 장치한다.

그 결과 의미는 용례 내에 존재하게 된다. 바로 이것이 들뢰즈의 실용주의이다. 책은 기능적이어야 한다. 책은 도구상자이어야 한다. 책은 해방 장치의 한 부품으로 사용될 수 있어야 한다. 들뢰즈는 누차 반복해 실용주의적 조언을 한다. 예컨대 "이 안경을 써 보고 당신들에게 맞다면 선택하시오." 책에는 하나도 이해해야 할 바가 없고, 오히려 활용해야 할 바가 있을 뿐이다. 책은 어떤 것과 기계장치를 이루어야 한다. 책에는 해석해야 한다거나 의미해야 할 바가 전혀 없으며 실험해야 할 바가 많이 있다. 책은 밖에 대한 작은 도구이다. 그러므로 책은 모든 종류의 유출, 그 중에서도 사회적 유출에 연결되어야 하기 때문에 글쓰기는 필연적으로 정치적인 차원을 가질 수밖에 없다. 역사적·사회적 세계와 리좀 관계를 설정하면서, 책은 성공할 경우 사회의 장에서 미시정치의 현실이 된다.

어떻게 구체적으로 서술 언어의 기술적 힘을 좌절시키고 언어의 이러한 기능에 부각되어 있는 독사(doxa)로부터 벗어날 것인가? 다수의 절차들이 이를 위해 사용되며, 그 중 중요한 것은 다음과 같다.

① 「바틀비」(*Bartleby, the Scrivener*)에서의 "I would prefer not to……"와 같은 간결한 문구(formulaire).

② 비한정되고 중단되어 다시 채워야 할 의미를 작동시키기 위해 다양한 의미화 절차를 응축하여 섞고 있는, 루이스 캐럴(Lewis Caroll)이 사용한 혼성어(mot valise)의 사용 절차.

③ 루이스 울프슨(Louis Wolfson)의 비문법적인 어휘와 무의미한 순수 소리로 의미화 절차를 유도하며 고갈시켜 버리는 아르토(Antonin Artaud)의 숨결 언어.

④ 세계와 독사(doxa)의 모든 단층들과 침전된 함의와 기성의 의미를 벗어나 언어 이전의 존재라고 하는 웅얼거림에 도달하는 빈 글쓰기(베케트와 블랑쇼의 분석).

⑤ 주어진 상황의 모든 가능성을 고갈시키는 조합──아일랜드의 가장 위대한 영화로 인정받는 베케트의 「영화」(*Film*)와 「쿼드」(*Quad I+II*)를 비롯한 그의 다른 텔레비전 작품을 참조할 것.

⑥ 언어의 일정성과 불변요소들을 동요시켜 언어를 더듬게 하는 차별적인 반복과 변조(게라심 루카Gherasim Luca 참조).

이 모든 절차들이 공유하는 것은 무엇일까? 그것은 의미를 흐리게 하고 다의성을 갖게 하는 미결정 효과를 발생시키기 위한 의미의 빼기와 가치폄하이다. 우리는 다양성과 그 공식이 왜 n−1인지를, 다시 말해 부가가 아니라 빼기인지를 이해할 수 있다. 우리는 왜 들뢰즈가 소수민의 문학을 논의하는지를 이해할 수 있다. 들뢰즈는 이를 통해 항시 본래 순응적이고 또 그러기 위해 모델을 필요로 하는 다수민과 그들이 구축하는 모델의 가치를 폄하하고 전복하려고 시도한다. 반드시 소수 인종의 문학일 필요가 없는 소수민 문학은 거의 수학적 의미에서의 빼기를 전제한다. 요컨대 예상치 못한 잠재성을 해방하고 부화뇌동하는 민주주의적·합의적인 다수민의 역사에 대항하는 생성을 도출하기 위해서는 이미 설정된 의미를 축소하고 감소시켜야 할 필요가 있고, 언어의 문법과 통사를 해체하여 변형시킬 필요가 있다. 늘 영구화하려 하고 규범화하려 하며 생성을 파괴하는 다수자가 될 것이 아니라, 그들의 가치를 폄하할 필요가 있다. 우주적이고 영적인 찰랑거림과 감지 불가능하게 되기(devenir imperceptible)에 도달할 수 있게 해주는 도주선이 빠져나가는 구멍이 빼기로부터 결과 된다.

## 들뢰즈 : 차이와 생성의 문학

"글쓰기란 되기의 문제다." 즉, 글을 쓰면서 우리는 여성이 되며, 동물이 되고, 식물이 되며, 분자가 되고, 또 감지 불가능하게 된다. 게다가 글쓰기는 언어의 타자되기와 불가분의 관계에 있다. 앞서 언급하였듯이 들뢰즈는 프루스트를 빌려 "아름다운 책들은 일종의 외국어로 씌어진다"고 단언한 바 있다.

　　그러나 들뢰즈처럼 글쓰기가 되기의 문제라고 말하는 것만으로는 불충분하다. 들뢰즈가 글쓰기는 되기의 문제라고 말할 때, 우리는 이 되기라는 말을 통해 무엇을 이해해야 하고, 또 이것을 "문학"과 동의어로 생각할 수 있는지, 문학을 항구적 변조의 문제로 여길 수 있는지, "여성-되기" "동물-되기" "식물-되기" "분자-되기" 등과 언어의 타자되기 사이에는 어떤 관계를 설정할 수 있는지, 언어의 타자되기를 문학적 언어의 자족적 성격과 동일시할 수 있는지, 이 표현들 내에서 "되기"라는 말이 의미하는 바가 도대체 무엇인지를 분석해 볼 필요가 있다. 자세히 읽어 보면 들뢰즈의 표현은 근본적으로 수수께끼적이다.

들뢰즈에 있어서 글쓰기는 생성과 관련하여 정의될 수 있다. 그러나 그 역은 불가능하다. 요컨대 생성은 글쓰기로 국한될 수 없다. 비문학적 생성들이 존재한다. 이것의 가장 확실한 증거는 『천의 고원』 중 생성에 할애된 장(MP, 284~380)에서 발견할 수 있다. 여기서 들뢰즈는 문학·영화·음악·정신분석학·인종학·자연사·철학과 같은 지극히 다양한 지식 영역들에서 취한 많은 예들을 제시한다. 들뢰즈에게 생성은 우선 철학적 문제다. 개념과 관련해 생성을 규정해야 할 필요가 있다. 그래서 들뢰즈는 역사를 이야기할 필요성을 느끼게 된다. 왜냐하면 개념들이 기입되는 표면인 역사를 파악하지 못할 때 개념들은 너무 추상적일 수밖에 없기 때문이다. 여기서 들뢰즈의 천적은 변증법이다. 달리 말하면 플라톤과 헤겔이다. 들뢰즈의 친구는 차이의 사유이다. 달리 말해서 헤라클레이토스와 니체이다. 친구이자 적은 선험성을 발견했지만 더 멀리 나아가지 못한 칸트다.

이 역사의 세세한 내용들에 대한 설명은 이 글의 범주를 넘어서는 일이다. 여기서는 플라톤의 시뮬라크르(simulacre) 이론에 대한 설명으로 만족하도록 하자. 들뢰즈의 작품에서 문학과 생성이 처음으로 연관되는 것은 바로 이 시뮬라크르 이론이다.

『의미의 논리』에서 일련의 역설은 루이스 캐럴과 플라톤의 몽타주, 보다 정확히 말해서 『이상한 나라의 앨리스』와 『파르메니데스』,

『필레보스』의 몽타주로 시작된다. 전자에서 앨리스는 버섯을 먹고 목이 길어지기도 하고 줄어들기도 한다. 후자의 경우에는 고정된 정체성과 한정된 양을 부여할 수 있는 한정된 사물과 모든 척도와 정체성을 부여할 수 없는 순수 생성이라는 이원 체계가 문제시된다. 루이스 캐럴과 플라톤 간의 유사성을 어떤 방식으로 설명해야 할 것인가?

사실 앨리스의 비정상적인 성장은 전-후, 가-감 등과 같은 단일한 의미나 방향에 입각해 파악될 수 있는 척도나 정체성이 결여된 순수 생성이다. 『필레보스』에서 소크라테스는 양은 부동하고, 변화하면 존재를 중단하기 때문에 더 더운 것과 더 추운 것, 혹은 더 부드러운 것과 더 격렬한 것과 같은 것에는 한정된 양을 부여할 수 없다고 말한다. 마찬가지로, 앨리스의 성장에 고정된 양을 부여할 수는 없다. "내가 '앨리스가 자란다' 라고 말할 때, 그것은 그녀가 이전보다 더 커진다는 것을 의미한다. 그러나 이는 곧 그녀가 지금보다 더 작아짐을 뜻한다. 분명 그녀는 보다 크면서 동시에 보다 작을 수는 없다. 그러나 그녀가 보다 커지고〔시간을 거꾸로 보았을 때〕, 보다 작아지는 것은 동시적인 것이다. 그녀는 지금 더 크고, 그 전에는 더 작았다. 그러나 그녀가 이전보다 더 커지는 것과, 지금 되고 있는 것보다 더 작아지게 되는 것은 동시적이다. 이것이 생성의 동시성이며, 그 고유한 점은 현재를 비켜 가는 데 있다."(LS, 43)

이러한 접근을 통해 들뢰즈는 루이스 캐럴이 플라톤주의자임을 보여 주려는 것이 아니라 플라톤 자신이 플라톤주의를 전복시키는 최초의 인물임을 보여 주려고 시도한 것이다. 여기서 플라톤주의라는 말은 플라톤의 철학이 아니라, 척도와 정체성 부여에 거역하는 광적인 생성을 한정시키려 하는 철학적 시도로 보아야 할 것이다. 한정되고 측정 가능한 사물과 순수 생성 간에 설정되는 이원 체계는, 플라톤 변증술의 분할 방식 내에 명백히 등장하는 시뮬라크르와 복사본의 이원 체계에 종속되어 있다.

플라톤의 변증술은 두 절차를 포함한다. 한편으로 분산된 다수성을 하나의 개념으로 통일하는 방식과, 다른 한편으로는 이분법적 방식으로 한 개념을 부분으로 쪼개는 분할 방식이 그것이다. 들뢰즈가 관심을 갖는 것은 바로 이 분할 방식이다. 여기서 중요한 것은, 플라톤에 대한 아리스토텔레스적 해석처럼 장르를 속성들로 분할하는 것이 아니라, 혼합된 총체를 순수 계통들로 나누는 일이다. 따라서 진실을 주장하는 자를 식별하여 특수화하는 것이 관건이 아니라, 진실을 주장하는 자와 그릇됨을 주장하는 자를 식별하는 것이 관건이다. 이것에 입각해 들뢰즈는 플라톤주의와 철학의 관계가 『오디세이아』와 문학의 관계와 같다고 주장한다. 결국 그릇된 것을 주장하는 자들을 몰아내어야 한다. 하지만 어떻게 그들을 식별할 것인가?

플라톤은 이 식별 문제에 토대를 부여하는 신화, 즉 이데아의 분유 개념을 통해 답하고 있다. 분유 개념은 삼위일체로 이루어진다. 기초는 먼저 무엇인가(주장의 대상)를 일차적으로 소유하는 것이고, 이차적으로 그것을 주장자·소유자에게 부여하는 것이다. 예를 들면 정의 관념이 있고, 정의의 질이 있고, 정의로운 인간이 있다. 일차적으로 정의의 질을 소유하고 있는 정의 관념은 이 질을 정의로운 인간인 진정한 주장자에게 부여한다. 물론 주장자는 하나가 아니다. 이 사람 말고도 기초를 공유하는 많은 주장자들이 존재하고 그 결과 이 관념을 전혀 공유하지 않는 자 즉 사기꾼, 소피스트, 시뮬라크르에까지 도달하게 된다.

주장자들을 식별하기 위해서는 그들의 관념의 분유도를 한정해야한다. 관념과 진실을 주장하는 자 사이에는 유사성이 존재해야만 한다. 바로 이 유사성을 통해 우리는 진실을 주장하는 자와 그릇된 바를 주장하는 자들을 식별해 낼 수 있다. 다시 말해서 복사본과 시뮬라크르를 구분할 수 있다는 말이다. 복사본은 동일자 위에서 구축된 관념과 유사성을 갖는 이미지이다. 반면에 시뮬라크르는 부조화와 차이성 위에 구축된 유사성 없는 이미지이다.

따라서 우리는 이제 『필레보스』에서 측정 가능한 사물들과 순수 생성 간의 이원 체계가 복사본과 시뮬라크르의 이원론 속에 어떻게 섞이는지를 잘 이해할 수 있게 된다. 순수 생성이 모든 정체성과 척도를 벗어나듯이 시뮬라크르는 관념의 동일자, 유사자와 연결시켜 생각할 수 없다. 플라톤에 있어서 시뮬라크르를 제거하고 순수 생성에 한계를 부과하는 일은 차이성을 동일성의 힘에 복종시키는 일이다. '플라톤주의'의 전복은 시뮬라크르들을 배가시키고 순수 생성을 해방하는 행위이다. 달리 말해서 그것은 절대적 차이 개념을 동일성으로 환원함이 없이 자신 안에서 구축하는 실천을 의미한다.

들뢰즈는 플라톤이 만들어 낸 관념에 부합하는 복사본의 식별 방법과 니체가 개발한 영원회귀를 통한 식별을 대립시킨다. 여기서 문제는 들뢰즈가 영원회귀에 대해 일종의 유보를 했다는 점이다. 『차라투스트라는 이렇게 말했다』에서 니체는 이 문제에 관해 논하는 「시각과 수수께끼에 대하여」와 「회복중인 자」의 두 글을 원용한다. 여기서는 차라투스트라가 아닌 다른 등장인물이 영원회귀를 논한다. 전자의 경우

난쟁이가, 후자의 경우에는 동물들이 영원회귀를 논한다. 난쟁이는 진실은 곡선이고 시간은 원이라고 단언했고, 이는 차라투스트라를 격분시킨다. 동물들은 회귀하는 것이 동일자라고 말하고, 차라투스트라는 이것을 무시하며 잠자는 체한다. 달리 말해서 차라투스트라는 영원회귀의 두 버전을 거부한다. 그 이유는 무엇일까?

위의 두 경우에 있어서 영원회귀는 동일자와 유사자의 회귀로 제시된다. 이것은 '플라톤주의'를 전복시키려는 니체의 철학적 기도와 정면으로 배치된다. 그 이유는 만약 회귀하는 것이 항시 동일자라면 니체의 식별법과 플라톤의 식별법 간에 어떤 차이도 존재하지 않게 되기 때문이다. 그래서 들뢰즈는 동일자의 회귀로 생각하게 만드는 요소들을 붕괴시키기 위해 영원회귀에 새로운 해석을 가한다.

이런 의도에서 들뢰즈는 니체의 표현 "신은 죽었다"를 신은 "어설픈 수학자다"로 변형시킨다. 신이 계측하면서 세상을 창조하였을 때 그의 계산은 항시 엄정하지 못했다. 바로 이 결과론적인 '부당성', 다시 말해서 이 기원적인 철저한 불평등성이 세계의 조건이다. 왜냐하면 신의 계측이 합당했다면 세계는 존재할 수 없었기 때문이다. 달리 말해서 신은 카오스에 질서를 부여하여 동일자에 묶어 놓은 것이 아니라, 차이를 단언하면서 카오스를 인정한 것이다. 따라서 영원회귀는 카오스를 긍정하는 힘이다. 회귀하는 것은 동일자가 아니라 차이다. 선별은 주장에 근거하는 것이 아니라 힘에 근거한다. 이것은 차이에 고유한 힘의 영원회귀 내에서의 반복이다. 영원회귀가 제거하는 것은 바로 동일성, 유사성, 정체성, 평등성이다. 영원회귀가 선별하는 것은 차이성, 부조화, 이질성, 불평능성이다. 이렇게 영원회귀는 정체성, 유사성이 부재하는 불평등한 세계를 단언한다. 이 세계 내에서 모든 것은 차이들에 근거하고 있고, 차이들의 차이들이 끊임없이 공명한다.

여기서 우리는 영원회귀와 시뮬라크르 간의 심층적 관계를 발견할 수 있다. 차이의 긍정인 영원회귀는 일단 긍정적으로 차이가 차이 자체를 통해 차이에 관련되는 체계(*DR*, 311)로 정의될 수 있는 시뮬라크르만을 회귀시킨다. 시뮬라크르의 대두는 분유와 정착민적 분유질서의 붕괴와 유목민적 분포 및 순수 생성과 불가분의 관계에 있다.

우리는 영원회귀를 이렇게 달리 해석함으로써 생성을 정의할 수 있다. 영원회귀는 생성의 존재다(*NP*, 55). 동일자와 동일성은 차이에 앞서 존재하는 것이 아니다. 왜냐하면 차이가 동일자를 만들어 내기 때문이다. 달리 말하면 동일자는 오로지 차이만을 단언할 뿐이다. 따라서 동일자와 정체성은 일차적인 것이 아니며 차이성과 시뮬라크르 주위를 선회할 뿐이다.

글쓰기는 되기의 문제라는 표현을 통해 들뢰즈는 보편적 문학을 정의하려고 시도하지 않고 특수한 문학을 정의하려 했다. 이 특수한 문학을 들뢰즈적인 문학이라고 명명하자. 물론 여기서 중요한 것은 취향의 문제가 아니다. 들뢰즈가 좋아하는 것은 문학이 아니다. 들뢰즈적인 문학에서 중요한 것은 일련의 이름들이 갖는 공통적 특성이다.

먼저 외연적 정의를 해보자. 들뢰즈적인 문학 내에는 도대체 어떤 이름들이 존재하는가? 『프루스트와 기호들』에서는 물론 프루스트가 있고, 『차이와 반복』에서는 근대문학이 문제시되는데 여기서 중요한 작가들은 조이스(James Joyce), 루셀(Reymond Roussel), 루이스 캐럴, 곰브로비치(Witold Gombrowicz), 루소, 페기(Charles Péguy), 졸라(Émile Zola) 등이다. 『카프카 : 소수적인 문학을 위하여』에서는 소수자 문학을 대표하는 카프카는 물론이고 셀린느(Louis-Ferdinand Céline)와 아르토가 문제시된다. 『대담』에서는 영미문학이 중요시되며 버지니아 울프, 피츠제럴드(Edward Fitzgerald), D. H. 로렌스, 클라이스트(Heinrich von Kleist), 호프만슈탈(Hugo von Hofmannsthal) 등의 작가들이 문제가 된다. 『비평과 진단』에서는 르 클레지오(Jean-Marie Gustave Le Clézio), 러브크래프트(Howard P. Lovecraft), 베케트, 토마스 울프(Thomas C. Wolfe), 에밀리 디킨슨(Emily Dickinson), 허먼 멜빌, 앙리 미쇼(Henri Michaux) 등 서로 관계가 먼 작가들의 글쓰기가 문제가 된다. 어떤 절차를 통해 들뢰즈는 위의 이름들을 한데 모은 것일까? 달리 말해 어떻게 이 이질적인 작가들을 공존시킬 수 있었을까?

이 일련의 작가들은 아마도 차이에 입각해 성립된 기호인 것 같다. 들뢰즈적 문학은 철학이 사유하지 못한 차이의 개념을 파악하려고 시도한 문학이다. 『프루스트와 기호들』에서 차이는 사유를 촉발시키고, 양식과 상식에 기초한 사유의 이미지를 파괴시키는 기호들과의 만남으로 등장한다(PS, 115~124). 들뢰즈가 근대문학이라고 명명한 것에서 차이는 계열들의 기술적 구축으로 등장하는데, 여기서 집중되기도 하고 분산되기도 하는 계열들은 우리가 찾으려고 하는 장소에 전혀 존재하지 않으며, 또 우리가 어디에 있는지 결코 알 수 없는 역설적 심급을 통해 서로 소통한다. 들뢰즈가 소수민 문학이라고 정의한 바 내에서 차이는 탈영토화로 등장하고 영미문학 내에서는 도주선으로 등장한다. 마지막으로 그가 글쓰기라고 명명한 것 내에서 차이는 생성의 문제로 등장한다. 이 같은 차이의 문학 개념에 입각해 들뢰즈의 생성 개념을 이해할 필요가 있다.

① **형식적인 면에서, 생성은 두 항들 간의 관계가 아니라 항 없는 둘 사이의 관계다.** 되기는 하나의 형식에 도달하는 것을 목적으로 삼는 것이 아니라 역으로 형식을 파괴하는 데 목적이 있고 결과적으로 되기는 무정형을 지향한다고 말할 수 있다. 그래서 "여자-되기", "동물-되기", "식물-되기", "분자-되기" 등은 포획된 항들의 분해와 불가분의 관계를 맺고 있다. 인간은 동물이 되지만 이는 동물이 그와 동시에 인간이 될 때 가능하다. 되기는 두 형식의 일치가 아니라 인간과 동물이 인접하며 상호 식별이 불가능하고 결정이 불가능한 인접지대를 구축한다. 그래서 '되기'는 두 항 사이의 관계가 아니라 시작도 끝도 없는 항시 중간과 사이에 위치하는 항 없는 양자 간의 관계이다.

② **시간적 관점에서 생성은 크로노스와 불가분의 관계에 있는 것이 아니라 아이온과 불가분의 관계에 있다.** 앨리스의 '순수 되기'는 개인의 정체성의 붕괴만을 함축하는 것이 아니라 과거와 미래를 응축하고 있는 항시 동일한 현재에 기초하여 연대기적 시간성에 대해 이의제기하고 있음을 함축한다. 왜냐하면 되기의 핵심은 현재를 벗어나는 데 있기 때문이다. 앨리스가 커질 때 그녀는 과거의 자기보다 더 커지지만 현재 지금의 자기보다는 더 작아진다. 달리 말해서 이전과 이후로 동시에 끌려가면서 현재는 분해된다.

③ **언어적 관점에서 생성은 언어가 자기 자신과 맺는 차별적 관계와 분리될 수 없다.** 훌륭한 책들은 일종의 외국어로 씌어졌다고 하는 프루스트의 말은 여러 방식으로 해석될 수 있을 것이다. 우리는 이 말을 통해

문학 언어가 소통적인(그래서 일상적인) 언어 용례를 거부하고 파괴한다는 주장을 하기 위해 프루스트가 문학 언어와 일상 언어를 구분한 것이라고 해석할 수도 있을 것이다. 하지만 들뢰즈가 빈번하게 프루스트의 이 말을 인용하는 이유는 문학 언어와 일상 언어를 구분하기 위함이 아니다. 들뢰즈는 이러한 구분이 일상적인 것과 문학적인 것 사이에 있는 것으로 보지 않고, 다수자의 언어와 소수자의 언어 사이에 있는 것으로 간주한다. 요컨대 두 언어 사이의 관계가 문제가 되는 게 아니라 한 언어가 자기 안에서 새로운 외국어를 구성하는 방식으로 자기 자신과 설정하는 차별적 관계가 문제이다(*MP*, 116~139). 달리 말해서 다른 언어의 생성이 이루어지기 위해서는 동일 언어에 차이를 주입해야 한다는 말이다. 차이를 주입한다는 것은 언어의 가변적 요소들의 체계를 변조시키는 것을 의미한다. 보다 구체적으로 말해서 언어의 이러저러한(음성학적, 의미론적, 통사론적, 문법적) 가변적 요소를 취해서 그것을 두 상태 사이에서 변화시키는 것, 언어를 폭발시키고 파열시키는 이질성을 유입시키는 것을 의미한다.

언어의 이 같은 비문법적 용례는 문법적 용례와 대립되는 게 아니다. 비문법적 용례는 문법적 가변 요소들을 부단한 변화 상태에 두려고 하기 때문에 문법적 용례를 전제한다. 그래서 비문법성은 비정상, 다시 말해 규범의 위반으로 여겨서는 안 되고 불규칙성, 다시 말해서 "우툴두툴함, 껄껄함, 기복, 탈영토화의 정점"(*MP*, 298)으로 생각해야 할 것이다.

언어의 전복이 언어 이전의 찰랑거림 속에서 들리지 않는 웅얼거림으로 귀결된다 해도 언어에 진정한 의미를 부여하는 바, 즉 인간 조건의 어떤 양태를 보여 주는 바가 무엇인지를 잘 이해할 필요가 있다. 그것은 우선적으로 증거의 네트워크가 아니라 생명의 시험, 이야기 속에 서술된 생명의 실험에 속하는 진실의 현현과 의미의 소통을 목적으로 하는 전복이다. 진실은 신화나 서술 문학적인 부분을 포함할 수밖에 없다. 지식은 진실을 고갈시킬 수 없으며 사유할 수 있는 것과 말할 수 있는 것의 한계 ── 들뢰즈가 밖이라 부르는 것 ── 이고 현실의 진실을 감추는 역할을 하기도 한다. 문학은 욕망을 장치한다. 그래서 문학의 문제는 욕망과 생명 운동의 문제이고 건강의 문제이다. 문학은 신체적 건강과 같은 작은 건강이 아니라 창조와 실험의 욕망을 장치하는 힘인 큰 건강이다.

# 들뢰즈의 영화철학 : 이미지, 시간, 탈영토화의 사유

김명주

## 철학, 영화를 만나다

『시네마』가 출간된 지 20년이 지났다. 이제 '영화철학'은 낯선 개념이 아니며, 영화연구에서도 중요한 철학적 입장으로 자리 잡은 것으로 보인다. 그러나 그 역도 마찬가지일까? 하나의 기술적, 예술적 매체로서 영화를 전면에 내세운 철학서는 들뢰즈 이후 여전히 전무하다. 물론 하이데거나 메를로-퐁티, 데리다 등이 문학·회화·사진과 같은 예술 매체를 다루었듯이, 예술과 문화·철학의 만남은 들뢰즈의 특수함이 아니라 현대철학의 주요 경향으로 봐야 할 것이다. 하지만 다른 철학자들의 작업에 비해 들뢰즈의 미학적 저작들은 그의 철학의 고갱이를 담은 사유의 결절점을 나타낸다. 『프루스트와 기호들』이 중기와 후기 사유에 이어지는 시간론과 미학 이론을 제시한다면, 『카프카』는 『안티오이디푸스』와 『천의 고원』을 연결하는 정치철학을 담고 있다. 그리고 노년에 생산한 『시네마』의 각권(1권 ; 운동-이미지, 2권 ; 시간-이미지)이야말로 그의 사유의 결실이 모두 들어 있는 가장 풍요로운 저작이라 할수 있다. 사실 철학서의 제목에 특정 매체를 내건다는 것은 철학의 통속화로 보일 수 있지만, 여기서 영화는 철학이 해석하는 대상이 아니다. 이순(耳順)의 철학자는 말 그대로 영화와 철학이라는 구분에 걸림이 없는, 영화 보기와 철학적 사유가 그 자체로 하나인 변이의 경지를보여 준다. 우리 시대에 영화는 현대적 삶 자체를 드러내며 사유하게하는 가장 현실적(자본주의적) 매체라 할 수 있다. 현대의 다양한 매체들 중 영화야말로 시간 즉 돈을, 그리고 돈과 삶의 관계에 처한 현대적세계를 직접적으로 보여 주기 때문이다. 영화와 더불어 철학은 여태까지 동거(혹은 사용)해 왔던 예술 범주 바깥에서 상투성적인 코기토(Cogito)의 이미지에 저항하면서 끊임없이 탈영토하는 사유의 이미지를 발견할 수 있다. 따라서 영화철학이란 철학의 위기에 대한 한가로운잡담 대신 철학의 현실을 뚫어 가고자 하는 철학자의 암중모색을 보여주는 한 경지가 아닐까 짐작할 수 있다.

　『시네마』1권의 서문에서 지적하고 있듯이,『시네마』의 이미지 분류는 '영화의 역사'에 대한 요약이 아니다. 들뢰즈는 우리의 미심쩍은시선에 이렇게 답한다. 위대한 영화작가들은 예술가들과 사상가들에비견되며, 영화는 고유한 자율적인 형식을 가진 매체로서 이미 예술과사유의 일부가 되었다고(CI, 18 ;『시네마 1 : 운동-이미지』, 8쪽). 이것은 영화와 철학이 현대를 공유하면서 각자의 문제제기와 답을 교환할수 있다는 것일까? 실제로 영화의 관람 경험은 철학이 전제하는 이미지/개념, 주관/객관, 꿈/현실 사이의 이분법과 상충한다. 그동안 철학이 영화의 이미지를 환영이라 폄훼해 왔던 것도 이런 이유에서였다. 하지만 영화 이미지는 개념을 매개하지 않는 유동하는 물질의 운동을 드러내고, 카메라는 인간이라는 유기적 신체의 포착범위를 벗어나는 반(半)지각이나 비지각의 세계를 열어 준다.[1] 그렇다면 이와 같은 물질적 사태를 외부에서 장악하지 못하는 의식으로부터 우리가 배울 수 있는 것은 무엇일까? 연대기적 시간 속에서 거주하려는 현재적 주체에게 영화 이미지는 '현재'의 고정점으로 수렴되지 않는 '시간과 더불어 사유하는 의식'을 발견하게 한 것이다. 영화의 이미지들이 출연시킨 이 '사유 속의 비사유(impensé)' 즉 '시간-이미지'야말로 주체의 안과 밖, 과거와 미래, 삶과 죽음을 서로 섞이게 하면서 삶 전체를 사유하게 하는 힘으로 드러난다(『시네마 2: 시간-이미지』, 409쪽).[2] 따라서 들뢰즈의 영화철학은 분명하게 확정된 이 세계 전체를 영화 이미지로 변환시켜 의문에 부친다. 지금 우리는 삶을 고정시키려는 모든 상투성들에 대해 이미지를 만들면서, 즉 사유하면서 물음을 던지고 저항하는 것밖에 달리 할 일이 없는 상황인지도 모른다. 이것은 비관적인 상황일까? 영화 이미지는 우리에게 비관도 낙관도 아닌 제3의 길을 보여 준다. 사유가 맞닥뜨린 새로운 문턱 앞에서 계속해서 사유하는 사유자로서의 삶, 그 사유가 창조하는 역사적 시간의 내재적 무한성을 이야기할 뿐이다.

사실 영화 이미지에 대한 사유가 베르그송으로부터 온 것만은 아니다. 철학과 별개로 영화의 역사는 그 자체로 이미지 사유의 진화를

---

1) 이정원, 「의식의 극장과 시간」, 『시대와 철학』(11권 2호), 한국철학사상연구회, 2000, 86~97쪽.
2) 여기서 '비사유'란 사유의 무능력이라는 곤경이 사유를 강제하는 사태를 말하는 아르토의 표현이다.

전개해 왔다. 이러한 영화 형식에 대한 미학적 관점이 들뢰즈의 『시네마』가 기대고 있는 영화 연구의 이론적 배경일 것이다(『대담』, 81~84쪽).[3] 이와 더불어 들뢰즈는 종래의 영화 연구의 주요 경향들——바쟁(André Bazin)의 사실주의적·현상학적 경향과 메츠(Christian Metz)의 분석적·언어학적 경향——과 단절하고, 베르그송의 이미지론과 퍼스(Charles S. Peirce)의 기호론을 철학적 배경으로 삼아서 영화철학을 정립한다.[4] 이것은 80년대까지 영화이론을 잠식해 왔던 구조주의적 경향——기호학, 정신분석학, 맑스주의 등——에서 떠나는 것은 물론이며, 동시에 미국영화 연구의 최근 경향——역사주의, 관객 연구, 문화연구, 인지주의 등——인 인간 내면의 재현 체계로서 영화를 바라보는 관점과 철학적으로 대결하는 입장이라 할 수 있다.[5]

따라서 이 글은 들뢰즈의 영화철학이란 이미지와 시간에 대한 탐색이며, 그것은 결국 우리를 탈영토화의 사유라는 새로움에 이르게 한다고 본다. 글의 전개는 우선, 『시네마』의 철학적 배경을 이루는 베르그송의 '이미지 존재론'에서 출발하여 '운동-이미지'와 '시간-이미

---

3) 대표적으로 들뢰즈가 『시네마』에서 언급하는 몇몇 영화학자들, 장 엡스탱(Jean Epstein), 엘리 포르(Élie Faure) 같은 영화학자(미학자)들, 세르주 다네(Serge Daney), 파스칼 보니체르(Pascal Bonitzer), 장 나르보니(Jean Narboni), 장-루이 쉐페르(Jean-Louis Schefer) 같은 '카이에 뒤 시네마' 그룹의 영화이론들이 그의 영화 연구에 깊은 영향을 주었음은 주지의 사실이다. 뿐만 아니라 들뢰즈는 두 권의 책 전체를 통해 언급되는 수많은 영화연구자들의 연구 결과들과 소통하고 있다.

4) Paola Marrati, *Gilles Deleuze : Cinéma et Philosophie*, PUF, 2003, pp.7~8 참조. 여기서 퍼스의 기호론은 함께 다루지 못했다.

5) 그레고리 플랙스먼 외, 박성수 옮김, 『뇌는 스크린이다』, 이소, 2003, 19~20쪽. 들뢰즈의 『시네마』의 출간을 둘러싼 입장 차이를 보이는 영미권의 영화학·문화이론과 프랑스의 영화이론·문화이론의 역사적 맥락에 대해서는 데이비드 로도윅, 『질 들뢰즈의 시간기계』(김지훈 옮김, 그린비, 2005)를 참조.

지'가 전개하는 주요 내용에 접근할 것이다. 그리하여 들뢰즈 철학 전체에서 영화철학이 갖는 위상과 의미를 함께 검토해 볼 것이다.

## 이미지 = 내재면 : 세계에 대한 물음

"내재면(內在面)은 사유되어야만 하는 것인 동시에 사유할 수 없는 것이기도 하다. 사유 속의 비사유, 바로 그런 것일 것이다. 사유 가능하지만 결국 사유해 낼 수 없는 각각의 평면에 내재하는, 모든 평면들의 근거이다."
— 들뢰즈, 『철학이란 무엇인가』에서

전체로 규정된 세계는 우리의 표상 방식을 통해 드러난다. 인간의 지각 능력과 인식능력이 세계에 대해 주조한 주형(鑄型)대로 우리의 세계는 '재-현'(re-présentation)된 세계이다. '재현'이란 용어 속에 이미 '현재'(présent)라는 의미가 포함되어 있다는 측면에서, '재현'이란 재현되는 대상을 받아들이고 그것을 '다시'(re) 내보내는 주체의 시간성과 장소를 전제하고 있다. 재현하는 주체, 즉 인간이 갖는 현재의 표상 방식의 한계에 근거해서만 우리는 세계와 대면한다. 이렇게 볼 때, 우리의 주관적 인식과 세계 안에서의 객관적 현존은 항상 어떤 '간격'(interval)을 발생시킬 수밖에 없다. 플라톤 이래 서양철학을 지탱해 왔던 특권적인 원리인 '동일성'(même)과 '유사성'(resemblance)은 이러한 간격을 메우려는 시도에 다름 아니다. 유사성은 개별자를 동일자에 종속시키는 매개 역할을 하며, 그 결과 개별자는 동일자와의 유사성을 얼마나 갖추느냐에 따라 존재론적 지위를 부여받는 식이다.

이와 같은 플라톤적 관점에 따라 미리 주어진 형상의 질서로 세계를 파악하는 방식 대신에, 우리의 지각에 '직접적으로 주어진'(donnée immédiate) 실재 세계에 접근하는 전환점은 베르그송에게서 나온다. 베르그송은 정신과 물질, 의식과 사물 사이의 이원적인 대립을 반복해 온 철학사의 문제를 넘어서기 위해 중간적 존재인 '이미지' 개념을 창안한다. "우리에게 물질은 '이미지들'의 총체이다. 그리고 우리가 '이미지'로 의미하는 것은 관념론자가 표상이라고 부른 것 이상의, 그리고 실재론자가 사물이라 부른 것보다는 덜한 어떤 존재 ─ 즉 '사물'과 '표상' 사이의 중간 길에 위치한 존재 ─ 이다."[6] 이러한 이미지를 어떻게 대면할 수 있을까? 어쩌면 우리는 일상적으로 이미지를 마주치고 매번 자동적으로 삭제하는지도 모른다. 우리의 의식작용을 정지하고 우리 앞의 사물을 더듬거리며 감각해 보자. 그때 우리는 의식도 사물도 아닌 형태와 색채를 띤 무수한 덩어리들과 직접적으로 마주하게 된다. 이제 우리의 의식을 다시 작동시켜 보자. 빽빽하게 우글거리던 무차별적인 이미지들은 순식간에 사라지고, 우리의 지각은 즉각적으로 원근법적 주체의 위치에서 3차원 입체 공간에 대상들을 배열한다. 결국 의식이나 사물은 2차적으로 구성될 뿐이며 존재론적으로 가장 먼저 존재하는 것은 이미지라는 것이 베르그송의 '이미지 존재론'의 기본 모티프이다.

이미지 개념의 일상적 어법을 일신했던 베르그송의 선구적 시도는 들뢰즈에 와서 풍부한 존재·미학적 의미를 입게 된다. 먼저 이미지

---

6) 베르그송, 박종원 옮김, 『물질과 기억』, 아카넷, 2005, 22쪽.

개념은 『차이와 반복』, 『의미의 논리』의 존재/사유의 문제와 연속선상에 있다. 들뢰즈 또한 '차이'와 '반복'이란 개념의 전복적 재개념화를 통해 재현적인 사유 방식과 그러한 사유가 만들어 내는 표상 중심의 철학을 내재적으로 비판한다. '동일자의 재현적 사유에 포착되지 않는 차이'와 '차이의 실재적 경험인 반복'과 같은 경험의 와중에 발생하는 강도를 사유한다는 것은 우리 주관의 표상을 벗어나는 객관적 현존, 감각의 직접성, 표상 아래의 실재적 힘들에 대한 사유에 다름 아니다. 여기서 이미지 개념은 다시 『철학이란 무엇인가』의 예술론과 만난다. 들뢰즈에게 예술작품이란 무언가가 지각될 때 발생하는 변화를 표현해야 하는 것이다. 즉, 지각하는 주체의 정체성과 사물의 상태에 대한 재현으로 환원되지 않는 변화와 차이, 강도적인 잠재적 운동과 생성이야말로 순수한 지각과 감각 존재를 드러낼 수 있다. 이런 의미에서 들뢰즈가 예술작품을 감각들(sensations)의 블록이며 지각들(percepts)과 정서들(affects)의 복합체라고 할 때, 예술이란 주체의 바깥에서 일어나는 비인칭적인(impersonelle) 사건이 된다. 따라서 이미지 개념은 "감각들, 정서들, 지각들"과 같이 "스스로 가치를 지니며, 모든 체험을 초과하는 존재들", 즉 주체의 의도와 목적을 넘어서는 "인간의 부재 가운데 있는" 세계라고 할 수 있다(『철학이란 무엇인가』, 234쪽).

　이런 선험적 관점은 가능한 경험으로 구조화된 세계에 대해 문제를 제기한다. 문제란 언제나 삶을 가두는 곳에서 해방시키고 불확실한 투쟁으로 이끌어 낸다는 들뢰즈의 통찰은 탁월하다(『철학이란 무엇인가』, 246쪽). 이제 우리가 실재적 경험을 사유하기 위해 의식적 존재의 주관성 바깥으로 나오는 길은, 동시에 '내재면'(plan d'immanence)으로 들어가는 길일 것이다. 들뢰즈의 경험이 지닌 비인칭성을 완화시키기는 하지만 베르그송의 이미지 개념 역시 "경험을 그 근원, …… 차라리 유용성의 방향으로 굴절되면서 고유하게 인간적 경험이 되는 결정적인 전환점 위로 우리의 경험을 찾으러 가는"(『베르그송주의』, 30쪽)[7] 길이라고 말한다. 따라서 '이미지 = 물질' 개념은 '유용한 것'에서 '직접적인 것'으로, 즉 '가능한 경험의 조건'에서 '실재적 경험의 조건'을 사유하는 길을 터 준다.[8] 이런 점에서 '이미지'는 들뢰즈의 '선험적 경험론'(empirisme transcendantal)이 작동하는 환경이 된다. 감각할 수 없는 것, 사유할 수 없는 것, 상상할 수 없는 것을 사유할 수 있는 능력, n승의 역량으로 능력들의 실행을 가져오는 경험론의 환경으로서의 이미지는 바로 개념적 사유가 작동하는 바깥, 곧 '내재면'에 해당된다.

여기서 주의해야 할 점은 들뢰즈 철학 전체에서 '이미지' 개념이 상이한 맥락 속에서 다른 사용법을 갖는다는 점이다. 이미지 개념은 들뢰즈 철학의 출발이라 할 수 있는 『니체와 철학』에서부터 말년의 『철학이란 무엇인가』에 이르기까지 폭넓게 사용되지만, 그 위상은 『시네마』에 와서야 '강도적 차이', '내재면', '기관 없는 신체' 등 들뢰즈 철학의 주요 개념들과 맞먹는 무게를 가진다. 따라서 후기 철학의 '이미지' 개념이 갖는 위상은, 『차이와 반복』 3장 제목으로 사용된 '사유의 이미지'에서 이미지 개념이 사용됐던 방식을 떠올린다면 들뢰즈 철학 내의

---

7) 그리고 베르그송, 『물질과 기억』, 307~308쪽.
8) 베르그송, 『물질과 기억』, 308~309쪽. 따라서 베르그송의 경험은 칸트적인 가능한 경험인 '표상 가능성'과 달리, 개념을 아무리 모으고 연결시켜도 이끌어 낼 수 없는 실질적 경험인 표상 아래의 경험이다.

어떤 질적 변경의 표지로 여길 수도 있다.[9] 그러나 『차이와 반복』은 철학사 전체에서 선전제된(présupposé) 재현적 사유의 동일성을 비판하기 위해서 그 주요 개념을 '개념적 차이'에 대한 '차이 자체'(더불어 '반복')로, 즉 강도적 차이로 내세웠던 것이다.[10] 그것은 플라톤 철학을 거론할 때는 '시뮬라크르'(simulacre)로 제시되기도 했다. 결국 들뢰즈 철학의 전개 과정에서 각각의 저작들이 채택하는 특수한 개념들은 '내재면'이라는 발생적 차원의 이념적 층위와 일의적인 관계로 연관된다고 보아야 할 것이다.

## 영화 이미지와 사유

"영화는 운동을 이미지화시킬 뿐 아니라, 운동을 정신화시킨다. 정신적 삶은 정신의 운동이다. 우리는 자연스럽게 철학에서 영화로 가고, 마찬가지로 영화에서 철학으로 간다." ―들뢰즈, 「뇌는 스크린이다」에서

들뢰즈가 영화를 사유하는 것은 바로 이 '이미지'로서의 세계, 즉 내재면을 사유하게 해주기 때문이다. 들뢰즈의 이러한 입장은, 영화야말로

---

9) 『차이와 반복』에서 '사유의 이미지'라는 방식으로 언급할 때의 '이미지'는 특정한 본질을 규정한 하나의 표상 방식이라는 부정적인 의미로 사용된다. 따라서 사유의 이미지는 비판되고 '이미지 없는 사유'가 하나의 대안으로 제시되는 것이기도 하다. 하지만 『철학이란 무엇인가』에서 사유의 이미지는 다시 비판적인 의미를 덜어 내고 '상'(像), '관념'과 같은 일반적인 의미로 쓰인다. 특히 마라티(Paola Marrati)가 이 점을 주목하고 있다.

10) Robert Sasso et Arnud Villani, *Le Vocabulaire de Gilles Deleuze*, CRHI, 2003, pp. 181~195.

가장 현대성을 드러내는 매체라는 일반적 평가에서 볼 때 현대를 재현의 시대로 보는 철학자의 견해와 상충하는 대목이라 할 만하다.[11] 영화를 재현 체계로 보는 입장이 영화의 가시적인 측면——주체와 서사——에 한정하는 방식이라면, 들뢰즈는 비가시적인 측면——정신적인 측면——과 함께 다르게 보고, 또 새롭게 읽기를 권유한다. 그가 영화를 통해 심리적·정신적 자동기계로서 새로운 '사유-모델'을 발견할 수 있었던 것은 영화 이미지가 작동하는 환경인 '이미지＝물질＝세계'의 내재면 위에서 영화 이미지가 인간의 지각을 포괄하면서도 비인격적인 지각의 운동으로 가는 길을 열어 주기 때문이다.

　　그러면 운동-이미지(l'image-mouvement), 시간-이미지(l'image-temps) 각각은 어떤 역할로 우리의 지각에 새로운 차원을 만들어 주는가? 먼저 두 이미지는 고전영화와 현대영화라는 영화사의 일반적인 구분과 겹치는 것 같다. 그러나 그것만은 아니다. '운동-이미지'가 우리의 이해관계에 의해 삭제되어 버린 세계를 지각·감정·행동의 운동으로서 '전체'라는 통일된 세계 안에서의 변화로 표현한다면, '시간-이미지'는 잠재적인 세계로 안내하는 지도, '이미지의 교육학'에 해당한다(『시네마 2』, 47쪽).[12] 각각의 이미지와 더불어 우리는 한편으로 전체로서의 세계를 되찾고, 다른 한편으로 전체의 연관성을 넘어서는 이 세계를 새롭게 지각하고 사유할 수 있게 되는 것이다. 그것은 결국 '나의 절대적 바깥'으로 이르는 과정이라 할 수 있다.

---

11) Marrati, *Gilles Deleuze : Cinéma et Philosophie*. 하이데거에 대한 언급 참조.
12) 그리고 로도윅, 『질 들뢰즈의 시간기계』, 422~423쪽.

## 1) 운동-이미지 : 세계의 복구

이미지들의 전체로서 내재면은 불변적 법칙들에 의해 상호관계가 지배되는 물질적 우주의 총체와 같은 것이다. 어디에서도 중심을 갖지 않으며, 모든 이미지들이 무한히 연장되는 하나의 동일한 장에 펼쳐져 있는 이미지들의 객관적 체제라 할 수 있다. 하지만 여기에 '세계 : 물질 : 이미지' 만 있는 것이 아니다. "나의 지각"이라는 이미지들의 주관적 체제가 작용한다. 이제 작용/반작용하는 이미지들의 세계 속에서 '뇌 : 신체 : 이미지' 는 무수한 이미지들 중 일부만을 걸러 낸다. 우리의 지각이 "우리의 관심을 끌지 않는 모든 것을 빼내기"(『베르그송주의』, 27쪽) 하는 것은, 우리의 지각 작용이 객관적인 이미지들의 세계에서 주관적인 좌표를 부여하는 인간 신체에 정박(anchorage)돼 있기 때문이다. 따라서 우리의 지각과 행위란 이미지들의 전체 속에서 잠재적으로 가능한 중심들 가운데 현실화된 상대적인 중심에 불과하다.

이에 비해 영화적 지각은 인간 신체의 본성을 넘어서는 시·공간 및 속도를 장악하는 자유로움뿐만 아니라 시점 변경의 가능성이라는 자율성을 갖는다.[13] "즉, 영화는 정박의 중심이나 지평의 중심을 결여하고 있기 때문에 영화가 만들어 내는 절단들은 자연적 지각이 내려왔던 길을 거슬러 올라가는 것을 방해하지 않는다는 것이다. 탈중심화된 사물의 상태에서 중심화된 지각으로 이행하는 대신에, 탈중심화된 사물의 상태로 되돌아갈 수 있고 그것에 보다 접근할 수 있다."(『시네마 1』, 115쪽) 결국 영화의 운동-이미지는 이미지들의 객관적 체제, 우주

---

13) 박성수, 『들뢰즈와 영화』, 문화과학사, 1998, 213쪽 참조.

의 총체와 같은 전체로서의 세계에 접근하는 가능성을 사유하게 한다.

들뢰즈는 베르그송의 '감각-운동 도식'(sensori-moteur schéma) 이 근거하는 지각이론의 자극, 감정, 행동의 단계를 따라 운동-이미지의 세 가지 변형을 만든다. 지각-이미지(l'image-perception), 감정-이미지(l'image-affection),[14] 행동-이미지(l'image-action)가 그것이다. "운동-이미지＝물질-유동성"의 세계 속에서 우리의 지각은 필요나 이해관계에 의해 자동적인 뺄셈 작용을 하는 데 비해, 영화는 주관적·자연적인 지각과 달리 중심들의 가동성과 프레이밍의 가변성에 의해 항상 중심이 부재하고 탈프레이밍된 광대한 영역을 복원할 수 있다. 이러한 비결정성의 중심(centre d'indétermination)을 지닌 영화적 지각은, 특히 미트리(Jean Mitry)의 카메라의 반주관적 이미지(image mi-subjective) 개념과 파졸리니(Pier Paolo Pasolini)의 자유간접주관(subjective indirect libre)을 통해 제시된다. 이제 중요한 것은 이미지가 주관적이냐 객관적이냐가 아니라, 주관과 객관을 넘어 "지각-이미지는 자율적이 된 카메라-의식 속에서 자유 간접적 주관성으로서의 자신의 지위를 발견하게 되는 것이다"(『시네마 1』, 145쪽). 결국 영화가 인간적 지각을 초월해서 다른 지각으로 나아간다는 것은 영화가 모든 가능한 지각의 발생적 요소에 이르게 됨을 의미한다. 즉, 지각을 변화시키고 변화를 일으키게 하는, 지각 자체의 미분적인 지점에 이르게 되는 것이다(『시네마 1』, 159쪽).

---

14) 'affection'에 대한 번역어는 정념·감화·정감·변용 등 다양하지만, 여기서는 일상적인 우리말에서 내면의 상태를 가리킬 때 쓰는 '감정'을 번역어로 채택했다. 'affection'이 고정된 '상태'를 나타낸다면, 'affect'는 보다 유동적인 뉘앙스를 지닌 '정서'로 새긴다.

이러한 지각에 대한 반응으로서 행동-이미지는 두 가지 형식을 갖는다. 우선 '큰 형식'이 상황에서 행동으로 가는 유기적이고 나선형적인 재현이라면, '작은 형식'은 행동에서 상황으로 운동하여 새로운 행동으로 향한다. '큰 형식'의 유기성과 달리 연결되지 않는 상황, 약한 감각-운동 고리, 에피소드적 구성으로 연쇄의 각 요소는 기능도 목적도 없지만 또 다른 요소와의 관계 속에서 목적을 획득하는 식이다. 행동-이미지 중심의 고전기 할리우드 영화는 2차대전 이후 본격적인 위기를 맞고, 상황-행동, 행동-대응, 자극-반응 등의 감각-운동적 이미지의 상투성(cliché)은 순수한 시지각적·음향적 이미지로 대체되기에 이른다. '현대영화'는 더 이상 행동에 의해 유도되거나 행동으로 연장되지 않고 시지각적 상황에서 주관적인 것과 객관적인 것의 결정 불가능성 혹은 식별 불가능성(indiscernabilité)을 대면하게 한다.

그러나 행동-이미지의 곤경은 이미 감정-이미지에 내재되었다고 할 수 있다. 감정은 지각-행동으로 이행하는 과정에서 인간이라는 이미지 내부에서 정체되고 유예되는 상태로,[15] 감각-운동적 도식의 균열을 드러내는 것이 감정-이미지라고 할 수 있다. 들뢰즈는 감정-이미지를 '클로즈업'으로 정의하는데, 이때 클로즈업은 인간의 얼굴이나 사물의 확대 이미지가 아니라 순수한 질(qualité)이나 역량(puissance)을 표현한다(『시네마 1』, 174쪽). 얼굴의 정서를 표현하는 클로즈업은 행위의 주체에게 귀속되는 주관적 감정과 유기적 신체를 떠나 그것의 바깥인 비주관적인 감정과 비유기적인 신체, 즉 '기관 없는 신체'와 같

---

15) 박성수, 『들뢰즈』, 이룸, 2004, 71쪽.

은 잠재성을 지시하는 것이다.[16] 이런 점에서 감정-이미지는 시지각적·음향적 이미지들(les images optiques et sonores)이 출현할 수 있는 조건을 제공한다. 대상을 시공간적인 좌표에서 떼어 내 추상화시킨 클로즈업은 대상의 확대라는 상대적 변화를 넘어서 절대적인 변화를 실행한다. 이것이 엡스탱의 '감정-사물'(sentiment-chose)과 같이 실체가 된 감정이다(『시네마 1』, 183쪽). 즉 인물의 얼굴을 시공간적 좌표에서 떼어 내 순수한 정서를 떠오르게 하며, 배경에 나타난 장소들조차도 좌표를 잃고 '임의의 공간'(espace quelconque)이 된다. 이제 이 공간은 자극과 반응으로 채워지는 행동 공간이 아니다. 불안정성, 비균질성, 연관성의 부재의 장소로서 항상 새롭게 거듭되는 정신적 결정에 따라 정신의 힘과 동일한 강도적 공간이 된다.[17] 영화는 감각-운동적 상황이 시지각적·음향적 상황으로 대체되는 것을 세계가 놓인 주체/대상, 실재적인 것/상상적인 것, 정신/물질, 자아/세계 등이 불일치하는 '텅 빈 혹은 버려진 공간'(espace vide ou déserté)으로 표현한다. 이것은 순수한 잠재적 접속의 공간이며, '변화로 충만한 변화하지 않는 형태'인 시간성으로 보아야 한다.

감각-운동적 도식의 유기적인 체제로부터 시지각적 상황이 출현하는 것은 바로 이 지점이다. 영화 속 인물들은 항상 어떤 상황에 반응해 왔고, 관객은 그러한 인물과의 동일화를 통해 감각-운동적 이미지

---

16) 이정원, 「영화와 신체」, 『아카필로』(2호), 산해, 2001, 72쪽.
17) 이런 의미에서 시청각적·음향적 상황이 출현시킨 '임의의 공간'은 『천의 고원』의 12장에서 제시되는 사건의 공간이자 감응의 공간인 '매끈한 공간'(l'espace lisse)과 통한다(『천의 고원』, 914~915쪽).

를 지각했다. 이제 상황은 행동이 상황 내에서 형성되기 이전에, 그리고 상황의 요소를 이용하거나 그것에 대면하기 이전에, 무엇보다도 감각에 의해 우선적으로 투여된 시지각적·음향적인 양상을 띠고 나타난다. 네오리얼리즘에서 모든 것은 실재 그 자체로 머물러 있지만, 배경의 현실성과 행동의 현실성 사이에 수립되는 것은 더 이상 운동적 연장이 아니라, 오히려 해방된 감각들이 중재하는 몽환적 관계이다. 행동은 상황을 완결시키거나 통제하는 대신, 마치 상황 속에서 부유하고 있는 듯하다(『시네마 2』, 16~17쪽). 네오리얼리즘의 시지각적·음향적 상황은 전통적인 리얼리즘이 보여 준 강력한 감각-운동적 상황에 대립하면서, '시간' 을 대면하기에 이른다.

## 2) 시간-이미지 : 탈영토적 사유의 길

'시간-이미지'(l'image-temps)는 연대기적이며 순간적인 '시간의 간접적 이미지' 아래에서 출현한다. 즉 시간의 실재적 운동, 변화로서의 시간의 순수 형식인 생성의 운동으로서의 '시간의 직접적 이미지' 로 구분되는 것이 바로 그것이다. 들뢰즈의 시간성은 『차이와 반복』에서 '시간의 수동적 종합'(synthèse passive de le temps)으로 제시되었다. 이 개념은 능동적 작용에 의해 이질적인 것들을 동질화하는 칸트의 능동적 종합 개념과는 다른 편에서 수동성인, 감성적이고 지각적인 종합들의 수준에서 출발하기 때문에, 칸트적 통일성을 수행하는 도식과는 다른 편에 서 있는 베르그송적 시간성에 근거한다. 공간의 질서와 좌표를 벗어나 흘러간다는 것을 특징으로 하는 시간의 개념은 비동일적 차이의 강조를 위한 중요한 근거가 된다. 베르그송의 시간은 곧 지속이고, 지속의 세계를 사유하기 위해서는 불변의 실체를 전제하는 실체론적 사유를 포기해야 한다.[18] 또한 이러한 시간성은 항상 현재의 관심과 필요를 충족시키려는 주체의 능동적 기억과 양립할 수 없다. 지나간 과거는 현재 속에서 재구성될 수 있는 것이 아니기 때문이다. "과거와 현재는 이어지는 두 계기를 지칭하는 것이 아니라 공존하는 두 요소"(『베르그송주의』, 79쪽)[19]이며, 현실적 연속 아래에 더 근본적인 "잠재적 공존"(une coexistence virtuelle)이 있다. 이 잠재적 공존이야말로 베르그송이 '잠재적인 것'(le virtuel)이라고 불렀던 즉자적으로 존재하는 과거이다.[20] 이와 같이 서로 양립하지 않는 것들의 양립, 서로 동질화될 수 없는 것의 동시적 공존이야말로 들뢰즈가 말하는 현대영화의 시간-이미지이다.

현실적인 이미지와 잠재적인 이미지가 공존하는 시간의 직접적인 이미지는 그 동시적 공존의 성격 때문에 '크리스털 이미지'(image-cristal)로 표현된다. 반면 우리의 일상적 시간의식은 경험적·연대기적

---

18) 베르그송은 『지속과 동시성』에서 이러한 변화의 예로 '멜로디'를 들고 있다. 멜로디는 다음에 올 음 속에 선행하는 음을 연속시키고, 중단 없는 추이, 분할되지 않는 다양, 분리 없는 계속이란 시간의 기본 개념과 일치하며, 결국 우리의 내적 생의 유동성에 가장 흡사하다고 본다.

19) 이 대목은 『물질과 기억』에 나오는 베르그송의 유명한 원뿔의 비유와 관련된다. 하지만 여기서 들뢰즈는 『정신적 에너지』에서 그 직접적인 전거를 가지고 온다. "회상의 형성은 결코 지각의 형성 뒤에 오지 않는다. 그 둘의 형성은 동시간적이다."(Bergson, *L'Énergie spirituelle*, Felix Alcan, 1919, pp.913~914 참조)

20) 이런 점에서 들뢰즈는 베르그송의 지속이 '이어짐'이 아니라 '공존'으로 정의되어야 한다고 본다. 공존이 갖는 공간성과 물질성 때문에 그 용어가 거부됐지만 더 심층적으로는 지속에 "수축과 이완의 모든 정도들의 그 자신과의 공존, 그와 더불어 반복이 지속 안에 재도입되어야 한다"고 본다. 따라서 들뢰즈는 베르그송의 지속에서도 "물질적 반복과는 다른 정신적 반복, 현실적 반복이 아닌 잠재적 반복"이 실행된다고 본다(『베르그송주의』, 82쪽).

시간으로, 과거나 미래란 현재의 연속선상에서만 파악될 뿐이다. 과거는 지나간 현재로, 미래는 아직 오지 않은 현재로 환원되기 때문에 시간은 현재의 자기-유사적 순간들에 지나지 않는다. 이와 같이 시간을 공간적 분절로 파악할 때 시간의 고유한 질적 특성은 사상된다. 이것은 시간의 간접적인 이미지로서, 들뢰즈는 비환원적인 변화를 드러내는 시간의 순수 형식인 시간의 직접적인 이미지와 구분한다. 시간은 지나가는 현재와 보존되는 과거와 비결정적인 미래로 끊임없이 나뉜다(『시네마 2』, 144~145쪽). 과거란 한낱 지나간 현재로서 현재와의 위계관계에 의해 부차적이거나 현재 시점에서 사후적으로 구성되는 것이 아니라 현재와 동시적으로 구성되고 이중화된다. 시간은 이러한 비대칭적인 투사를 통해 분열되는데, 우리가 크리스털에서 보는 것은 이런 분열로서의 시간의 분출이다. 바로 이것은 한계 지어진 현재인 크로노스(Chronos)에 대한 영원회귀로서의 아이온(Aiôn)의 시간이며, "비물체적인 사건의 장소"라 할 수 있다(LS, 193). 현재의 현실적 이미지와 보존되는 잠재적 이미지의 끊임없는 교환은 분명하게 구별되지만, 식별할 수 없는 식별 불가능성의 지점 즉 상호적 이미지를 낳는다.

그렇다면 고전영화의 시간 표현인 플래시백이나 플래시포워드 등은 현재 속에 나타난 과거, 과거와 연속된 현재의 시간 아닌가? 즉, 서로 다른 시간들이 공존하지 않지만 적어도 교차되지 않는가? 고전영화에서도 플래시백에 의해 현실 속에 과거를 가져오지만, 그것은 언제나 현재와 경계 지어진 과거라는 점에서 시간의 연쇄고리를 벗어나지 못한다. 현대영화에서 현재는 과거로 미끄러져 들어가거나, 아니면 과거가 현재를 앞시른다. 연대기적 시간 진행이 아니라 시간이 뒤죽박죽 섞여 있다. "시간의 축은 빗장이 풀려 버렸다."[21] 따라서 운동적인 '유기적 체제'(régime organique)를 떠난 현대영화의 시간적인 '크리스털적 체제'(régime cristallin)에서 세계와 인간의 존재와 그 관계 방식은 더 이상 이전과 같을 수 없다. 들뢰즈는 현대영화의 시간 형식이 직면하게 하는 균열된 세계와 잠재적 차원의 출현이라는 세계상을 '묘사', '서사', '이야기'라는 세 가지 심급을 통해 논의한다.

① 묘사(description) : 유기적인 체제가 전제된 현실성과 더불어 대상의 독립성이 유지되는 감각-운동적 상황이라면, 크리스털적 체제는 어긋나고 전치되며 변경되는 또 다른 묘사들로 끊임없이 대체되면서 운동적 연장으로부터 분리된 순수 시지각적·음향적 상황을 갖는다. 이러한 영화적 상황을 들뢰즈는 "견자(voyant)의 영화"라고 이름붙인다. 여기서 '실재적인 것과 상상적인 것'의 구분은 더 이상 명료하지 않다. 유기적 묘사에서 그들이 이원화된 관계였다면, 크리스털적 체제에서는 현실적인 것과 실재적인 것이 운동적 연쇄와 합법적인 접속이라는 미리 규정된 관계로부터 단절됨으로 인해, 잠재적인 것은 현실화 작용에서 해방되고 그 자체로서 가치를 갖게 된다. 따라서 크리스털적 묘사는 실재적인 것/상상적인 것, 현재/과거, 현실적인 것/잠재적인 것이 상호교환 혹은 역전 가능해지는, 구별되지만 식별 불가능한 차원에 놓이게 되는 것이다.

② 서사(narration) : 유기적 서사란 인물들의 상황-반응(행동)이라는 감각-운동적 구조를 전제로 하는 진리언표적 서사(narration

---

21) 『햄릿』의 대사를 재인용(『시네마 2』, 162~165쪽 ; 『차이와 반복』, 119쪽).

véridique)로 이루어진다. 이러한 서사야말로 목적론적 서사라 할 것이다. 행동-이미지가 "목표와 장애물, 수단, 종속관계, 주된 것과 부차적인 것, 우위와 혐오가 배분되는 공간"을 확보했던 것은 바로 주어진 진리를 향한 특정한 "경로적 공간"(espace hodologique)을 가정했기 때문이다(『시네마 2』, 399쪽). 이러한 유기적 서사 공간에서 시간의 개입은 완결된 세계를 균열시키는 원초적 힘으로 작용한다. 들뢰즈가 사유의 역사에서 진리 개념이 시간에 의해 위기에 처한다고 할 때, 시간은 시대적 가변성을 띠는 진리의 경험적 측면이 아니라 진리 자체를 위태롭게 하는 보다 근원적인 시간의 순수한 형식, 혹은 시간의 순수한 힘을 가리킨다(『시네마 2』, 262쪽). 따라서 서사가 진리언표적이기를 그쳤다는 것이 '모든 것은 각자 진실이다'라는 변주 가능한 상대주의의 패권을 지지하는 것이 아니다. 우리가 목도하는 것은, 유일무이한 참의 형태를 대체하고 실각시키면서 '공존 불가능한 현재들의 동시성'과 '비-필연적으로 참인 과거들의 공존성'을 제기하는 '거짓의 역량'(puissance du faux)일 것이다(『시네마 2』, 264쪽).

크리스털적 서사에서 견자가 된 인물들은 시각이 행동을 대체하고, 감각-운동적 접속을 상실한 구체적인 공간은 일탈적 운동(mouvement aberrant)과 거짓연결(faux-raccord)에 의해 지배된다. 인물들은 주저하거나 망설이는 것이 아니라, 선택의 수단 자체를 상실했다. 인물들의 신체는 결정과 선택의 지대로 나아가지 못하게 하는 무한한 "마음의 동요"(fluctatio animi)와 같은 "세계 내에 현존하는 방식으로서의 복수성"인, 이질적이며 양립할 수 없지만 그럼에도 공존하는 영화적 공간에 처하게 된다. 이와 같은 공간에서야말로 우리는 요청으로서의 참인 세계와 그 세계의 전제인 진리언표적 인간을 불러들이는 쉬운 전략을 되풀이할 수 없다. 우리는 진리/거짓의 정해진 구획을 넘어서 "끊임없이 변모하는 사물에 …… 잘 부합되는 시점", 즉 생성의 시간의 관점에서 어떤 새로움을 창조할 수밖에 없게 된 것이다. 새로운 이미지-서사 유형은, 이제 거짓을 만들어 내는 자(faussaire)가 영화의 인물이라는 것을 역설한다(『시네마 2』, 265~266, 289쪽).

③ 이야기(récit) : 묘사와 서사를 지나 이제 이야기의 심급에서 주체-대상의 관계가 제기된다. 영화에서 주체와 대상은 모두 카메라에 의해 포착되는 메커니즘 때문에, 고정된 구획이 불가능하다. 즉 동일한 인물이 때로는 바라보고(주관적 시점) 때로는 바라보여진다(객관적 시점). 따라서 들뢰즈는 이야기를 "주관적인 이미지와 객관적인 이미지들의 전개, 이 이미지들의 복합적인 관계"로 본다. 그러나 진리 모델(le modèle du vrai)의 유형은 그 둘 사이의 동일성(자아 = 자아)을 획득하는 것으로 진리를 구성하고 긍정하는 재인으로 되돌리는 역사를 변주해 왔다. 반면, 들뢰즈는 다른 유형의 이야기를 파졸리니의 '시적 영화'를 통해 제시한다. 파졸리니는 카메라의 시점이라는 객관적 이야기와 인물의 시점이라는 주관적 이야기와 같은 전통적 이야기의 두 요소를 넘어서 "자유간접화법" 혹은 "자유간접주관성"이라는 형태에 이른다. 두 종류의 이미지가 서로 섞이며 이야기는 '진리의 이상' 대신 "유사-이야기"(pseudo-récit)인, 이야기의 시뮬레이션이라 할 수 있는 시 혹은 모방적 이야기를 구성한다. 이런 점에서 들뢰즈는 영화가 포착할 수 있는 (객관적/주관적) 현실을 위해 설정된 (객관적/주관적) 허구를 거부하는 다큐멘터리의 시도는 의미 있지만, 그 속엔 여전히 진리 모델

이 유지된다고 본다. 들뢰즈는 "진리의 이상이란 가장 깊은 허구"라는 점에서 다큐멘터리의 참/거짓의 이분법 대신 이야기의 새로운 양식을 발견하는 시도(『시네마 2』, 295쪽)[22]에서 어떤 활로를 본다. 정해진 진리 모델의 우선성 및 유일성과 단절해 이야기를 만드는 순수한 "이야기 꾸며대기"(fabulation)가 그것이다.

이제 "영화의 진실"(la vérité du cinéma)이라고 할 만한 것은 무엇일까? 영화가 포착해야 할 것은 '허구화하기' 그리고 '생생하게 포착된 전설화하기'를 시작하는 민중의 창안이라 할 실제 인물의 생성이다. 허구적이 아닌 이야기 꾸며대기를 통해 소통하는 가운데 인물도 영화 작가도 자신의 타자가 되는 것이 낳는 진실, 모든 진리의 모델을 부수고 진실의 창조자·생산자가 되는 데 영화의 진실이 있다. 달리 말하면, 우리는 영화를 통해 "국가의 탄생" 대신 "민중의 재구성"이라고 부를 만한 집단성과 소통하는 시간의 질서인 동시성과 공존에 이르게 되는 길을 발견할 수 있게 된다.


**영화-철학의 길 : 역사철학의 재구성 혹은 역사 바깥에서 역사 만들기**

"억눌린 자들의 전통이 우리에게 가르치는 교훈은 우리들이 그 속에 살고 있는 '비상사태'란 예외가 아니라 상례라는 것이다."
―발터 벤야민, 「역사철학테제」에서

---

22) 1960년대의 존 카사베츠(John Cassavetes)와 셜리 클라크(Shirley Clarke)의 '시네마 다이렉트'(Cinéma direct), 피에르 페로(Pierre Perrault)의 '체험의 시네마'(Cinéma du vécu), 장 루쉬(Jean Rouch)의 '시네마-베리테'(Cinéma vérité) 등이 그것이다.

현대영화는 행동할 수 없는 신체, 사유할 수 없는 두뇌의 상황에 처한 주체의 무능력을, 세계의 곤경을 보여 주는 것으로 특징 지을 수 있다. 들뢰즈가 영화를 사유할 수밖에 없었던 주된 이유는 바로 거기에 있을 것이다. 주관적 표상과 객관적 현존으로 분리된 세계에 전체로서의 이미지를 재구축했던 운동-이미지를 넘어서, 다시 그 전체 속의 틈 혹은 균열을 맞닥뜨리게 하는 시간-이미지는 바로 우리 사유의 무능력, 혹은 "사유의 뒷면"이라고 할 만한 것이다. 그렇기 때문에 위대한 영화 작가들이 꿈꾸었던 대로, 이 주관적이고도 집단적인 대중의 예술인 영화는 두뇌에 가하는 "영화적 숭고"의 충격을 통해 작가-관객-세계라는 변증법적 통일로만 이어지기 어려웠던 것이다. 오히려 영화의 역사는 산업예술로서의 영화가 그 양적 팽창 속에서 할리우드와 히틀러가 결합된 파시즘적 선전과 조작으로 전락해 버린 암울한 현실을 역설하고 있지 않은가? 그래서 영화는 역사의 "진정한 주체로서의 집단"이라는 어떤 설정된 사유의 역량이 아니라 시간-이미지가 제출한 사유의 무능력함을 통해서 새롭게 역사의 주체-대상을 정의하게 하는 듯하다. 그와 같은 "존재하기 어려움, 사유의 한 중심에 자리 잡은 무력감"과 같은 다른 지평이야말로 완결된 연속성으로 표상되는 이 "세계의 일시정지"를 가져오면서 실제로 사유를 강요하기 때문이다. 그렇다면 감각-운동적 단절을 통해 사유 불가능함에 처한 견자가 할 수 있는 사유의 불가능성 속에서, 결국 들뢰즈는 어떤 출구를 이야기하는가?

들뢰즈가 사유의 불가능성에 대해 좀더 분명하게 이야기하는 지점에서 그 출구는 제시되고 있다. 사유의 불가능성이란 "사유가 더 이상 세계를 사유할 수 없을 만큼, 그리고 사유 자신조차 사유할 수 없을 만큼 세계가 참을 수 없는 것이 되었다"는 것을 의미한다. 도대체 무엇을 참을 수 없다는 것인가? 물론 이 말은 우리를 참을 수 없게 하는 부당한 상황과 저항의 유일한 목표점이 될 수 있는 불의의 대상을 쉽게 전제할 수 있다는 뜻은 아니다. 우리의 신체와 두뇌를 무능력의 상황에 빠뜨리는 "항구적인 일상적 진부함의 상태" 자체를 말하는 것이다. 여기서 우리는 어떤 탈출구를 꿈꿀지도 모르지만, 들뢰즈의 진단은 탈출구란 없다는 데서 나온다. 왜냐하면 "인간이란 그 자신이 참을 수 없다고 느끼는, 그리고 궁지에 몰렸다고 느끼는 세계와 다른 것이 아니"기 때문이다(『시네마 2』, 335쪽).

따라서 그의 처방은 이 세계의 상태와 다른 세계는 없다는 절박한 발견이 낳은 "이 세계와 인간의 관계와 삶에 대한 믿음"(croyance)이다. 사유의 무능력에 처한 사유 상황과 삶의 동일성을 받아들일 때, 비로소 우리는 어떤 초월적인 전능한 사유를 재건하려는 외적 기획 대신 "삶을 새로이 만들고자 하는 인간으로서의 외침"(『시네마 2』, 335쪽)[23]의 한 걸음을 내딛을 수 있지 않을까? 우리는 존재하는 그 자체로서의 세계에 대한 믿음에 의해서만 "앎의 모델"의 내재적 초월성 바깥으로 나갈 수 있다. 이 바깥은 다른 가능성의 세계가 아니다. 바깥이 있다면, 그것은 이 세계 속에서 비사유의 신체와 비-선택으로서의 정신이 처한 지치고 피로한 두뇌와 신체가 만들어 내는, 주어지지 않았으므로 내재적으로 열려 있는 세계의 창조와 같은 것이라 할 수 있다. 그것은 현대영화가 아우슈비츠, 히로시마, 게르니카, 알제리 전쟁과 같은 임상적

---

23) 아르토의 말을 재인용함.

죽음으로부터 살아온 자들의 삶에서 보여 준 바에 다름 아니다.[24]

들뢰즈의 영화철학을 통해서 현대철학이 제시하는 역사철학적 관점을 도출할 수 있을까? 그것은 힘들어 보인다. 그는 역사와 역사의 주체에 대한 구체적 전망을 애써 피해 간다. 그렇지만, 그의 전략이 전망의 불가능에 있는 것은 아닌 것 같다. 사유의 무능력이 사유를 끌고 가듯이, 어디에서도 명확한 전선을 찾기는 힘들지만 정치적인 것과 사적인 것을 더 이상 경계 지을 수 없는 상황 속에서 모든 곳이 전선으로 출현하기 때문이다. 마찬가지로 "민중이 결여되어 있다"는 현실의 상황이 우리에게 '민중의 창조'라는 계속해서 이어질 길고 긴 문제제기를 하고 있는 것이다. 따라서 우리는 영화와 더불어 "도래할 민중의 배아"라 할 수 있는 집단적인 언표를 생산해야 할 상황에 놓여 있다. 그것이야말로 과거 민중의 신화가 아닌 도래할 민중에 대한 이야기 꾸며대기일 것이다. "우리는 그 이상은 할 수 없다."(『시네마 2』, 431쪽)[25]

---

24) 특히, 알랭 레네(Alain Resnais)의 영화가 그 사례들이다——「사랑해, 사랑해」(*Je t'aime, je t'aime*), 「스타비스키」(*Stavisky*), 「죽음에 이르는 사랑」(*L'Amour à mort*) 등.
25) 클레(Paul Klee)의 말을 재인용함.

# 참고문헌

## :: 들뢰즈의 저작들

Deleuze, Gilles, "La conception de la différence chez Bergson", *Les études bergsoniennes* IV, PUF, 1956.

_____, "Bergson(1859~1941)", *Les Philosophes célèbres*, Mazenod, 1956.

_____, *Nietzsche et la philosophie*, PUF, 1962.〔trans. Hugh Tomlinson, *Nietzsche and Philosophy*, Colombia University Press, 1983; 이경신 옮김, 『니체와 철학』, 민음사, 1998.〕

_____, *La philosophie critique de Kant*, PUF, 1963.〔서동욱 옮김, 『칸트의 비판철학』, 민음사, 1995.〕

_____, *Proust et les singes*, PUF, 1964.〔서동욱·이충민 옮김, 『프루스트와 기호들』, 민음사, 1997.〕

_____, *Le Bergsonisme*, PUF, 1966.〔김재인 옮김, 『베르그송주의』, 문학과지성사, 1996.〕

_____, *Présentation de Sacher-Masoch : La Vénus à la fourrure*, Minuit, 1967.

_____, *Différence et répétition*, PUF, 1968.〔김상환 옮김, 『차이와 반복』, 민음사, 2004.〕

_____, *Spinoza et le problème de l'expression*, Minuit, 1968.〔이진경·권순모

옮김, 『스피노자와 표현의 문제』, 인간사랑, 2002.]

_____, *Logique du sens*, Minuit, 1969.[이정우 옮김, 『의미의 논리』, 한길사, 2000.]

_____, "Á quoi reconnaît-on le structuralisme?", *Histoire de la philosophie, idée, doctrines, le XXe siècle*, Hachette, 1973.

_____, *Dialogues*, avec Claire Parnet, Flammarion, 1977.[허희정 외 옮김, 『디알로그』, 동문선, 2005.]

_____, *Spinoza: Philosophie pratique*, Minuit, 1981.[박기순 옮김, 『스피노자의 철학』, 민음사, 1999.]

_____, *Francis Bacon: logique de la sensation*, Seuil, 1981.[하태환 옮김, 『감각의 논리』, 민음사, 1995.]

_____, *Cinéma I: L'image-mouvement*, Minuit, 1983.[유상운 옮김, 『시네마 1 : 운동-이미지』, 시각과언어, 2003.]

_____, *Cinéma II: L'image-temps*, Minuit, 1985.[이정하 옮김, 『시네마 2 : 시간-이미지』, 시각과언어, 2004.]

_____, "Nomad Thought", *The New Nietzsche*, ed. David B. Allison, MIT Press, 1985.

_____, *Pourparlers: 1972-1990*, Minuit, 1990.[김종호 옮김, 『대담 : 1972-1990』, 솔, 2000.]

_____, *Critique et clinique*, Minuit, 1993.[김현수 옮김, 『비평과 진단』, 인간사랑, 2000.]

_____, "L'Immanence : une vie...", *Philosophie 47*, Minuit, 1995.

_____, *Pure Immanence: Essays on A Life*, ed. John Rajchman, trans. Anne Boyman, Zone Books, 2001.

Deleuze, Gilles et Félix Guattari, *L'Anti-Œdipe: Capitalisme et schizophrénie I*, Minuit, 1972.[최명관 옮김, 『앙띠 오이디푸스』, 민음사, 1994.]

_____, *Kafka: Pour une littérature mineure*, Minuit, 1975.[이진경 옮김, 『카프카 : 소수적인 문학을 위하여』, 동문선, 2001.]

_____, *Mille plateaux: Capitalisme et schizophrénie II*, Minuit, 1980.[김재인 옮김, 『천 개의 고원』, 새물결, 2004.]

\_\_\_\_\_, *Qu'est-ce que la philosophie*, Minuit, 1991.〔이정임 외 옮김, 『철학이란 무엇인가』, 현대미학사, 1995.〕

## ∷국내 문헌

네그리, 정남영 옮김, 『혁명의 시간』, 갈무리, 2004.

네그리·가타리, 조정환 옮김, 『미래로 돌아가다』, 갈무리, 2000.

네그리·하트, 이원영 옮김, 『디오니소스의 노동』 1권, 갈무리, 1996.

\_\_\_\_\_, 윤수종 옮김, 『제국』, 이학사, 2001.

니체, 김정현 옮김, 『선악의 저편·도덕의 계보』, 책세상, 2002.

라이크만, 김재인 옮김, 『들뢰즈 커넥션』, 현실문화연구, 2005.

로도윅, 김지훈 옮김, 『질 들뢰즈의 시간기계』, 그린비, 2005.

리프킨, 이희재 옮김, 『소유의 종말』, 민음사, 2001.

맑스, 김호균 옮김, 『정치경제학 비판 요강』 1~3권, 백의, 2000.

바디우, 박정태 옮김, 『들뢰즈—존재의 함성』, 이학사, 2001.

바흐친, 김희숙 외 옮김, 『말의 미학』, 길, 2006.

박성수, 『들뢰즈와 영화』, 문화과학사, 1998.

\_\_\_\_\_, 『디지털 영화의 미학』, 문화과학사, 2001.

\_\_\_\_\_, 『들뢰즈』, 이룸, 2004.

베르그송, 송영진 편역, 『베르그송의 생명과 정신의 형이상학』, 서광사, 2001.

\_\_\_\_\_, 최화 옮김, 『의식에 직접 주어진 것들에 관한 시론』, 아카넷, 2002.

\_\_\_\_\_, 박종원 옮김, 『물질과 기억』, 아카넷, 2005.

\_\_\_\_\_, 황수영 옮김, 『창조적 진화』, 아카넷, 2005.

블랑쇼, 박혜영 옮김, 『문학의 공간』, 책세상, 1997.

비교역사문화연구소 기획, 임지현·김용우 엮음, 『대중독재』, 책세상, 2004.

스크러턴, 정창호 옮김, 『스피노자』, 시공사, 2000.

스피노자, 강영계 옮김, 『에티카』, 서광사, 1990.

스피박, 태혜숙 외 옮김, 『포스트식민 이성 비판』, 갈무리, 2005.

쏘번, 조정환 옮김, 『들뢰즈 맑스주의』, 갈무리, 2005.

오르, 김경욱 옮김, 『영화와 모더니티』, 민음사, 1999.

윤영수·채승병, 『복잡계 개론』, 삼성경제연구소, 2006.

이정우, 『사건의 철학』, 철학아카데미, 2003.

이정원, 「의식의 극장과 시간」, 『시대와 철학』(11권 2호), 한국철학사상연구회, 2000.

_____, 「영화와 신체」, 『아카필로』(2호), 산해, 2001.

이지훈, 「세르의 인식론: 공존의 모색」, 『현대철학의 모험』, 길, 2007.

장시기, 「들뢰즈-가타리의 생태학적 사유의 영역들」 『문학과 환경』(창간호, 하반기), 도요새, 2002.

조정환, 『제국기계 비판』, 갈무리, 2005.

지젝, 김지훈 외 옮김, 『신체 없는 기관』, 도서출판 b, 2006.

카스텔, 김묵한 외 옮김, 『네트워크 사회의 도래』, 한울, 2003.

플랙스먼 외, 박성수 옮김, 『뇌는 스크린이다』, 이소, 2003.

피어슨, 이정우 옮김, 『싹트는 생명』, 산해, 1999.

하트, 김상운 외 옮김, 『들뢰즈 사상의 진화』, 갈무리, 2004.

해러웨이, 민경숙 옮김, 『한 장의 잎사귀처럼』, 갈무리, 2005.


## :: 해외 문헌

Alliez, Eric. *La signature du monde*, Le Cerf, 1993.

_____. *Deleuze: philosophie virtuelle*, Empecheurs Penser en Rond, 1996.

Alquié, Ferdinand. "Joë Bousquet et la morale du language", *Cahiers du sud,* no.303, 1950.

Bard, Alexander & Jan Söderqvist. *Netocracy: The New Power Elite and Life After Capitalism*, Financial Times Prentice Hall, 2002.

Barthes, Roland. *Essais critiques*, Seuil, 1964.

Bergson, Henri. *Matière et mémoire*, PUF, 1896.

_____. *L'Énergie spirituelle*, Felix Alcan, 1919.

_____. *L'Évolution créatrice*, PUF, 1921.

_____. *Les deux sources de la morale et de la religion*, PUF, 1932.

_____. *La Pensée et le mouvant*, PUF, 1934.

Bernold, André. "Suidas", *philosophie*, no.47, Munuit, 1995.

Blanchot, Maurice. *L'Espace littéraire*, Gallimard, 1955.

de Landa, Manuel. *Intensive Science and Virtual Philosophy*, Continuum, 2002.

Derrida, Jacques. *Eperons: Les Styles de Nietzsche*, Flammarion, 1978.

Dumoncel, Jean. "Logique du sens", *Les Oeuvres II, Dictionnaire*, PUF, 1992.

Faulkner, Keith W.. *Deleuze and the Three Syntheses of Time*, Peter Lang Publishing Inc., 2006.

Foucault, Michel. "Nietzsche, Genealogy, History", *The Foucault Reader*, ed. Paul Rabinow, Pantheon Books, 1984.

Juillard, Jacques et Michel Winock. *Dictionnaire des Intellectuels fraínçais*, Seuil, 1996.

Kant, Immanuel. *Kritik der reinen Vernunft*, Reclam, 1966.

Marrati, Paola. *Deleuze: Cinéma et philosophie*, PUF, 2003.

Marx, Karl. *Grundrisse*, Vintage Books, 1973.

Massumi, Brian. *Parables for the Virtual*, Duke University Press, 2002.

May, Todd. "Deleuze and Spinoza : An Aura of Expressionism", *Notre Dame Philosophical Reviews*, Palgrave, 2002.

Negri, Antonio and Michael Hardt. *Empire*, Harvard University Press, 2000.

_____. *Multitude: War and Democracy in the Age of Empire*, Penguin Press, 2004.

Nelli, René. "Joë Bousquet et son double", *Cahiers du sud*, no.303, 1950.

Nietzsche, Friedrich. *Die Fröhliche Wissenschaft*, Sämtliche Werke: Kritische Studienausgabe in 15 Bänden, Bd.3, Hrsg.G. Colli · M. Montinari, 1980.

_____. *Also Sprach Zarathustra*, Sämtliche Werke: Kritische Studienausgabe in 15 Bänden, Bd.4, Hrsg.G. Colli · M. Montinari, 1980.

_____. *Zur Genealogie der Moral*, Sämtliche Werke: Kritische Studienausgabe in 15 Bänden, Bd.5, Hrsg.G. Colli · M. Montinari, 1980.

Piercey, Robert. "Spinoza intoxicated man : Deleuze on Expression"(http://

www.situation.ru/app/j_art_1040.htm).

Poincaré, Henri. *Les méthodes nouvelles de mécanique céleste*, Careé et Naud, 1895.

Ricoeur, Paul. *Signe et sens*, Encyclopedia Universalis XIV, 1972.

_____. *Du texte à l'action*, Seuil, 1986.

Russ, Jacqueline. "Deleuze", *Athlas de la philosophie*, Livre de Poche, 1993.

Sasso, Robert et Arnud Villani. *Le Vocabulaire de Gilles Deleuze*, CRHI, 2003.

Soulez, Philippe. "Deleuze", *Le Nouveau Dictionnaire des Auteurs*, Robert Laffont, 1994.

Thom, René. *Stabilité structurelle et morphogénèse*, Inter Editions, 1972.

Toscano, Alberto. *The Theatre of Production*, Palgrave, 2006.

Žižek, Slavoj. *Organs without Bodies*, Routledge, 2004.

足立恒雄, 『無限のパラドクス』, 講談社, 2000.

蓮實重彦, 『フーコ・ドゥールズ・デリダ』, 朝日出版社, 1978.

檜垣立哉, 『ドゥルーズ―解けない問いを生きる』, NHK出版, 2002.

# 찾아보기